U0138322

南懷瑾先生述著

楞伽大義今釋

老古文化事業公司

封面題字：楊管北先生

國際標準書號：ISBN:978-957-2070-08-6

楞伽大義今釋

南懷瑾先生　述著

庚子 1965(54)年十一月臺灣初版
辛卯 2011(100)年十月臺灣二版十刷

　●局版臺業字第一五九五號●

發行人：南懷瑾・郭姮妟
出版者：老古文化事業股份有限公司
地址：台北市100信義路一段五號一樓（附設門市）
郵政信箱：台北郵政一一七─六一二號信箱
電話：（〇二）二三九六─〇三三七　傳真：（〇二）二三九六─〇三四七
郵政劃撥：〇一五九四二六─一　帳戶名稱：老古文化事業股份有限公司
香港出版：經世學庫發展有限公司
地址：香港中環都爹利街八號鑽石會大廈十樓
電話：（八五二）二八四五─五五五五　傳真：（八五二）二五二五─一二〇一
網址：http://www.laoku.com.tw
電子郵件：laoku@ms31.hinet.net

定價：新臺幣三二〇元整

《楞伽經》大乘性宗頓教四十一法門

浙水慈雲沙門續法述

一諸識生滅　二藏識境界　三有無妄計

四頓漸淨流　五常不思議　六建立誹謗

七空無生性　八如來藏性　九四大修行

十諸法因緣　十一言說分別　十二遠離四句

十三大般涅槃　十四分別緣起　十五常聲依幻

十六四果差別　十七聖智一乘　十八意成身相
十九五無間業　二十諸佛體性　廿一四等密意
廿二依二密法　廿三法離有無　廿四宗趣言説
廿五虚妄分別　廿六善於語義　廿七迷執解脱
廿八智不得境　廿九勿習世論　三十涅槃差別
卅一如來覺性　卅二不生不滅　卅三揀別無常
卅四入滅現證　卅五常無常義　卅六蘊處生滅
卅七四法差別　卅八佛如恒沙　卅九諸法剎那
四十如來變化　四一遮斷食肉

頌曰　四十一門離　一百八句遣
　　　法相非非盡　眞性頓然顯

《楞伽阿跋多羅寶經》序

朝議大夫直龍圖閣權江淮荆浙等路制置鹽礬兼發運副使上護軍賜紫金魚袋蔣之奇 撰

之奇嘗苦《楞伽經》難讀，又難得善本。會南都太子太保致政張公施此經，而眉山蘇子瞻爲書而刻之板，以爲金山常住。金山長老佛印大師了元，持以見寄。之奇爲之言曰：佛之所説經，總十二部，而其多至於五千卷。方其正法流行之時，人有聞半偈得一句而悟入者，蓋不可爲量數。至於像法末法之後，去聖既遠，人始溺於文字，有入海算沙之困。而於一眞之體，乃漫不省解。於是有祖師出焉，直指人心，見性成佛，以爲教外別傳。於動容發語之頃，而上根利器之人，已目擊而得之矣。故雲門至於罵佛，而藥山至戒人不得讀經，皆此意也。由是去佛而謂之禪，離義而謂之玄。故學佛者必詆禪，而諱義者亦必宗玄。二家之徒更相非，而不知其相爲用也。且禪者六度之一也，顧豈異於佛哉！之奇以爲禪出於佛，而玄出於義；不以佛廢禪，不以玄廢義，則其近之矣。冉求問：「聞斯行諸？」孔子曰：「聞斯行之。」子路問：「聞斯行諸？」曰：「有父兄在，如之何其聞斯行之？」求也退，故進之。由也兼人，故退之。說豈有常哉？救其偏而已。學佛之敝，至於溺經文，惑句義。而人不體玄，則言禪以救之。學禪之敝，至於馳空言，玩琦辯。而人不了義，則言佛以救之。二者更相救，而佛法完矣。昔達摩西來，既已傳心印於二祖，且云：「吾有《楞伽經》四卷，亦用付汝。」卽是如來心地要門。令諸衆生開示悟入。此亦佛與禪並傳，而玄與義俱付也。至五祖始易以《金剛經》傳授，故六祖聞客讀《金剛經》，而問其所從來。客云：「我從蘄州黃梅縣東五祖山來。」五祖大師常勸僧俗，但持《金剛經》，卽自見性成佛矣。則是持《金剛經》者始於五祖。故《金剛》以是盛行於世，而《楞伽》遂無傳焉。今之傳者，實自張公倡之。之奇過南都謁張公，親聞公說《楞伽》因緣。始張公自三司使翰林學士出守滁，一日入琅琊僧舍，見一經函。發而視之，乃《楞伽經》也。恍然覺其前生之所書，筆畫宛然。其殆神先受之甚明也。之奇聞羊叔子五歲時，令乳母取所弄金鐶。乳母謂之，汝初無是物。祜即自詣鄰人李氏東垣桑木中探得之。主人驚曰：「此吾亡兒所失物也，云何持去？」乳母具言之。知祜之前身為李氏子也。白樂天始生七月，姆指之無兩字，雖試百數不差。九歲諳識聲律，史氏以為篤於才章，蓋天稟然。而樂天固自以為宿習之緣矣。人之以是一真不滅之性，而死生去來於天地之間，其為世數，雖折天下之草木以為籌箸，不能算之矣。然以淪於死生，神識疲耗，不能復記，惟圓明不昧之人知焉。有如張公以高文大冊，再中制舉，登侍從，秉鈞軸，出入朝廷逾四十年，風烈事業播人耳目。則其前身嘗為大善知識，無足疑者，其能記憶前世之事，豈不謂信然哉！故因讀《楞伽新經》，而記其因緣於經之端云。

《楞伽阿跋多羅寶經》序

朝奉郎新差知登州軍州兼管内勸農事騎都尉借緋蘇軾 書

《楞伽阿跋多羅寶經》，先佛所説微妙第一眞實了義，故謂之佛語心品。祖師達摩以付二祖曰：「吾觀震旦所有經教，惟《楞伽》四卷可以印心。」祖祖相授以爲心法，如醫之《難經》，句句皆理，字字皆法。後世達者神而明之，如盤走珠，如珠走盤，無不可者。若出新意，而棄舊學以爲無用，非愚無知，則狂而已。近歲學者各宗其師，務從簡便。得一句一偈，自謂了證。至使婦人孺子抵掌嬉笑，爭談禪悅。高者爲名，下者爲利，餘波末流，無所不至，而佛法微矣。譬如俚俗醫師，不由經論，直授方藥。以之療病，非不或中。至於遇病輒應，懸斷死生，則與知經學古者，不可同日語矣。世人徒見其有一至之功，或捷於古人，因謂

《難經》不學而可，豈不誤哉！《楞伽》義趣幽眇，文字簡古，讀者或不能句，而況遺文以得義，忘義以了心者乎！此其所以寂寥於世，幾廢而僅存也。太子太保樂全先生張公安道，以廣大心，得清淨覺。慶歷中嘗爲滁州，至一僧舍，偶見此經。入手恍然，如獲舊物。開卷未終，夙障冰解。細視筆畫，手迹宛然。悲喜太息，從是悟入。常以經首四偈，發明心要。軾遊於公之門三十年矣。今年二月過南都，見公於私第。公時年七十九，幻滅都盡，惠光渾圓。而軾亦老於憂患，百念灰冷，公以爲可教者，乃授此經。且以錢三十萬，使印施於江淮間。而金山長老佛印大師了元曰：「印施有盡，若書而刻之則無盡。」軾乃爲書之。而元使其侍者曉機，走錢塘求善工刻之板。遂以爲金山常住。

元豐八年九月九日

序

佛經難讀，佛經中《楞伽經》尤難讀，蘇子瞻曾言《楞伽》義趣幽眇，文字簡古，讀者或不能句，而況遺文以得義，忘義以了心者乎！傳曰。君子尊德性而道問學，致廣大而盡精微，極高明而道中庸。中土儒家，由漢及宋，程朱陸王，聚訟紛紜及於千載。譬之佛學，其猶去佛而禪，離義而玄，所謂勝義有與畢竟空者，門户主奴，至今未嘗稍戢者乎。昔達摩西來，既已傳心印於二祖，且言吾有《楞伽經》四卷，亦用付汝，即是如來心地要門，令諸生開示悟入。蓋《楞伽》奥義，本爲融通性相，指示空有不異，不僅唯識學者，必須精究深習。性宗大德，更應體察達摩印心之語，勤爲修證。吾嘗言文學與宗教，其體與質常爲術與用所朦朧掩蔽，而不易窺其眞正面目。若宗教文學中佛典高文，迷離放誕，其弊尤甚。曩者童蒙授讀兩京、三都諸賦，每言如入山陰道上，應接不暇。昏沉徜徉，莫知究竟。若以佛典中《華嚴》《楞伽》諸經觀之，則汪洋千頃，浩浩乎不知其畔岸，蓋視莊馬揚班諸子尤雲泥焉。雖然，先聖微言大義，爬梳抉剔，皮脱骨露，精微要旨，無不瑩然照耀，使學者取之不盡，悟證無窮，南居士懷公今繼《楞嚴大義今釋》，續著是書，蓋爲未來千百世有心求道者盡其鋤耰之力，爲悉去其荆棘秭稗，將以良田萬頃，金珠玉粒，貽傳於後之來者。大善智識之願力，所以覺世而宏道者，功德爲無量矣。六年前《楞嚴大義今釋》付梓之日，予既爲文跋其書末。六年以來，奇巖精舍之經筵不輟，頑鈍如予，曾不以憂患稍挫其精進，而辱公不棄以爲可進於道者，徬徨頂禮，因紀其因緣於書端云。

滄波居士程中行 序

公元一九六五年十一月

自敘

（一）

《楞伽經》，它在全部佛法與佛學中，無論思想、理論或修證方法，顯見都是一部很主要的寶典。中國研究法相唯識的學者，把它列爲五經十一論的重心，凡有志唯識學者，必須要熟悉深知。但注重性宗的學者，也勢所必讀，尤其標榜傳佛心印、不立文字的禪宗，自達摩大師東來傳法的初期，同時卽交付《楞伽經》印心，所以無論研究佛學教理，或直求修證的人，對於《楞伽經》若不作深入的探討，是很遺憾的事。

《楞伽》的譯本，共有三種：

㈠宋譯（公元四四三年間劉宋時代）：求那跋陀羅翻譯的《楞伽阿跋

多羅寶經》，計四卷。

㈡魏譯（公元五一三年間）：菩提流支翻譯的《入楞伽經》，計十卷。

㈢唐譯（公元七〇〇年間）：實叉難陀翻譯的《大乘入楞伽經》，計七卷。

普通流行法本，都以宋譯爲準。

本經無論哪種翻譯，義理系統和文字結構，都難使人曉暢了達。前人盡心竭力，想把高深的佛理，譯成顯明章句，要使人普徧明白它的眞義，而結果愈讀愈難懂，豈非背道而馳，有違初衷。有人説：佛法本身，固然高深莫測，不可思議，但譯文的艱澀，讀之如對海上三山，可望而不可卽，這也是讀不懂《楞伽經》的一個主要原因。其實，本經的難通之處，也不能完全歸咎於譯文的晦澀，因爲《楞伽》奥義，本爲融通性相之學，指示空有不異的事理，説明理論與修證的實際，必須通達因明（邏輯），善於分別法相，精思入神，歸於第一義諦。同時要從眞修實證入手，會之於心，然後方可探驪索珠，窺其堂奥。

無論中西文化，時代愈向上推，所有聖哲的遺教，大多是問答記録，純用語録體裁，樸實無華，精深簡要。時代愈向後降，浮華愈盛，洋洋灑灑，美不勝收，實則有的言中無物，使人讀了就想忘去爲快。可是習慣於浮華的人，對於古典經籍，反而大笑卻走，眞是不笑不足以爲道了。《楞伽經》當然也是問答題材的語錄體裁，粗看漫無頭緒，不知所云，細究也是條分縷析，自然有其規律，祇要將它先後次序把握得住，就不難發現它的系統分明，陳義高深。不過，讀《楞伽》極需愼思明辨，嚴謹分析，然後歸納論據，融會於心，纔會瞭解它的頭緒，它可以說是一部佛法哲學化的典籍（本經大義的綱要，隨手已列了一張體系表）。他如《解深密》、《楞嚴經》等，條理井然，層層轉進，使人有抽絲剥繭之趣，可以說是佛法科學化的典籍。《阿彌陀》、《無量壽觀》及《密乘》等經，神變難思，莊嚴深邃，唯信可入，又可以說是佛法宗教化的典籍。所以研究《楞伽》，勢須具備有探索哲學、習慣思辨的素養，纔可望其涯岸。

《楞伽經》的開始，首先由大慧大士隨意發問，提出了一百多個問題，其中有關於人生的、宇宙的、物理的、人文的，如果就每一個題目發揮，可以作爲一部百科論文的綜合典籍，並不祇限於佛學本身的範圍。而且這些問題，也都是古今中外，人人心目中的疑問，不僅祇是佛家的需求。倘使先看了這些問題，覺得來勢洶湧，好像後面將大有熱鬧可瞧，誰知吾佛世尊，卻不隨題作答，信手一擱，翻而直截了當地說心、說性、說相，依然引向形而上的第一義諦，所以難免有人認爲大有答非所問的感覺。實則，本經的宗旨，主要在於直指人生的身心性命，與宇宙萬象的根本體性。自然物理的也好，精神思想的也好，不管哪一方面的問題，都基於人們面對現實世界，因現象的感覺或觀察而來，這就是佛法所謂的相。要是循名辨相，萬彙紛紜，畢竟永無止境。即使分析到最後的止境，或爲物理的，或爲精神的，必然會歸根結柢，反求之於形而上萬物的本來而後可。因此吾佛世尊纔由五法、三自性、八識、二無我，加以析辨，指出一個心物實際的如來藏識作爲總答，此所以本經爲後世法相學者視爲唯識宗寶典的原因。

（二）

自佛滅以後，唯識法相之學，隨時代的推進而昌明鼎盛，佛法大小乘的經論，也可以純從唯識觀點而概括它的體系。不幸遠自印度，近及中國，乃至東方其他轉譯各國的佛學，卻因此而有「勝義有」與「畢竟空」的學術異同的諍論，歷兩千餘年不衰，這誠非釋迦當初所樂聞的。殊不知如來藏識，轉成本來淨相，便更名為眞如，由薰習種性，便名為如來藏，此中畢竟無我，非物非心，何嘗一定說為勝義之有呢？所以在《解深密經》中，佛便說：「阿陀那識甚深細，一切種子如瀑流。我於凡愚不開演，恐彼分別執為我。」同一道理，佛說般若方面，一切法如夢如幻，無去無來，而性空無相，又眞實不虛，他又何嘗定說為畢竟的空呢？倘肯再深一層體認修證，可謂法相唯識的說法，卻是破相破執，纔是徹底說空的佛法。般若的說法，倒是老實稱性而談，指示一個如來自性，躍然欲出呢！

但無論如何說法，佛法的說心說性，說有說空，乃至說一眞如自性，或非眞如自性；它所指形而上的體性，如何統攝心物兩面的萬有羣象？乃至形而上與形而下物理世界的關聯樞紐，始終沒有具體的實說。而且到底是偏向於唯心唯識的理論為多，這也是使人不無遺憾的事。如果在這個問題的關鍵上，進一步剖析得更明白，那麼，後世以至現代的唯心唯物哲學觀點的爭辯，應該已無必要，可以免除世界人類一個長期的浩劫，這豈不是人文思想的一件大事嗎？唐代玄奘法師曾經著《八識規矩頌》，歸納阿賴耶識的內義，說它「受熏持種根身器，去後來先做主公」。而一般佛學，除了注重在根身，和去後來先做主公的尋討以外，絕少向器世界（物理世界）的關係上，肯做有系統而追根究柢的研究，所以佛法在現代哲學和科學上，不能發揮更大的光芒。也可說是拋棄自家寶藏不顧，缺乏科學和哲學的素養，没有把大小乘所有經論中的眞義貫串起來，非常可惜。如果稍能擺脱一些濃厚而無謂的宗教習氣，多向這一面著眼，那對於現實的人間世，和將來的世界，可能貢獻更大。我想，這應該是合於佛心，當會得到吾佛世尊的會心微笑吧！倘使要想向這個方向研究，那對於《華嚴經》與《瑜伽師地論》等，有關於心識如何建立而形成這個世界的道理，應該多多努力尋探，便會不負所望的。

反之，說到參禪直求修證的人，最容易犯的毛病，就是通宗不通教，於是許多在意根下立定足跟，或在獨影境上依他起用，就相隨境界而轉：或著清靜、空無；或認光明、爾燄；或樂機辯縱横；或死守古人言句。殊不知參禪，也僅是佛法求證的初學入門方法，不必故自鳴高，不肯印證教理，得少爲足，便以爲是。這同一般淺見誤解唯識學說者，認爲「諸法無自性」或「一切無自性」，自己未加修證體認，便說禪宗的明心見性是邪說，都同樣犯了莫大的錯誤。須知「諸法無自性」、「一切無自性」，這個觀念，是指宇宙萬有的現象界中，一切形器羣象，或心理思想分別所生的種種知見，都没有一個固定自存或永恆不變的獨立自性。這些一切萬象，統統是如來藏中的變相而已，所以說它「無自性」。《華嚴經》所謂：「一切皆從法界流，一切還歸於法界。」便是這個意思。如有人對法相唯識的著作或說法，已經有此誤解者，不妨酌加修正，以免墮在自誤誤人，錯解佛法的過失中，我當在此合掌曲躬，慇懃勸請。

（三）

一九六〇年，月到中秋分外明的時候，《楞嚴大義》的譯述和出版，初次告一段落，又興起想要著述《楞伽大義》的念頭。有一天，在北投奇巖精舍講述《華嚴》會上，楊管北居士也提出這個建議，而且他的夫人方菊仙女士，發心購贈兩枝上等鋼筆，迴向般若成就。因緣湊泊，就一鼓作氣，從事本書的譯述。自庚子重陽後開始，歷冬徂春，謹慎研思，不間寒暑晝夜，直到一九六一年六月十二日，夏曆歲次辛丑四月廿九日之夜，粗完初稿。在這七、八個月著述的過程中，覃思精研，有難通未妥的地方，唯有宴坐入寂，求證於實際理地，而得融會貫通。那時我正寓居一個菜市場中，環境憒鬧，腥臊污穢堆積，在五濁陋室的環境裡，做此佛事，其中况味，憶之令人啞然失笑！處於這種情景十多年來，已能習慣成自然，而沒有淨穢的揀別了。祇有一次冬夜揮毫，感觸正法陵夷，邪見充斥，人心陷溺的現況，卻情不自禁，感作絕句四首，題爲庚子冬夜譯經卽賦，雖如幻夢空花，姑錄之以爲紀念。其一：風雨漫天歲又除，泥塗曳尾說三車。崖巉未許空生坐，輪與能仁自著書。其二：靈鷲風高夢裡尋，傳燈獨自度金針。依稀昔日祇園會，猶是今宵弄墨心。其三：無著天親去未來，眼前兜率路崔嵬。人間論義與誰證？稽首靈山意已摧。其四：青山入夢照平湖，外我爲誰傾此壺？徹夜翻經忘已曉，不知霜雪上頭顱。

本書的著述，參考《楞伽》三種原譯本，而仍以流通本的《楞伽阿跋多羅寶經》爲據，但譯義取裁，則彼此互採其長，以求信達。遇有覺得須加申述之處，便隨筆自加附論標記，說明個人的見解，表示衹向自己負責而已。後來有人要求多加些附論，實在再提不起精神了。這次述著，除了楊管北居士夫婦的發心外，還有若干人的出力，他們的發心功德，不可泯滅。台大農化系講師朱文光，購贈稿紙千張，而且負責謄清和校對，查訂附加註解，奔走工作，任勞任怨，雖然他向來緘默無聞，不違如愚，但這多年來，旦夕相處，從來不因我的過於嚴格而引生退意，甚之，他作了許多功德事，也是爲善無近名的。但到本經出版時，他已留學美國，來信還自謂惜未盡力。其餘如師大學生陳美智、湯珊先，都曾爲謄稿抄寫出過力。中國文化研究所的研究生吳怡，也曾爲本書參加過潤文，和提出質疑的工作。韓長沂居士負責出版總校對。最後，程滄波居士爲之作序。這些都是和本書著述完成及出版，有直接關係的人和事，故記敘眞相，作爲雪泥鴻爪的前塵留影。

本書述著完成以後，對於文字因緣，淡到索然無味，也許是俱生秉賦中的舊病，素來作爲，但憑興趣，興盡即中途而廢，不顧任何詬責，或者因人過中年，閱歷愈深，遇事反易衰退，故原稿抄好一擱，首尾又是四年了。在這四年中間，也寫作過儒、道兩家的一些學術著作，但都是時作時輟，興趣索然。甚之覺得著述都是多餘的事，反而後悔以前動筆的孟浪。每念德山禪師說的：「窮諸玄辯，若一毫置於太虛。竭世樞機，似一滴投於巨壑。」實在是至理名言，很想自己燬之為快。引用佛家語來說，可謂小乘之念，隨時油然而生，故對本書的出版，一延再延。今年春正，禪集法會方畢，楊管北居士又提出此事，並且說：為迴向他先慈薛太夫人，要獨自捐資印刷本書五千部，贈送結緣，藉資冥福，所以今日纔有本書的問世。始終成其事者，為楊管北居士，經云：「孝子不匱，永錫爾類。」我但任興而為，得失是非，都了不相涉，衹是對本書的譯文，仍然不如理想的暢達，確很遺憾。倘使將來觸動修整的興趣，再為本書未能盡善的缺憾處，重作一番補過工夫。但排印中間，又為誤罹目疾而躭擱了七八個月，深感業重障深，蕆事之難。本來要替本經與唯識法相的關係，及性相兩宗的互通之處，作一篇簡單的綱要，但又覺得多事著述，徒費筆墨紙張，於人於世，畢竟没有多大益處，所以便懶得提筆。唯在前賢著述中，尋出范古農居士述《八識規矩頌貫珠解》，附印於次，以便學者對唯識法相，有一基本認識，可以由此入門，研究性相的異同，契入經藏。

南懷瑾 自敘於金粟軒
一九六五年（乙巳）十一月

凡例

①譯述的原文，是以台灣台北市善導寺、台灣印經處出版的《楞伽經》爲根據。

②本書衹取《楞伽經》的大意，用語體述明，以供研究者的參考，並非依據每一文句而譯。希望由本書而通曉原經的大意，減少文字與專門術語的困難，使一般人都能理解。

③特有名辭的解釋，力求簡要明白；如要詳解，可自查佛學辭典。

④原文有難捨之處，就依舊引用，加「　」號以分別之。遇到有待疏解之處，自己加以疏通的意見，就用（　）號，表明祇是個人一得的見解，提供參考而已。

⑤本書依照現代方式，在眉批處加註章節，既爲了便利一般的閱讀習慣，同時也等於給《楞伽經》列出一個綱要。祇要一查目録，就可以明瞭各章節的内容要點，並且對全部《楞伽》大意，也可以有一個概念了。

⑥本書譯述大意，祇向自己負責，不敢説就是佛的原意。讀者如有懷疑處，還請仔細研究原經。

⑦爲了小心求得正確的定本，本書暫時保留版權，以便於彙集海内賢智大德的指正。待經過愼審考訂，决定無疑義時，版權就不再保留，俾廣流通。

八識規矩頌

唐三藏沙門玄奘　奉詔撰

性境現量通三性　眼耳身三二地居　徧行別境善十一　中二大八貪嗔癡
五識同依淨色根　九緣八七好相鄰　合三離二觀塵世　愚者難分識與根
變相觀空唯後得　果中猶自不詮眞　圓明初發成無漏　三類分身息苦輪
三性三量通三境　三界輪時易可知　相應心所五十一　善惡臨時別配之
性界受三恆轉易　根隨信等總相連　動身發語獨爲最　引滿能招業力牽
發起初心歡喜地　俱生猶自現纏眠　遠行地後純無漏　觀察圓明照大千
帶質有覆通情本　隨緣執我量爲非　八大徧行別境慧　貪癡我見慢相隨
恆審思量我相隨　有情日夜鎭昏迷　四惑八大相應起　六轉呼爲染淨依

極喜初心平等性　無功用行我恆摧
如來現起他受用　十地菩薩所被機

性惟無覆五徧行　界地隨他業力生
二乘不了因迷執　由此能興論主諍

浩浩三藏不可窮　淵深七浪境爲風
受熏持種根身器　去後來先作主公

不動地前纔捨藏　金剛道後異熟空
大圓無垢同時發　普照十方塵剎中

八識規矩頌貫珠解

范古農　述

此頌唐玄奘法師所作，將心王八識，類分為四，各作三頌。均前二頌論凡界，後一頌論聖界。註解用貫珠法，將頌句分析嵌入。

前五識頌一

性境現量通三性　眼耳身三二地居　徧行別境善十一　中二大八貪嗔癡

（首句）眼識、耳識、鼻識、舌識、身識，此為五識。其所緣之境，於三境中。惟是性境，其能緣之量，於三量中，惟是現量，其業性則通乎善、惡、無記三性。

（次句）在有情界九地之中，鼻舌兩識，惟第一五趣雜居地行之，二地以上則不行矣。眼耳身三識，則以第二離生喜樂地為居止之所。三地以上亦不行矣。

（三句）其相應心所，共有三十四箇。為徧行五，別境五，善十一。

(末句)中隨煩惱二，更有大隨煩惱八箇，及根本煩惱之貪嗔癡三者。

前五識頌二

五識同依淨色根　九緣八七好相鄰　合三離二觀塵世　愚者難分識與根

(首句)此五識所依而發之根。其形狀各殊者，爲浮塵根。若就勝義根言，則同依於肉眼不見，天眼方見之清淨色法所成之根無別異也。

(次句)識雖依根而發，苟缺他緣，亦不能顯，故統論其依緣。則眼識，須藉明空等九緣。耳識，則藉除明外之八緣。鼻舌身三識，則藉除明空外之七緣。小異大同，好相鄰近也。

(三句)至於對境而觀五塵世間，須根境相合者，爲鼻舌身三識。須根境相離者，爲眼耳二識。其觀察塵世之不同有如此者。

(末句)對境生情，孰爲其主？彼小聖之愚於法相者，尚難分別是識與根，况凡夫耶！此五識之情狀，所以日用而鮮知也。

前五識頌三

變相觀空唯後得　果中猶自不詮眞　圓明初發成無漏　三類分身息苦輪

(首句)凡聖之殊，繫於迷悟。迷者執妄，悟者解空。執妄爲識，解空爲智。若諸識於所緣境，能不起迷執，而觀察我空法空之理，此卽轉識成智之功，超凡入聖之基也。然此所觀空理，卽是眞如。有體有相，而此能觀妙智，亦遂有二種之異。能直觀眞如之體者，爲根本智；須變起眞如之相而觀之者，爲後得智。今五識觀空之智，但能緣變起之相，故唯屬後得耳。

（次句）此五識不在因地轉智，而在果地中轉，猶且自己不詮（證也）眞如。故五識所轉之智，唯屬後得，不屬根本智也，明矣。

（三句）云何轉智？菩薩地盡，入如來地，此謂藏識轉爲大圓鏡智。光明初發其所持之五根，轉爲無漏色法。則依此而發之五識，亦成爲無漏五智，所謂成所作智也。

（末句）此五智，卽能成就如來所作三類分身。謂對地前菩薩，作千丈勝應身。對二乘凡夫作丈六劣應身。對餘道衆生，作隨類變化身。而此無量分身，徧十方剎。無非令諸衆生，息生死苦輪，得證佛果，作利他事業也。

意識頌一

三性三量通三境　三界輪時易可知　相應心所五十一　善惡臨時別配之

（首句）吾人通常思念之心，是爲意識。其業性通有善性、惡性、無記性三性。其能緣量通有現量、比量、非量三量。其所緣境通有性境、帶質境、獨影境三境。

（次句）意識徧行於欲、色、無色之三界。故三界衆生輪迴未息時，此識相麤。無論升沈，顯易可知。非如後二識之不易知也。

（三句）其相應心所，則具足五徧行、五別境、十一善、六根本煩惱、二十隨煩惱、四不定，共有五十一箇。

（末句）意識起念。或善或惡或爲無記，臨時卽有此善惡無記心所，分別支配與之相應，不差毫釐。

意識頌二

性界受三恆轉易　根隨信等總相連　動身發語獨爲最　引滿能招業力牽

（首句）意識需緣簡少，故得恆時生起，而變動不居。在造因則三性恆轉變易；在結果則三界恆轉變易。至於觸境生感，忽樂、忽苦、忽憂、忽喜、忽捨，其於五受亦恆轉變易。此於性界受三者，恆常輾轉變易之狀也。

（次句）心王既恆轉變易，心所自亦如是。時而根本煩惱與之相應。時而大中小隨煩惱與之相應，時而信等善法、或不定、或別境，與之相應，總相牽連無時或離也。

（三句）意識之情狀如此。所以能牽動身根，而造身業，啓發口舌而造語業。較之餘識，其力爲獨強，其用爲最烈。

（末句）夫吾人所造身語等業，熏於藏識，而成來世因種者，有二類：其一能引起來世總報之果，其二能成滿來世別報之果。總之六道衆生，能招來世之果報者，皆此意識造業之力牽令趣生而已。故此識爲凡界中最有權力者矣。

意識頌三

發起初心歡喜地　俱生猶自現纏眠　遠行地後純無漏　觀察圓明照大千

（首句）意識轉智，亦在不執虛妄法塵，而觀達二空眞如。然其轉智次第，要有三位。若其發起最初與智相應心品，卽在菩薩第一聖位歡喜之地。

（次句）然在初地，惟分別我法二執已斷。其俱生我法二執，猶尚自然現行，纏繞於用事。種子隨眠於藏識，而未伏且斷也。

（三句）若至菩薩第七聖位遠行地後，則俱生我執之種子已斷，法執之現行已伏。此時意識，純爲無漏。卽第二位轉智也。

（末句）直至入如來地，則意識之法執種子亦斷，爲第三轉智究竟成就之位。能觀察諸法性相。圓滿光明，遍照大千世界，無不洞澈。如來鑒機說法，端賴於此。所以稱爲妙觀察智也。

末那識頌一（卽染汙識）

帶質有覆通情本　隨緣執我量爲非　八大徧行別境慧　貪癡我見慢相隨

（首句）意根謂之染汙識，繼意識第六，故又稱爲第七識。此識緣藏識之見分爲帶質境，其業性爲無記性。然無記有二，與染法相應，能覆障淨法者，謂之有覆，非是則爲無覆，而此識屬於有覆。

又此識所緣之爲帶質境者，雖仗藏識見分之本質而起，而爲由自識所解之我境，故一邊通乎自識，一邊通乎本質，謂之通情本也。

（次句）此識隨其所緣藏識見分，執之爲我，是衆生我執之所由致也。夫藏識之見分，原非是我，認非我爲我，故其能緣之量成爲非量。

（三句）其相應心所，但有十八箇。爲八箇大隨煩惱，五箇徧行，而別境中一箇慧。

（末句）更有貪癡我見及慢之四箇根本煩惱，與之相隨而不捨離。

末那識頌二

恆審思量我相隨　有情日夜鎭昏迷　四惑八大相應起　六轉呼爲染淨依

（首句）此識思量之功，在八識中最爲優異。其優異之點，蓋在恆常詳審二者。然其所以爲思量者，惟此妄執之我相隨逐之不捨而已。

（次句）惟此識將妄執之我相。恆常思維，詳審量度，致令一切有情從無始來，日夜不息。分別人我，鎭住於六道而不肯出離，昏迷於二執而未曾覺悟也。

（三句）此識既具我見、癡、貪、慢、四惑與八箇大隨煩惱，恆相應起。自已雖不造業，令所發之意識因此染汙而造作染業矣。

（末句）眼耳鼻舌身意六種輾轉而起之識，皆依此識而生。此識染汙，故前六轉識染汙。此識若還清淨，則前六轉識清淨。此諸識緣中，所以呼此識爲染淨依也。

末那識頌三

極喜初心平等性　無功用行我恆摧　如來現起他受用　十地菩薩所被機

（首句）末那爲意識之根，故其轉智，必藉意識轉智之功而成。菩薩初極喜地，意識已斷分別我法二執種子，初心轉智，故此識亦初心轉智，而始成平等性。

（次句）至第八不動地，意識第二位轉智，則此識亦於斯時第二位轉智。此後藉無功用行，任運將此識之我執種子。恆常摧滅，不復增長。

（三句）入如來地，妙觀察智究竟圓成，則此識所轉之平等性智，亦復成就。如來能現自他不二之境，起他所受用之身，卽依於此智耳。

（末句）此智所現佛身，蓋爲教化初地至第十地諸聖位菩薩而設。亦惟此等菩薩，爲所被之機而得受用。此所以爲他受用也。

阿賴耶識頌一（卽藏識）

性惟無覆五徧行　界地隨他業力生　二乘不了因迷執　由此能興論主諍

（首句）藏識非但不能造作善惡二業，且不與染法相應，故其業性惟是無覆無記。其相應心所，衹有五箇徧行心所而已。

（次句）此識是衆生果報之體，故徧行於三界九地，而隨他前六識造業之力，相應趣生，輪轉無休。

（三句）然聲聞緣覺二乘聖人，但知六識，不了更有藏識，都因小乘經中，非顯露說。二乘迷於佛旨，故執爲並無此識。

（末句）由此之故，能興大乘論主廣引聖教，備顯正理，與之諍辨，如《成唯識論》中所載者，非得已也。

阿賴耶識頌二

浩浩三藏不可窮　淵深七浪境爲風　受熏持種根身器　去後來先作主公

（首句）此識之爲藏也，浩浩乎深廣矣哉。一具諸法種子，持而不失，是能藏義。受諸識所熏，隨熏成種，是所藏義。此識之見分爲第七識所執，認以爲我，是我愛執藏義。因此識體義具三藏，持種受熏執以爲我，令無邊有情，無始相續，甚深廣大而不可窮詰也。

（次句）藏識淵深不可窮盡，喻之如海。此識海中，以前七轉識爲其波浪，此波浪之起，卽以其所緣之境觸盪爲風，風浪互爲因果，相續生滅，致此識海，彌失其湛寂之相，而愈形其鼓盪之態矣。

（三句）此識之在有情界也，受前七識緣境造業之所熏習，而成心色二法種子。復卽執持此諸種子，從過去位運至未來位，一俟成熟，卽現作正報之根身依報之器界。此根身與器界，亦爲此識所執受而爲其相分也。

（末句）此識既有執受根身器界之功能，故有情之死，其去也獨後；有情之生，其來也獨先。謂三界有情，以此識作主人公，不信然乎？

阿賴耶識頌三

不動地前纔捨藏　金剛道後異熟空　大圓無垢同時發　普照十方塵刹中

（首句）藏識轉智，亦以末那轉智爲衡。菩薩在第八不動地前，末那第二位轉智，斷我執種子，則此識不復爲末那執以爲我，而纔始捨去執藏之義。此爲第一位轉智，能令有情不受分段生死也。

（次句）至菩薩十地後，等覺位中，金剛道後心，卽入如來地時，末那究竟轉智，而藏識之異熟果相亦空，此爲第二位轉智，能令有情不受變易生死也。

（三句）如來地藏識究竟轉智，名爲大圓鏡。此識之因相一切種子，盡成無漏，故名爲無垢識。此無垢識成就，同時卽爲大圓鏡智依之而發，此爲第三位轉智之相也。

（末句）藏識中因具有漏種子，故爲生死有情之本。今無垢識漏種已盡，惟是無量功德之藏，卽爲諸佛法身。而大圓鏡智常寂之光，普照十方世界極微塵數佛刹之中恆現報化二身，盡未來際度脫衆生也。

八識規矩頌法相表

八識心王
- 前五識—眼　耳　鼻　舌　身
- 第六識—意
- 第七識—末那或云染汙
- 第八識—阿賴耶或云含藏

三　境—性境　獨影境　帶質境

三　量—現量　比量　非量

三　性—善性　惡性　無記性

三界九地
- 欲　界—五趣雜居地
- 色　界—離生喜樂地　定生喜樂地　離喜妙樂地　捨念清淨地
- 無色界—空無邊處地　識無邊處地　無所有處地　非想非非想處地

六位心所

- 徧行五——作意　觸　受　想　思
- 別境五——欲　勝解　念　定　慧
- 善十一——信　精進　慚　愧　無貪　無嗔　無癡　輕安　不放逸　行捨　不害
- 煩惱六——貪　嗔　癡　慢　疑　惡見
- 隨煩惱二十——忿　恨　惱　覆　誑　諂　憍　害　嫉　慳　無慚　無愧　不信　懈怠　放逸　惛沈　掉舉　失念　不正知　散亂
- 不定四——悔　睡眠　尋　伺

心用四分——相分　見分　自證分　證自證分

八識緣生

- 眼識九—空　明　根　境　作意　分別依　染淨依　根本依　種子
- 耳識八—空　根　境　作意　分別依　染淨依　根本依　種子
- 鼻識七—根　境　作意　分別依　染淨依　根本依　種子
- 舌識七—根　境　作意　分別依　染淨依　根本依　種子
- 身識七—根　境　作意　分別依　染淨依　根本依　種子
- 意識五—境　作意　染淨依　根本依　種子
- 末那識四—境　作意　根本依　種子
- 賴耶識四—境　作意　俱有依　種子

菩薩位

- 地前賢位
  - 資量位—十住　十行　十迴向
  - 四加行位—煖　頂　忍　世第一
- 地上聖位
  - 初歡喜地　二離垢地　三發光地　四燄慧地
  - 五難勝地　六現前地　七遠行地　八不動地
  - 九善慧地　十法雲地　金剛道

五受—苦　樂　憂　喜　捨

八識規矩頌總表

規矩	前五識	第六意識	第七末那識	第八阿賴耶識
位	凡			
境	性	性 獨影 帶質	眞帶質	無本質性
量	現	現 比 非	非	現
性	善 惡 無記	善 惡 無記	有覆無記	無覆無記
界地	欲界（鼻舌不行） 色界 五趣雜居 離生喜樂	欲 色 無色	欲 色 無色	欲 色 無色（隨他業力生）
相應心	偏行五 別境五 善十一（信 進 慚愧 無貪 無嗔 無癡 輕安 不放逸 行捨 不害） 根煩惱三（貪 嗔 癡）	偏行五 善十一 別境五 欲 勝解 念 定 慧） 根煩惱六（貪嗔癡 慢 疑 惡見） 大隨煩惱八 中又二	偏行五 別境一慧 根煩惱四（貪 癡 慢 我見） 大隨煩惱八（掉舉 昏沈 不信 懈怠 放逸 失念 散亂 不正知）	偏行五（作意 觸 受 想 思）

情

	所	依緣	體相	業用	觀行
	中隨煩惱二（無慚無愧）大隨煩惱八	明空根境 作意 分別依 染淨依 根本依 種子 眼全 耳除明 餘三更除空	自性了別 與根難分	眼耳離中觀塵 鼻舌身合中觀塵	變轉相分而觀二空 眞如 後得智攝
	小又十（忿 恨 惱 覆 誑 諂 憍 害 嫉 慳）不定四（悔 眠 尋 伺）	境 作意 染淨依 根本依 種子	隨念分別 計度分別 自性分別（易可知）	動身發語 造引滿業 招三界報 三性變易 五受輪轉	習二空（生空「破我執」法空「破法執」）觀行
		境（賴耶見分）作意 根本依 種子	恆審思量我相隨 有情日夜鎭昏迷	爲前六識轉染淨之依	無力斷惑 藉意識修觀而斷
		境（根身器界種子）作意 俱有依（末那）種子	浩浩三藏不可窮 淵深七浪境爲風	受熏 持種子根身器界 去來作主公	

聖智	
斷惑轉智	果用
第八識轉智時　根成無漏　故識亦無漏　而轉爲成所作智	如來現大化小化隨類化之三類分身教化衆生永息苦輪也
資糧位中　漸伏我法二執現行　見道位　分別二執種子斷　初與智相應（發起初心歡喜地）修習位中　伏斷俱生二執現行種子　遠行地後　俱生我執斷　純無漏等覺位　俱生法執斷　妙觀察智圓明矣	智照大千內衆生機宜隨應說法也
極喜地初心　俱生二執初伏　初與智相應　無功道（即不動地）俱生我執斷　金剛道後　俱生法執斷　平等性智現前矣	現起他受用身　以十地菩薩爲所被教化之機也
不動地前（即七地）俱生我執已斷　故捨三藏之名　金剛道後　俱生法執斷盡　不感生死　故異熟果空　至此一切種識之有漏種及劣無漏種永斷而成無垢識　即轉大圓鏡智矣	十方世界　微塵刹土　無不圓明普照　蓋法界洞明眞俗等觀矣

目録

楞伽大義今釋卷第二

楞伽大義今釋卷第四 三一二

楞伽大義今釋卷第一

劉宋天竺三藏求那跋陀羅 譯（註一）
南懷瑾 述著

楞伽阿跋多羅寶經卷第一

一切佛語心品之一

如是我聞。一時佛住南海濱楞伽山頂。種種寶華以為莊嚴。與大比丘僧，及大菩薩眾俱。從彼種種異佛刹來。是諸菩薩摩訶薩無量三昧自在之力。神通遊戲。大慧菩薩摩訶薩而為上首。一切諸佛手灌其頂。自心現境界。善解其義。種種眾生。種種心色。無量度門。隨類普現。於無法自性識二種無我，究竟通達。爾時大慧菩薩與摩帝菩薩，俱遊一切諸佛刹土承佛神力，從座而起。偏袒右肩。右膝著地。合掌恭敬，以偈讚佛。

世間離生滅　猶如虛空華　智不得有無　而興大悲心

一切法如幻　遠離於心識　智不得有無　而興大悲心
遠離於斷常　世間恆如夢　智不得有無　而興大悲心
知人法無我　煩惱及爾燄　常清淨無相　而興大悲心
一切無涅槃　無有涅槃佛　無有佛涅槃　遠離覺所覺
若有若無有　是二悉俱離　牟尼寂靜觀　是則遠離生
是名爲不取　今世後世淨

爾時大慧菩薩偈讚佛已自說姓名。

我名爲大慧　通達於大乘　今以百八義　仰諮尊中上
世間解之士　聞彼所說偈　觀察一切衆　告諸佛子言
汝等諸佛子　今皆恣所問　我當爲汝說　自覺之境界

問題的開始

當釋迦牟尼佛住世的那一段時期，佛在印度南海濱的的楞伽山（註二）頂上，和他的出家比丘（註三）弟子，以及修大乘菩薩道（註四）的弟子們，很多的人，都聚會在一起。當時由大慧大士爲大衆們的上首，他對於一切唯心，萬法唯識的自心識現境界，已經善於解證它的眞實義理了。他對於各種各類的衆生差別，以及各種各類心物色相的究竟本際，都已經了知無遺。並且深入佛法，對於無量普度的法門，都了然通達。但爲了隨順一切衆生各種不同的希求，纔隨緣普徧地顯現在世間。關於五法、三自性、八識、二無我的道理，他已經徹底通達。由於佛的啓示，爲了解決當時與後世人們的許多疑問，他就代表大家起來問佛，提出下面的許多問題。他在提出問題之前，先說出一段讚美佛境界的偈語；其實，這也就是說明佛法精義的綱要。他說：

世間離生滅，猶如虛空華。智不得有無，而興大悲心。

（這是說：萬有世間的一切諸法，都是生滅滅生地不停輪轉，猶如虛空中的幻華相似，倏有還無。如果離了生滅的作用，便如虛空，一無所有。當幻華的作用和現象顯在空中之時，便不是「無」；當幻華的現象和作用消逝了以後，便不再是「有」。智者了知此中「體」、「相」和「用」的原因，自己便得解脫塵累，常覺不昧；既不執著一切世間是決定的「有」，也不執著於絕對的「無」。而且悲憫世間一切衆生的愚迷，生起大慈悲的心願，乃在一切世間隨類現身，說法度世，拔濟衆苦。）

一切法如幻，遠離於心識。智不得有無，而興大悲心。

（這是說：一切諸法生滅無常，猶如夢幻，這一切都是從心意識所變現，如果離了心意識，便一無所有了。智者了知它是在「相」和「用」的顯現上，形成了幻有。但在自體上卻都無自性，本自了不可得的。因此悲憫世間的愚迷，生起大慈大悲的心願，而來教化濟度世間。）

遠離於斷常，世間恆如夢。智不得有無，而興大悲心。

（這是說：萬有世間一切諸法的存在，都如夢幻似的生生滅滅；在生滅滅生的現象中，如果說它是斷滅的「無」，但它卻有相續的作用。如果說它是恆常的「有」，但它卻又是生滅無常的。智者了知一切諸法，既不是決定的「有」，也不是絕對的「無」，因此悲憫世間的愚迷，生起大慈大悲的心願，而來教化濟度世間。）

知人法無我，煩惱及爾燄，常清淨無相，而興大悲心。

（這是說：佛是大智慧的解脫者，他已經了證「人無我」和「法無我」，自覺內證一切的煩惱障和智障，都因爲妄想分別而生。這些分別的妄想心，猶如火光中的煙燄和光影相似；它的自性卻是本來無相，了然清淨的。所以煩惱和智慧，同樣的都無自性，本自了然清淨的。因此悲憫世間的愚迷，生起大慈大悲的心願，而來教化濟度世間。）

一切無涅槃，無有涅槃佛，無有佛涅槃，遠離覺所覺，若有若無有，是二悉俱離。

（這是說：一切諸法，本來就空無自性，既無生死可了，也並無另有一涅槃寂滅的境界可得。既沒有一個住在涅槃寂滅境界中的佛，也沒有一個佛往來於涅槃寂滅的境界中。在本來清淨自性的眞如中，既沒有一個所覺的境界，也沒有一個能覺的本體。如果執著佛境界的是有是無，也就同執著有一涅槃的可入可出一樣，仍然還是法執。因此必須要遠離能覺所覺二邊，了無所住，纔是佛法正覺的眞實內義。）

牟尼寂靜觀，是則遠離生。是名爲不取，今世後世淨。

（牟尼是佛的名稱，也便是寂默的意義。這是說：佛從本性清淨寂默中靜觀萬法，得證遠離生滅的作用，不取一法，也不捨一法。衹得性自如如，這便是遠離塵垢，遠離纏縛的解脱法門。若能解脱生滅，還歸寂滅清淨，便無古往今來等法執。由此而解脫十方空間，三世時際的束縛，以證得畢竟寂靜了。）

附論（一）

（上述大慧大士的讚佛偈語，最主要的道理，是指出佛已經在無生滅的境界中證得解脫，在自性清淨寂滅中得到大智慧。但為了濟度世間一切衆生，出離苦海，仍然興起同體的大悲，無緣的大慈之心。但他所悲的是什麼呢？是悲衆生的愚迷。其實既非實有人和法的可悲，也非絕對的無人和法的不可悲。祇是悲其所悲，應無所住而已。故知大乘了義的佛法，以興起無緣之慈，同體之悲，來濟度世間，纔是它主要內義的精神了。）

這時，大慧大士說完了讚佛的偈語，便自我介紹說：他名爲大慧。現在爲了徹底瞭解大乘佛法的要義，所以提出一百零八個問題，請求佛的解答。佛就答應他隨意發問，並且說，理當爲他說出如來自覺的境界。

（註一）求那跋陀羅：此云功德賢，中天竺人。南朝宋文帝時，泛海至廣州，帝遣使迎至京師，深加崇重。乃講演《華嚴》，並譯此經。

（註二）楞伽山：在師子國（即錫蘭島）之山名。楞伽爲寶名，又曰不可到、難入之義也。此山以有楞伽寶得名，又以險絶常人難入得名。佛在此説《楞伽經》，表法殊勝。

（註三）比丘：爲出家受具足戒者之通稱，男曰比丘，女曰比丘尼。

（註四）菩薩：具名菩提薩埵，謂是求道之大心人，總名求佛果之大乘衆。

爾時大慧菩薩摩訶薩，承佛所聽，頂禮佛足。合掌恭敬，以偈問曰。

云何淨其念　云何念增長　云何見癡惑　云何惑增長
何故刹土化　相及諸外道　云何無受次　何故名無受
何故名佛子　解脱至何所　誰縛誰解脱　何等禪境界
云何有三乘　唯願爲解説　緣起何所生　云何作所作
云何俱異説　云何爲增長　云何無色定　及與滅正受
云何爲想滅　何因從定覺　云何所作生　進去及持身
云何現分別　云何生諸地　破三有者誰　何處身云何
往生何所至　云何最勝子　何因得神通　及自在三昧
云何三昧心　最勝爲我説　云何名爲藏　云何意及識

云何生與滅　云何見己還　云何爲種性　非種及心量
云何建立相　及與非我義　云何無衆生　云何世俗說
云何爲斷見　及常見不生　云何佛外道　其相不相違
云何當來世　種種諸異部　云何空何因　云何刹那壞
云何胎藏生　云何世不動　何因如幻夢　及揵闥婆城
世間熱時燄　及與水月光　何因說覺支　及與菩提分
云何國土亂　云何作有見　云何不生滅　世如虛空華
云何覺世間　云何說離字　離妄想者誰　云何虛空譬
如實有幾種　幾波羅蜜心　何因度諸地　誰至無所受
何等二無我　云何爾燄淨　諸智有幾種　幾戒衆生性
誰生諸寶性　摩尼眞珠等　誰生諸語言　衆生種種性
明處及伎術　誰之所顯示　伽陀有幾種　長頌及短句
成爲有幾種　云何名爲論　云何生飲食　及生諸愛欲
云何名爲王　轉輪及小王　云何守護國　諸天有幾種
云何名爲地　星宿及日月　解脫修行者　是各有幾種

弟子有幾種　云何阿闍黎　佛復有幾種　復有幾種生
魔及諸異學　彼各有幾種　自性及與心　彼復各幾種
云何施設量　唯願最勝說　云何空風雲　云何念聰明
云何爲林樹　云何爲蔓草　云何象馬鹿　云何而捕取
云何爲卑陋　何因而卑陋　云何六節攝　云何一闡提
男女及不男　斯皆云何生　云何修行退　云何修行生
禪師以何法　建立何等人　衆生生諸趣　何相何像類
云何爲財富　何因致財富　云何爲釋種　何因有釋種
云何甘蔗種　無上尊願說　云何長苦仙　彼云何教授
如來云何於　一切時剎現　種種名色類　最勝子圍繞
云何不食肉　云何制斷肉　食肉諸種類　何因故食肉
云何日月形　須彌及蓮華　師子勝相剎　側住覆世界
如因陀羅網　或悉諸珍寶　箜篌細腰鼓　狀種種諸華
或離日月光　如是等無量　云何爲化佛　云何報生佛
云何如如佛　云何智慧佛　云何於欲界　不成等正覺

何故色究竟　離欲得菩提　善逝般涅槃　誰當持正法
天師住久如　正法幾時住　悉檀及與見　各復有幾種
毗尼比丘分　云何何因緣　彼諸最勝子　緣覺及聲聞
何因百變易　云何百無受　云何世俗通　云何出世間
云何爲七地　唯願爲演説　僧伽有幾種　云何爲壞僧
云何醫方論　是復何因緣　何故大牟尼　唱説如是言
迦葉拘留孫　拘那含是我　何故説斷常　及與我無我
何不一切時　演説眞實義　而復爲衆生　分別説心量
何因男女林　訶梨阿摩勒　雞羅及鐵圍　金剛等諸山
無量寶莊嚴　仙闥婆充滿　無上世間解　聞彼所説偈
大乘諸度門　諸佛心第一　善哉善哉問　大慧善諦聽
我今當次第　如汝所問説　生及與不生　涅槃空刹那
趣至無自性　佛諸波羅蜜　佛子與聲聞　緣覺諸外道
及與無色行　如是種種事　須彌巨海山　洲渚刹土地
星宿及日月　外道天修羅　解脱自在通　力禪三摩提

滅及如意足　覺支及道品　諸禪定無量　諸陰身往來
正受滅盡定　三昧起心説　心意及與識　無我法有五
自性想所想　及與現二見　乘及諸種性　金銀摩尼等
一闡提大種　荒亂及一佛　智爾燄得向　衆生有無有
象馬諸禽獸　云何而捕取　譬因成悉檀　及與作所作
叢林迷惑通　心量不現有　諸地不相至　百變百無受
醫方工巧論　伎術諸明處　諸山須彌地　巨海日月量
下中上衆生　身各幾微塵　一一刹幾塵　弓弓數有幾
肘步拘樓舍　半由延由延　兔毫窻塵蟣　羊毛穬麥塵
鉢他幾穬麥　阿羅穬麥幾　獨籠那佉梨　勒叉及舉利
乃至頻婆羅　是各有幾數　爲有幾阿㝹　名舍梨沙婆
幾舍梨沙婆　名爲一賴提　幾賴提摩沙　幾摩沙陀那
復幾陀那羅　爲迦梨沙那　幾迦梨沙那　爲成一波羅
此等積聚相　幾波羅彌樓　是等所應請　何須問餘事
聲聞辟支佛　佛及最勝子　身各有幾數　何故不問此

火燄幾阿㝹　風阿㝹復幾　根根幾阿㝹　毛孔眉毛幾
護財自在王　轉輪聖帝王　云何王守護　云何爲解脱
廣説及句説　如汝之所問　衆生種種欲　種種諸飲食
云何男女林　金剛堅固山　云何如幻夢　野鹿渴愛譬
云何山天仙　揵闥婆莊嚴　解脱至何所　誰縛誰解脱
云何禪境界　變化及外道　云何無因作　云何有因作
有因無因作　及非有無因　云何現已滅　云何淨諸覺
云何諸覺轉　及轉諸所作　云何斷諸想　云何三昧起
破三有者誰　何處爲何身　云何無衆生　而説有吾我
云何世俗説　唯願廣分別　所問相云何　及所問非我
云何爲胎藏　及種種異身　云何斷常見　云何心得定
言説及諸智　戒種性佛子　云何成及論　云何師弟子
種種諸衆生　斯等復云何　云何爲飲食　聰明魔施設
云何樹葛藤　最勝子所問　云何種種剎　仙人長苦行
云何爲族姓　從何師受學　云何爲醜陋　云何人修行

欲界何不覺　阿迦膩吒成　云何俗神通　云何爲比丘
云何爲化佛　云何爲報佛　云何如如佛　平等智慧佛
云何爲衆僧　佛子如是問　箜篌腰鼓華　刹土離光明
心地者有七　所問皆如實　此及餘衆多　佛子所應問
一一相相應　遠離諸見過　悉檀離言説　我今當顯示
次第建立句　佛子善諦聽　此上百八句　如諸佛所説

不生句生句。常句無常句。相句無相句。住異句非住異句。刹那句非刹那句。自性句離自性句。空句不空句。斷句不斷句。邊句非邊句。中句非中句。常句非常句。緣句非緣句。因句非因句。煩惱句非煩惱句。愛句非愛句。方便句非方便句。巧句非巧句。淨句非淨句。成句非成句。譬句非譬句。弟子句非弟子句。師句非師句。種性句非種性句。三乘句非三乘句。所有句非所有句。願句非願句。三輪句非三輪句。相句非相句。有品句非有品句。俱句非俱句。緣自聖智現法樂句非現法樂句。刹土句非刹土句。阿㝹句非阿㝹句。水句非水句。弓句非弓句。實句非實句。數句非數句。明句非明句。虛空句非虛空句。雲句非雲句。工巧伎術明處句非工巧伎術明處句。風句非風句。地句非地句。心句非心句。施設句非施設句。自性句非自性句。陰句非陰句。衆生句非衆生句。慧句非慧句。涅槃句非涅槃句。爾燄句非爾燄句。外道句非外道句。荒亂句非荒亂句。幻句非幻句。夢句非夢句。燄句非燄句。像句非像句。輪句非輪句。揵闥婆句非揵闥婆句。天句非天句。飲食句非飲食句。淫欲句非淫欲句。見句非見句。波羅蜜句非波羅蜜句。戒句非戒句。日月星宿句非日月星宿句。諦句非諦句。果句非果句。滅起句非滅起句。治句非治句。相句非相句。支句非支句。巧明處句非巧明處句。禪句非禪句。迷句非迷句。現句非現句。護句非護句。族句非族句。仙句非仙句。王句非王句。攝受句非攝受句。寶句非寶句。記句非記句。一闡提句非一闡提句。女男不男句非女男不男句。味句非味句。事句非事句。身句非身句。覺句非覺句。動句非動句。根句非根句。有爲句非有爲句。無爲句非無爲句。因果句非因果句。色究竟句非色究竟句。節句非節句。叢樹葛藤句非叢樹葛藤句。雜句非雜句。說句非說句。毗尼句非毗尼句。比丘句非比丘句。處句非處句。字句非字句。大慧。是百八句。先佛所說。汝及諸菩薩摩訶薩，應當修學。

大慧大士所提出問題裡的問題

於是，大慧就問：

云何淨其念？云何念增長？（如何纔能清淨心中的妄念？爲什麼心中的妄念增長不休呢？）

云何見癡惑？云何惑增長？（爲什麼知見會落於癡惑之中？何以見癡惑會更加增長不已呢？）

何故刹土化？（爲什麼世間有這許多的國土，化生生化不已？究竟它是怎樣生起的呢？）

相及諸外道？（而在這些國土上有各種不同的外道，他們的情形又是怎樣的呢？）

云何無受次？何故名無受？（如何纔能到達無覺無受的寂滅境界呢？如何纔名爲無覺受呢？）

何故名佛子？（怎樣纔可以稱爲佛子呢？）

解脱至何所？（解脱了後又到哪裡去呢？）

誰縛誰解脱？（究竟迷時被纏縛的是誰？而悟後能解脱的又是誰呢？）

何等禪境界？（哪些是禪定的境界呢？）

云何有三乘？唯願爲解説。（在佛法中，爲什麼有聲聞、緣覺、菩薩等三乘的不同呢？）

緣起何所生？（產生萬法的因與緣，究竟從哪裡來的呢？）

云何作所作？（什麼纔是產生作用的因，和作用所產生的果呢？）

云何俱異説？云何爲增長？（爲什麼世間會有許多同異的理論，它是如何產生，形成變化的呢？）

云何無色定？及與滅正受？云何爲想滅？何因從定覺？（如何纔是「無色定」的境界？如何纔是「滅盡定」的境界？如何纔是「無想定」的境界？何以在定中能够自覺出定的境界，這些都是什麼原因呢？）

云何所作生？（何以一切所作所爲，能够形成因果的作用呢？）

進去及持身？（怎樣會入胎而形成此身的存在呢？）

云何現分別？（何以會有現識而起分別妄想，與萬物形形色色的作用呢？）

云何生諸地？（何以佛法中會有大小乘各種地位差別的建立呢？）
破三有者誰？（能破三界（註五）的生死，也就是脱離「欲」、「色」、「無色」三界的是誰呢？）
何處身云何？（如何會有六道（註六）中各類身命的輪轉不已呢？）
往生何所至？（往生究竟要生到哪裡去呢？）
云何最勝子？（如何纔算是諸佛中最殊勝的法子呢？）
何因得神通？及自在三昧？（如何纔能够得到神通？如何纔能够得到自在的三昧（註七）呢？）
云何三昧心？最勝爲我說。（怎樣纔是三昧正受的心境呢？）
云何名爲藏？云何意及識？（何以名爲藏識（阿賴耶識）（註八）？什麼是意與識的分別呢？）
云何生與滅？（如何是生滅的現象呢？）
云何見已還？（怎樣是已見到「不還果」的境界呢？）
云何爲種性？（何以衆生會有許多不同的種性呢？）
非種及心量？（爲什麼有非佛的種性，他們的心量又是如何的呢？）

云何建立相？及與非我義？（爲什麼要建立一切的法相呢？爲什麼又要高標一切法相無我呢？）

云何無衆生？（何以說本無衆生可度呢？）

云何世俗說？（哪些佛法是隨世俗的說法呢？）

云何爲斷見？及常見不生？（如何纔能不生斷滅的見解？如何纔能不生常住的見解呢？）

云何佛外道？其相不相違？（什麼是佛和外道的不同之點呢？什麼又是他們互相可以溝通之處呢？）

云何當來世，種種諸異部？（爲什麼佛法流變到後世而有各種不同的派別產生呢？）

云何空何因？（怎樣纔算是空？空的境界又是什麼呢？）

云何剎那壞？（爲什麼念念之間，每一剎那都在壞滅呢？）

云何胎藏生？（何以衆生界的生命，有的因胎藏而生呢？）

云何世不動？（何以說過去、現在、未來的三世本來就未嘗變動的呢？）

何因如幻夢？及揵闥婆城？世間熱時燄？及與水月光？

(爲什麼世界一切萬法，都如夢如幻？猶如海市蜃樓？或如火光燄影？或如水中明月呢？)

何因說覺支？及與菩提分？(爲什麼有七覺支(註九)？爲什麼又有三十七菩提道品(註十)呢？)

云何國土亂？(何以國際間有戰爭和內亂的發生呢？)

云何作有見？(何以大家認爲萬象是實有其物的呢？)

云何不生滅？(爲什麼自性是不生不滅的呢？)

世如虛空華？(爲什麼世間一切猶如虛空中的幻華呢？)

云何覺世間？(如何纔能不離世間而內證自覺呢？)

云何說離字？(爲什麼說第一義諦不是文字言語所能表達的呢？)

離妄想者誰？云何虛空譬？(能遠離妄想的是誰？何以佛說法常用虛空作譬喻呢？)

如實有幾種？(眞如(註十一)究竟有幾種呢？)

幾波羅蜜心？(波羅蜜(度到彼岸)的心法究竟共有幾種呢？)

何因度諸地？誰至無所受？(如何纔能超過菩薩的各地(註十二)境界？

能到無所覺受境界的又是誰呢？）

何等二無我？（爲什麼有人無我和法無我的二無我呢？）

云何爾燄淨？（怎樣纔能使我執和法執的燄影熄滅呢？）

諸智有幾種？（智慧的境界究竟有幾種呢？）

幾戒衆生性？（衆生的性戒有幾種呢？）

誰生諸寶性？摩尼眞珠等？（世間一切的珍珠寶物等，它們之所以寶貴，究竟是誰的賜予呢？）

誰生諸語言？衆生種種性？（世間的一切言語和芸芸衆生的不同，究竟是誰的傑作呢？）

明處及伎術，誰之所顯示？（世間的五明——內明、因明、聲明、醫方明、工巧明以及一切百工技藝，究竟又是誰發明創立的？）

伽陀有幾種？長頌及短句。（偈語諷頌共有幾種格式？怎樣纔叫長頌和短句呢？）

成爲有幾種？云何名爲論？（世間成爲有系統的學問有多少種？怎樣纔叫做是論藏呢？）

云何生飲食？及生諸愛欲？（爲什麼世間有各種的飲食？爲什麼世間會有許多的愛欲呢？）

云何名爲王？轉輪及小王？（什麼叫做國王？而轉輪王和小王的分別又是怎樣的呢？）

云何守護國？諸天有幾種？（何以國土之間，有許多人和神的守護？三界天人又共有幾種呢？）

云何名爲地？星宿及日月？（怎樣纔構成大地？日月和星宿等，又是如何存在的呢？）

解脱修行者，是各有幾種？（修行解脱道的人，共有多少種呢？）

弟子有幾種？云何阿闍黎？（佛弟子共分爲幾種？怎樣纔稱爲佛法中的教授師呢？）

佛復有幾種？復有幾種生？（佛，究竟有多少種？衆生又有多少種呢？）

魔及諸異學，彼各有幾種？（魔和一切外道，他們各有多少種呢？）

自性及與心，彼復各幾種？（自性與心，究竟各有多少種呢？）

云何施設量？唯願最勝説。（請告訴我，何以會有假設的説法呢？）

云何空風雲？（何以虛空中會有風雲的發生呢？）

云何念聰明？（何以世人會有天賦的聰明呢？）

云何爲林樹？（何以世間會有森林叢樹的密佈呢？）

云何爲蔓草？（何以世間會有蔓草的滋生呢？）

云何象馬鹿？云何而捕取？（何以世間會有象、馬、鹿等動物？爲什麼有人要去捕捉他們呢？）

云何爲卑陋？何因而卑陋？（什麼纔是卑賤和醜陋？爲什麼會有卑賤和醜陋呢？）

云何六節攝？（何以一年之中，用六個節期來統攝時間？「過去印度的風俗，以兩月爲一節，一年分爲六節。」）

云何一闡提？（何以世界上會有絕無善根的衆生呢？）

男女及不男，斯皆云何生？（男人和女人，以及不男不女的陰陽人，他們是怎樣生出來的呢？）

云何修行退？云何修行生？（怎樣修行的人，中途會生退心？什麼是修行人進步的情形呢？）

禪師以何法？建立何等人？（教授禪觀的大師們，他們教的是哪幾種方法？而且應該教哪些人去修持禪觀呢？）

衆生生諸趣，何相何像類？（一切衆生，往生各道，是什麽形相？究竟有多少種類呢？）

云何爲財富？何因致財富？（如何是眞有財富，用什麽方法纔會獲得財富呢？）

云何爲釋種？何因有釋種？云何甘蔗種？無上尊願說。（如何纔是釋迦的種族？如何纔會有釋迦種族的形成？又如何纔是釋迦甘蔗種族的系統呢？）

云何長苦仙？彼云何教授？（何以會有長修苦行的仙人們？他們所教授修持的，是用哪些方法呢？）

如來云何於，一切時刹現，種種名色類，最勝子圍繞？（何以說：諸佛菩薩，常在一切時中，常在一切刹土上，以各種不同種類的名相和色身，顯化度人？爲何有無量數的人間天上的最勝佛子們，時常圍繞著佛呢？）

云何不食肉？云何制斷肉？食肉諸種類，何因故食肉？

（何以佛戒人食肉？佛用什麼的制度來戒除肉食？那些食肉的衆生們，爲了什麼要食肉呢？）

云何日月形，須彌及蓮華，師子勝相刹，側住覆世界。

如因陀羅網，或悉諸珍寶，箜篌細腰鼓，狀種種諸華。

或離日月光，如是等無量。

（爲什麼佛説：法界中有無數的刹土，有無數的須彌山，（註十三）又名妙高山？而有的世界，形如蓮花？爲什麼最好的世界，又名爲「師子相刹」？而且各種世界，猶如器皿一樣，有覆有仰，有側有横的呢？爲什麼無盡虛空中的無量世界，猶如帝釋天的寶網，重重無盡。有的形如珍寶，有的形如箜篌和細腰鼓等等光采奪人，不一而足，但爲什麼另有一些世界，卻没有像我們一樣有日月的光明呢？這究竟是什麼原因呢？）

云何爲化佛？云何報生佛？云何如如佛？云何智慧佛？

（什麼是佛的化身、報身、法身和智慧身呢？）

云何於欲界，不成等正覺？何故色究竟，離欲得菩提？

（爲什麼佛説：盧舍那報身佛，在欲界中，不能成無上正覺？而於色究竟界中，纔能證得菩提正覺的呢？）

善逝般涅槃，誰當持正法？天師住久如？正法幾時住？（當佛入於涅槃以後，誰在此世間主持正法呢？究竟佛住世多久呢？佛的正法，又能住世多久呢？）

悉檀及與見，各復有幾種？（悉檀（註十四）和解脱的知見，都各有幾種呢？）

毗尼比丘分，云何何因緣？（佛由什麼因緣，要制定出家比丘們的毘尼「戒律」呢？）

彼諸最勝子，緣覺及聲聞，何因百變易，云何百無受？（這些佛法中的最勝佛子們：例如聲聞（註十五）與緣覺（註十六）等，爲什麼有的會受因緣支配或變易生死？究竟怎樣纔能達到無所罣碍的極端寂滅的境界呢？）

云何世俗通？云何出世間？（如何是世俗的神通？如何是出世間的神通呢？）

云何爲七地？唯願爲演說。（什麼是大乘菩薩七地的心量呢？）

僧伽有幾種？云何爲壞僧？（僧衆共有幾種？怎樣纔算是破壞和合僧的徒衆呢？）

云何醫方論，是復何因緣？（什麼是佛的醫方論？由於什麼原因，佛要發明這些醫方？）

何故大牟尼，唱說如是言，迦葉拘留孫，拘那含是我？（爲什麼我們偉大的佛要說：過去歷劫中的迦葉佛、拘留孫佛，以及拘那含佛（註十七）等，都是我的化身呢？）

何故說斷常，及與我無我？（爲什麼佛要說明世間的斷見和常見，以及我和無我的涵義呢？）

何不一切時，演說眞實義。而復爲衆生，分別說心量？（爲什麼佛不在任何時地，祇說一種佛法的眞義？而卻爲一切衆生們，分別介紹各種心量不同的法門呢？）

何因男女林？訶梨阿摩勒？（何以世間會有男女等衆生？又有訶梨阿摩勒（註十八）等果木呢？）

雞羅及鐵圍，金剛等諸山，無量寶莊嚴，仙闥婆充滿？（為什麼這個世間的邊緣，會有雞羅、鐵圍、金剛等山圍繞？而且這些山中，都充滿了無量的珠寶，都住著許多會幻化的神仙們呢？）

附論（二）

（以上所述，如果嚴格分類，並不止一百零八個問題，若把它歸納成一百零八個問題，也無不可。本經所說，衹以一百零八問為範圍，也是儱侗概括來說的。法門無量，開始於一，滿數為十。十進多數，統於一百，所以論藏中有《百法明門論》之作。無量法門，不離八變。總括它的數、理和現象而言，便名八識。此所以本經衹用「一百零八」以統率無量問題。吾國顯教法門，所用的唸佛珠子，通常都用一百零八顆為標準，可能就是因本經的一百零八句而來，以後便成為慣例。至於後世密宗所用的數珠，統統採用滿數，如一百一十，一百二十不等，是含有圓滿的意義。）

大慧菩薩隨意而問，漫無次序地說了這許多問題，釋迦牟尼佛也就歸納地用偈語來說明如下：

無上世間解，聞彼所說偈。（這兩句應該是結集經文的人所加進去的話。因爲佛具一切智，徹底瞭解萬法的本源，所以又別稱他爲無上世間的解脫者和解惑者。）

大乘諸度門。諸佛心第一。（這兩句，纔是佛所說本經的眞義，他說大乘的一切法門，是以諸佛的心地法門爲第一。）

善哉善哉問，大慧善諦聽。我今當次第，如汝所問說。（這四句，文從字順，大意已如原文。下面都是佛回答的話。）

生及與不生。涅槃空刹那。趣至無自性。（生滅和不生不滅，涅槃寂滅和刹那虛空等等的說法，無非都是使你內證自覺，進入一切諸法空無自性的境地。）

佛諸波羅蜜。佛子與聲聞。緣覺諸外道。及與無色行。如是種種事。（佛法有六度（註十九）等的法門。佛的弟子們，有聲聞、緣覺等種類。還有些外道學者，以及進入「無色定」的修行者。諸如此類等等事情，其中的問題還多得很呢！）

須彌巨海山。洲渚刹土地。星宿及日月。外道天修羅。

（其他還有須彌山和四大海水，以及世界的洲渚和土地，天上的星宿和日月，外道們和天人們與阿修羅（天魔）等等，也都是問題啊！）

解脱自在通。力禪三摩提。滅及如意足。覺支及道品。

諸禪定無量。諸陰身往來。正受滅盡定。三昧起心說。

（佛法的解脫，自在和神通，以及佛的十力（註二十）和禪定三昧正受等的境界，生滅滅盡和佛的四如意足（註廿一）、七覺支（註見前九）和三十七道品（註見前十），一切禪定的各種無量境界，和中陰身的往來生死，正受中的滅盡定，和住三昧定中的起心說法等等，這也都是問題啊！）

心意及與識。無我法有五。自性想所想。及與現二見。

乘及諸種性。金銀摩尼等。一闡提大種。荒亂及一佛。

智爾燄得向。衆生有無有。

（心意識、二無我、五法、三自性，以及能妄想的，所妄想的，能見和所見的。佛法各乘的種性，猶如金銀和珠寶的性別。斷無善根的一闡提種性，以及荒亂衆生和一乘佛道，智慧和妄想的趣向，衆生的有無等等，這也都是問題啊！）

象馬諸禽獸。云何而捕取。譬因成悉檀。及與作所作。

叢林迷惑通。心量不現有。諸地不相至。百變百無受。

醫方工巧論。伎術諸明處。諸山須彌地。巨海日月量。

下中上衆生。身各幾微塵。

（有什麼理由可以捕捉象馬和禽獸？用因明的論辯方法，如何纔能和佛法相應？因果的根據是什麼？大衆所迷惑不解的神通道理，以及自心現量的不可捉摸，和菩薩十地（註見前十二）之間的互相關係，乃至凡百變化而都歸於無相無受的奧義，醫方和工巧等等的理論，伎術和因明聲明等的方法和道理，甚至一切山和須彌山的情形，大海洋和日月的大小，下中上各等的衆生們，一身具有多少的物質微塵等等，這也都是問題啊！）

一一剎幾塵。弓弓數有幾。肘步拘樓舍。半由延由延。

（每一剎土究竟有多少物質微塵的數量？一弓有多長？一肘和一步有多少的拘樓舍，半由延和一由延中間有多少的距離？——大千世界爲一剎土，二尺爲一肘，四肘爲一弓。五百弓爲一拘樓舍，十拘樓舍爲一由延，由延又譯爲由旬。這也都是問題啊！）

兔毫窗塵蟣。羊毛𪍿麥塵。鉢他幾𪍿麥。阿羅𪍿麥幾。
獨籠那佉梨。勒叉及舉利。乃至頻婆羅。是各有幾數。
爲有幾阿㝹。名舍梨沙婆。幾舍梨沙婆。名爲一賴提。
幾賴提摩沙。幾摩沙陀那。復幾陀那羅。爲迦梨沙那。
幾迦梨沙那。爲成一波羅。此等積聚相。幾波羅彌樓。
是等所應請。何須問餘事。

（由微塵以至於大小度量衡等，這些也都是問題啊！——古註：古印度以七微塵成一窗塵，七窗塵成一兔毛端塵，七兔毛端塵成一羊毛端塵，七羊毛端塵成一牛毛端塵，七牛毛端塵成一蟣，七蟣成一虱，七虱成一芥子，七芥子成一大麥，𪍿就是大麥的別稱。半斗名鉢他，一斗名阿羅，一斛名獨籠，十斛名那佉梨，十萬名勒叉，一億名舉利，一兆名頻婆羅，一塵名阿㝹，一芥子名舍梨沙婆，一草子名一賴提，一豆名摩沙，一銖名陀那，一兩名迦梨沙那，一斤名波羅。波羅彌樓就是須彌山，等於說須彌山共有幾斤？這些也都是問題，如果都想一一明瞭，哪還有工夫更問餘事呢？）

聲聞辟支佛。佛及最勝子。身各有幾數。何故不問此。

（聲聞和緣覺乘的獨覺佛們，以及佛的大弟子們，究竟有多少人？他們一身又有多少微塵？你爲什麼不問這些呢？）

火燄幾阿㝹。風阿㝹復幾。根根幾阿㝹。毛孔眉毛幾。

（一朵火燄有多少微塵？一陣風有多少微塵的數量？每一根毛有多少微塵？以及毛孔和眉毛，究竟又有多少微塵？這些也都是問題啊！你爲什麼不問呢？）

護財自在王。轉輪聖帝王。云何王守護。云何爲解脫。

（怎樣纔能成爲一個保護人民身體財產的最好的帝王？怎樣纔是一個治理盛世的轉輪聖王？何以世間須要王者來守護？怎樣纔是解脫的法門？這些也都是問題，你當然都須要一一瞭解。）

廣說及句說。如汝之所問。衆生種種欲。種種諸飲食。

（你何以不問言語文字廣義和狹義的理論根據是什麼？包括你現在所問的種種問題。爲什麼各種衆生會有男女飲食的欲望呢？你問這些問題，當然都須要一一瞭解。）

云何男女林。金剛堅固山。云何如幻夢。野鹿渴愛譬。

云何山天仙。犍闥婆莊嚴。

（爲什麼世間會有男男女女如森林般的蕃殖？爲什麼世界的邊緣，有如金剛般堅固的高山？爲什麼世間一切都如夢似幻地不實在，但衆生們卻如渴鹿般地貪愛不捨呢？何以金剛山等的上面，會有天仙們居住，他們的天地，又如何能像海市蜃樓般的莊嚴美麗呢？這些也當然都是問題啊！）

解脫至何所。誰縛誰解脫。云何禪境界。變化及外道。

（佛法所說的解脫，究竟是解脫到哪裡去呢？而且是誰縛住你？又是誰去解脫呢？怎樣纔是禪定的境界？神通變化與外道的方法和內容，又是怎樣的呢？你對於這些問題，當然也都須要一一瞭解。）

云何無因作。云何有因作。有因無因作。及非有無因。

（什麼是一切都從無因而生的理論根據？什麼是一切都從有因而生的理論根據？什麼是有因與無因的統一和矛盾？以及什麼是有因無因都不合理。這些問題當然也都須要一一瞭解。）

云何現已滅。云何淨諸覺。云何諸覺轉。及轉諸所作。

（如何是現有還滅？怎樣纔能淨除一切妄念妄覺？爲什麼一切妄念妄覺流

轉不已？以及如何纔能淨化一切的有爲有作的妄想？這些問題，當然更須要一一瞭解。）

云何斷諸想。云何三昧起。破三有者誰。何處爲何身。

（如何能斷除一切妄想？三昧的定境是如何而起的？能脫離欲界、色界、無色界的又是誰呢？脫離了三界的束縛後，他的法身又存在於什麼地方呢？這些問題，當然也都須要一一瞭解。）

云何無衆生。而說有吾我。云何世俗說。唯願廣分別。所問相云何。及所問非我。云何爲胎藏。及種種異身。

（爲什麼一方面認爲法界本無衆生，而另一方面又說衆生都是有個我相呢？如何纔是針對世俗所說的法？這些必須詳細地廣作分別。尤其是當前發問的「我」是如何的？以及「無我」之相又是如何的？何以會形成胎藏的生命？何以有種種不同衆生身相的存在？這些問題，當然也都須要一一瞭解。）

云何斷常見。云何心得定。言說及諸智。戒種性佛子。

（如何是斷見和常見？怎樣纔能使心得到定力？如何是言語文字與正智的差別？如何是佛所說的戒性和佛子們種性的差別？這些問題，當然也都須要一一一瞭解。）

云何成及論。云何師弟子。種種諸衆生。斯等復云何。

（如何是成爲正見的理論？師與弟子之間的關係是如何的？一切衆生種種的差別，又是如何的？對於這些問題，當然也都須要一一瞭解。）

云何爲飲食。聰明魔施設。云何樹葛藤。最勝子所問。

（衆生們爲什麼被飲食所拘束，賴以活命？如何是人們的聰明和魔境界變相的差別？何以世間會有樹林和葛藤的盤根錯節？這些都是佛菩薩的最勝弟子們所要問的，當然也都須要一一瞭解。）

云何種種刹。仙人長苦行。云何爲族姓。從何師受學。

（何以法界之中會形成種種刹土？爲什麼許多仙人們要長修苦行？世界人類爲什麼有不同族姓的特徵？這些特徵的師承又是如何的呢？對於這些問題，當然也都須要一一瞭解。）

云何爲醜陋。云何人修行。欲界何不覺。阿迦膩吒成。

（爲什麼世上有相貌醜陋，爲人所輕視的人？爲什麼有的人要修行？爲什麼在欲界中不能證得菩提正覺，而要昇華到色究竟界中纔能成爲正等正覺呢？

這些問題，當然也都須要一一瞭解。）

云何俗神通。云何爲比丘。云何爲化佛。云何爲報佛。

云何如如佛。平等智慧佛。云何爲衆僧。佛子如是問。

箜篌腰鼓華。刹土離光明。

（什麼是世間的神通？怎樣纔是眞正的比丘？如何是化身佛和報身佛，以及如如不動的法身佛和平等智慧佛呢？怎樣纔稱之爲僧衆？這些都是佛子們應當要問的問題。還有各種衆生的國土世界的形狀，何以會有許多的不同，爲什麼有的如箜篌，有的如細腰鼓？同時有的刹土，爲什麼沒有光明呢？對於這些問題，當然都須要一一瞭解。）

心地者有七。所問皆如實。此及餘衆多。佛子所應問。

一一相相應，遠離諸見過。悉檀離言說。我今當顯示。

次第建立句。佛子善諦聽。此上百八句。如諸佛所說。

（心王所統的八識作用，大致分爲七種，就是眼、耳、鼻、舌、身、意和末那〔俱生我執的意根〕七種識的作用。這許多問題，實在也是人們心裡所要瞭解的，而且也是大家所要問的，就是其他的佛弟子們，也應當要問的。不過，萬法由心而生，一切唯識所造，這許多問題，一一都與「心」相關，祇要了徹此心，就會遠離各種外道及見解上的過錯。至於第一義的境界，不是世俗言語所能描述的，我現在將要顯示第一義給你，使你瞭解各種問題的連鎖關係和它的中心根據，希望你留意諦聽。

以下佛便接著提出許多問題，而且每提一個問題，自己就隨著推翻它，表示所提問題本身的能夠發問的這個功能，它就是最大的問題，一切總要歸之於心。而且在方法上，既要能產生問題，又要能解破問題，如書空畫影，不可以執而不化。）

不生句生句。常句無常句。相句無相句。住異句非住異句，剎那句非剎那句。自性句離自性句。空句不空句。斷句不斷句。邊句非邊句。中句非中句。常句非常句。緣句非緣句。因句非因句。煩惱句非煩惱句。愛句非愛句。方便句非方便句。巧句非巧句。淨句非淨句。成句非成句。譬句非譬句。弟子句非弟子句。師句非師句。種性句非種性句。三乘句非三乘句。所有句非所有句。願句非願句。三輪句非三輪句。相句非相句。有品句非有品句。俱句非俱句。緣自聖智現法樂句非現法樂句。剎土句非剎土句。阿㝹句非阿㝹句。水句非水句。弓句非弓句。

實句非實句。數句非數句。明句非明句。虛空句非虛空句。雲句非雲句。工巧伎術明處句非工巧伎術明處句。風句非風句。地句非地句。心句非心句。施設句非施設句。自性句非自性句。陰句非陰句。衆生句非衆生句。慧句非慧句。涅槃句非涅槃句。爾燄句非爾燄句。外道句非外道句。荒亂句非荒亂句。幻句非幻句。夢句非夢句。燄句非燄句。像句非像句。輪句非輪句。揵闥婆句非揵闥婆句。天句非天句。飲食句非飲食句。淫欲句非淫欲句。見句非見句。波羅蜜句非波羅蜜句。戒句非戒句。日月星宿句非日月星宿句。諦句非諦句。果句非果句。滅起句非滅起句。治句非治句。相句非相句。支句非支句。巧明處句非巧明處句。禪句非禪句。迷句非迷句。現句非現句。護句非護句。族句非族句。仙句非仙句。王句非王句。攝受句非攝受句。寶句非寶句。記句非記句。一闡提句非一闡提句。女男不男句非女男不男句。味句非味句。事句非事句。身句非身句。覺句非覺句。動句非動句。根句非根句。有爲句非有爲句。無爲句非無爲句。因果句非因果句。色究竟句非色究竟句。節句非節句。叢樹葛藤句非叢樹葛藤句。雜句非雜句。說句非說句。毘尼句非毘尼句。比丘句非比丘句。處句非處句。字句非字句。大慧。是百八句。先佛所說。汝及諸菩薩摩訶薩。應當修學。

（原文如上，不再加譯述。）

（註五）三界：又名三有。凡夫生死往來之世界分爲三：一、欲界：有婬欲與食欲二欲之有情住所也。上自六欲天，中自人界之四大洲，下至無間地獄，謂之欲界。二、色界：色爲質礙之義，有形之物質也。此界在欲界之上，離婬、食二欲之有情住所也。身體，宮殿，一切物質，總殊妙精好，故名色界。此色界由禪定之淺深麤妙分四級，稱爲四禪天。三、無色界：此界無色，無物質，無身體，亦無宮殿國土，唯以心識住於深妙之禪定，故謂之無色界。此既爲一無物質之世界，則其方所非可定。但就果報勝之義，謂在色界之上。是有四天，名爲四無色，又曰四空處。

（註六）六道：又名六趣。地獄、餓鬼、畜生、阿修羅、人間、天上是也。此六者，乃衆生輪迴之道，故曰六道。衆生各乘因業而趣之，故謂之六趣。

（註七）三昧：此云定，心定於一處而不動，故曰定。

（註八）阿賴耶識：心識名，八識中之第八。譯曰藏，含藏一切事物種子之義。

（註九）七覺支：見註十所列三十七道品中。

（註十）三十七菩提道品：道者能通之義，到涅槃道路之資糧有三十七種：即四念處：一、身念處，二、受念處，三、心念處，四、法念處。四正勤：一、對已生之惡使除斷爲勤精進，二、對未生之惡使更不生爲勤精進，三、對未生之善使生爲勤精進，四、對已生之善使增長爲勤精進。四如意足：一、欲如意足，二、念如意足，三、精進如意足，四、思維如意足。五根：一、信根，二、精進根，三、念根，四、定根，五、慧根。五力：一、信力，二、精進力，三、念力，四、定力，五、慧力。七覺支：一、擇法覺支，二、精進覺支，三、喜覺支，四、輕安覺支，五、念覺支，六、定覺支，七、行捨覺支。八正道：一、正見，二、正思維，三、正語，四、正業，五、正命，六、正精進，七、正念，八、正定。

（註十一）眞如：諸法之體性離虛幻而眞實，故云眞。常住而不變不改，故云如。

（註十二）菩薩地：大乘菩薩有十地：一、歡喜地，二、離垢地，三、發光地，四、燄慧地，五、難勝地，六、現前地，七、遠行地，八、不動地，九、善慧地，十、法雲地。

（註十三）須彌山：譯言妙高，爲一小世界之中心也。

（註十四）悉檀：佛之說法不出四悉檀。悉檀者，古師一譯爲成，謂以此四法成就衆生之佛道故名。一、世界悉檀，二、各各爲人悉檀，三、對治悉檀，四、第一義悉檀。

（註十五）聲聞：爲佛之小乘弟子，由聞佛説苦集滅道，而修出世法者。

（註十六）緣覺：自觀十二因緣而成道者，亦非大乘。

（註十七）迦葉、拘留孫、拘那含佛：乃是過去七佛中之三佛。

（註十八）訶梨、阿摩勒果：訶梨與餘甘子等爲五藥。阿摩勒形似檳榔，食之可除風冷。

（註十九）六度：卽六波羅蜜也，度爲度生死海之義。其行法有六種：一布施，二持戒，三忍辱，四精進，五禪定，六智慧也。

（註二十）十力：佛有十種能力：卽知是處非處智、知三世業報智、知諸禪解脱三昧智、知諸根勝劣智、知種種解智、知種種界智，知一切至所道智、知天眼無礙智、知宿命無漏智、知永斷習氣智之十力也。

（註廿一）四如意足：見註十所列三十七道品中。

爾時大慧菩薩摩訶薩復白佛言。世尊。諸識有幾種生住滅。佛告大慧。諸識有二種生住滅。非思量所知。諸識有二種生。謂流注生，及相生。有二種住。謂流注住，及相住。有二種滅。謂流注滅，及相滅。

什麼是識

這時大慧大士再問佛說：「所有的識有幾種「生」（生起）、「住」（存在）、「滅」（消逝）的作用呢？」佛說：「所有的識有兩種「生、「住」、「滅」的作用，都不是思量推測所能够明瞭的。什麼是所有識的兩種「生」呢？就是所謂流注生及相生。如川流不息地生生不已，名爲流注生。因此而發生所有相續不斷現象，名爲相生。什麼是識的兩種「住」呢？就是所謂流注住及相住。如瀑布流注般地宛然相續，纔有一切現象界的存在。什麼是識的兩種「滅」呢？就是所謂流注滅及相滅，卽是相續存在的力量同時不斷地消逝，和現象的消滅。」

附論（三）

（佛法所謂的識，相同於一般所說的精神。但依唯識的精義而言，通常所謂精神，還是唯識的變相作用，所以不能完全依普通知識稱它為精神。佛說三界唯心，萬法唯識，乃是指宇宙萬有的全體大機大用，衹是識的變化。以上答大慧大士的問題，是說明宇宙萬有識變的過程，不外生起、存在和消逝的三大階段。而這識變的三大過程，歸納起來，又祇如川流不息地相續與相互依存的力量，卻由它發生現象（相、用）的兩種作用。但是一般人，都祇能在理論上去推測，去瞭解它，卻不能親身體驗它的究竟。）

大慧。諸識有三種相。謂轉相，業相，眞相。大慧。略說有三種識。廣說有八相。何等爲三。謂眞識，現識，及分別事識。大慧。譬如明鏡，持諸色像。現識處現，亦復如是。

識的現象

佛又說：「一切識有三種現象。一是轉相。乃是輾轉變化的現象，稱之謂轉識。二是業相。乃是業力（註廿二）的現象，稱之謂業識。三是眞相。乃是聖智的現象，稱之謂正智，或名眞相。」又說：「如果廣泛的說有八個識。簡略來說，祇有三種識：一是眞識。乃是眞相之識，稱之謂眞識（又名爲如來藏識）。二是現識。乃是對境所顯的現量識，稱之謂現識。三是分別事識。乃是能分別一切事物的分別識，稱之爲分別事識。如何纔能明瞭現識所顯示的現量境的作用呢？舉譬喻來說：猶如明鏡照物，能夠攝照任何現象，相來不拒，相去不留。現識的作用也同這個情形一樣。」

附論（四）

（人們要瞭解唯識，首先就要認清什麼是識？要想認清什麼是識？第一步就先要知道現量境中的現識。所以佛先舉出現識，再用明鏡照物來做譬喻。至於引用譬喻，本來是因明的一種方法，但是因明和邏輯（Logic）的論理，它的法則有時也有所窮，並不見得完全可以表達眞義。從古至今，人類的語言文字，並不足以完全表達心中的意思。所以還需要動作和表情，以及符號和譬喻等等的幫助，纔能夠收到理解的效果。但是這個方法也有偏差，就是容易使人把指月的指頭當作月亮來看。所以先要注意譬喻這件事祇是譬喻，它並不就是所喻的本身。人們面對世間一切事物，最先的接觸——不是第一觀念——還沒有意識分別的生起，這個時候，就是現識的現量境的作用。不過現識和分別意識的交變過程，其間是不容毫髮的，剎那之間，立刻就會生起意識分別的作用，所以不能把握現量境，也就無法認清現識的面目。如果能認清了現識的作用，就可體驗到所說的唯心唯識的究竟道理了。有人把直覺當作現識，那是不對的。直覺祇是意識的率爾而起的分別心，不是現識的現量境，因爲有了直覺，便非現量境了。

（註廿二）業力：善業有生樂果之力用，惡業有生苦果之力用。

大慧。現識，及分別事識。此二壞不壞，相展轉因。大慧。不思議熏，及不思議變，是現識因。大慧。取種種塵，及無始妄想熏，是分別事識因。

現識與分別事識的互相因果關係

佛又說：「現識與分別事識，這兩種作用，會不會衝突呢？從表面看來，好像這個現行識的現量境完了，纔生起分別事識。其實，它兩個是互相輾轉發生作用，互爲因果的。當接觸外界的現象時，接受不可思議的熏染，和產生不可思議的變化，這就是現識的因。吸收內外種種的六根六塵現象，和受無始以來習慣性的妄想熏染，就形成分別事識的因。」

大慧。若覆彼眞識，種種不實諸虛妄滅，則一切根識滅。是名相滅。大慧。相續滅者。相續所因滅，則相續滅。所從滅，及所緣滅，則相續滅。大慧。所以者何。是其所依故。依者謂無始妄想熏。緣者，謂自心見等識境妄想。大慧。譬如泥團微塵，非異非不異。金莊嚴具，亦復如是。大慧。若泥團微塵異者，非彼所成。而實彼成，是故不異。若不異者，則泥團微塵，應無分別。如是大慧。轉識藏識眞相若異者，藏識非因。若不異者，轉識滅，藏識亦應滅。而自眞相實不滅。是故大慧。非自眞相識滅。但業相滅。若自眞相識滅者，藏識則滅。大慧。藏識滅者，不異外道斷見論議。

如何恢復眞識

佛又說：「如果要恢復本來眞識的自相（如來藏識的眞相），衹要先消除能接受習氣熏染的虛妄分別事識的作用，那一切身心的根識自然消除，這樣就是滅了識相。」

附論（五）

（故知要不著相，首先就須消滅分別事識的作用，也就是說：首先須滅掉思維分別的意識，這正是其他經典所謂的「空此一念」的道理。但勿誤解沒有了分別意識，就等於木石的無知，須知分別意識，祇是由眞識轉相的第八阿賴耶識中間的一種作用。分別意識滅了，纔能見得到如來藏包含宇宙萬有之機的眞面目。下文就是佛對「識滅」作進一步的指示。）

佛又說：「祇要把生起相續作用的生因消滅了就可以啦。因爲把所以生起相續作用的「因」滅了，自「因」相繼而生的「緣」也就自然消滅，那麼，相續的作用也自然無法存在。這裡所說的相續的因和緣又是什麼呢？所謂「因」者，乃是基於現量而顯的現識轉相作用，它依於無始以來的妄想熏染習氣而生。所謂緣呢？就是依他而起，從心識中，引起見分分別的境界。譬如泥團和微塵，泥團不一定就算是微塵，微塵累積纔構成了泥團。如果說它是兩物，但泥團其實就是微塵累積而成。如果說它是一物，但它們卻是兩個形體。所以泥團與微塵本質上雖然相同，現象上卻有差別。又譬如金子做成了任何器皿，器皿的作用性質不同，而並不失去金子原來的性能。由這個譬喻，你可以瞭解現識所起的現量境，一轉而引起分別事識等的作用，都是如來藏識（阿賴耶識）眞相轉變的轉識所形成的。如果如來藏識和轉識等的形成作用，根本是兩回事，那麼，就不應該認爲如來藏識就是轉識等的因了。如果認爲不是相異的，那麼轉識等所形成作用的現象滅了時，如來藏識也就跟著滅了。事實上，轉識之間，有變化壞滅的迹象，但如來藏識的自相，卻是不滅的。要知道所謂諸識滅者，不是如來藏識的自相消滅了，衹是轉識業相的流注現象滅了。如果如來藏識自相也會滅的話，那麼如來藏也便是有生滅的了。果眞是如此，那就等於外道們的斷見理論了。」

附論（六）

（上述佛所講的唯識法相的話，是說明凡夫衆生心識的現狀，都是從如來藏識的業力流注為因。由無始時來的我執和法塵的偏計所執，和現行的業力互相輾轉薰習，生起人我的八種心識現象的作用，所以名為八識。如果能夠滅掉一切諸識的妄緣薰習，不起偏計所執和依他而起的作用，就能頓斷業識妄想之流，轉識成智，得到眞如性淨的如來境界。但滅除業識之流，並非如世間的斷滅見解，滅了就是什麽都没有了。滅是滅了一切業識之流的流注相，轉了幻有妄想種子的薰習，而圓成淨智的光明。所謂無生與不生也就是這個道理。過去未來現在三世時間所具的種性，和無邊虛空的種性，都如換舊更新，由此轉了污染薰習的業力而成爲淨智。阿賴耶識轉爲眞如，乃是卽此用，離此用。離此用，卽此用。但依體而立義，便說爲畢竟空，因爲眞如自相，的確已經空了一切業識流注之相。唯依用而立義，便說爲勝義有，因爲眞如的體相本自不生不滅，常樂我淨的。奈何學者都由這個道理而興起理念上的諍端，實在是没有圓融貫通吾佛一大藏教全體的宗旨。如果眞能證到「善能分别一切法，於第一義而不動」的境界，自當釋疑息諍了。）

大慧。彼諸外道作如是論。謂攝受境界滅，識流注亦滅。若識流注滅者，無始流注應斷。大慧。外道説流注生因，非眼識色明集會而生。更有異因。大慧。彼因者。説言若勝妙，若士夫，若自在，若時，若微塵。

其他學派與宗教理論的批判

佛説：「一般外道們的理論，認爲祇要遠離外境，不去吸收外在的境界，那業識相續流注的力量就自消滅了。如果說：業識相續流注眞能消滅的話，那無始以來的諸識種性也應當是斷滅的，那就不能説如來藏的眞識自相卻能含藏過去現在未來三世的種子了。他們説：識的相續流注業力，並非從因緣而生；例如眼識也不是從色、相、空、明等等因緣會聚所生，實在是另有一物主宰的。或説是另有其他原因，如因神的主宰，或自在天主，或是宿命，或是玄妙，乃至於説是時間或數理，以及説它是物質等的能力所生。」

復次大慧。有七種性自性。所謂集性自性。性自性。相性自性。大種性自性。因性自性。緣性自性。成性自性。復次大慧。有七種第一義。所謂心境界。慧境界。智境界。見境界。超二見境界。超子地境界。如來自到境界。大慧。此是過去未來現在諸如來應供等正覺，性自性第一義心。以性自性第一義心。成就如來

世間出世間。出世間上上法。聖慧眼，入自共相建立。如所建立。不與外道論惡見共。大慧。云何外道論惡見共。所謂自境界妄想見。不覺識自心所現。分齊不通。大慧。愚癡凡夫性。無性自性第一義。作二見論。

佛說：「再加分析，便有七種自性：㈠集性自性。（自心能收集一切善惡業力的性能）㈡性自性。（自性本智的性能）㈢相性自性。（瞭解內外一切現象的性能）㈣大種性自性。（地、水、火、風四大種和萬物性空緣起的性能）㈤因性自性。（推理形而上的理念性能）㈥緣性自性。（覺知已離有無空幻的性能）㈦成性自性。（自覺圓滿的性能）其次：又有七種第一義：㈠心境界。㈡慧境界。㈢智境界。㈣見境界。㈤超二見境界。㈥超佛子地境界。㈦如來自到境界。這都是過去未來現在諸佛內證自性正覺，依性所說自性的第一義心的境界。以這自性正覺第一義心，成就如來在世間、出世間最上乘的法門。這都是諸佛在正覺自性中的慧眼，透入自性和衆生的共相所建立的義理，不和一般外道們的邪見理論相同。何以不相同呢？他們都從自我心理的體驗境界上，由妄想推理產生見解，不能反觀自己覺知和認識的眞實與否，便確定爲如此如此如彼，卻不知一切世間或出世間的事物，都是自心妄想分齊（分析或歸納）所顯現的差別境象。一般無智愚癡的凡夫們，沒有實際體證形而下萬有事物之性，都是無自性的。因此更不能證入自性形而上的第一義，所以也就見有見無，形成相對的矛盾理論了。」

附論（七）

（七種自性，都是普通凡夫狀態，由於知覺或感官所產生，以此推論心理與物理的作用。其實，這種感官和知覺，也都是人人心識所具備的性能，都依如來藏識（阿賴耶識）而存在。一旦轉識成智，就變為七種第一義心，都依持於眞如而起用的。如經云：「一切聖賢，皆以無為法而有差別。」倘若固執名相，又落在偏計所執的妄想之中了。）

復次大慧。妄想三有苦滅，無知愛業緣滅。自心所現幻境隨見。今當說。大慧。若有沙門，婆羅門，欲令無種有種因果現，及事時住。緣陰界入生住。或言生已滅。大慧。彼若相續，若事，若生，若有，若涅槃，若道，若業，若果，若諦，破壞斷滅論。所以者何。以此現前不可得，及見始非分故。大慧。譬如破缾。不

作緋事。亦如焦種。不作芽事。如是大慧。若陰界入性，已滅今滅當滅。自心妄想見。無因故，彼無次第生。大慧。若復說無種有種識，三緣合生者。龜應生毛。沙應出油。汝宗則壞。違決定義。有種無種說，有如是過。所作事業，悉空無義。大慧。彼諸外道說有三緣合生者。所作方便因果自相，過去未來現在，有種無種相。從本已來成事。相承覺想地轉。自見過習氣，作如是說。如是大慧。愚癡凡夫，惡見所噬，邪曲迷醉無智。妄稱一切智說。

一般哲學宗教思想的偏差

佛又告大慧大士說：「如果能夠滅了無知、業、愛的因（妄心）和所緣（內外境界），就可以滅掉妄想所生三有（欲界、色界、無色界）的苦受之果。同時也就可以見到意識所生的內外一切現象，都是自心現識所顯的幻境。此理今當重說。例如有些出世的學者和婆羅門（註廿三）等的理論說：無始以來，萬物從無中生有，有無本身互爲因果。甚至有的還說虛無中另有一物，（如靈魂或造物主等）和時間、運數等緣會聚集而生入我的身心。方生方死、方死方生，生就是滅的開始等等理論。他們不明瞭眞如自性是隨緣常住不變的，所以對於宇宙精神的延續，和事物生元的存在功能，以及涅槃自性，本自寂滅圓滿，與乎形而上的道和業力的依存，乃至因果的眞義和道果的眞諦等等，都被他們說成虛無縹緲，成爲破壞性的斷滅論據。祇認爲從無生有，有了還無。這是什麼原因呢？因爲他們現在既無法證實生命元來的根元，同時也無從見到根本的緣故。這些理論和見解，都如破漏的瓶子，實在不能再裝東西。又等於燒焦了的種子，永遠也不會發芽再生了。大慧啊！要知道，如果身心所依的自性，一成過去，就算已經滅了，那麼，過去的已過去，和現在又有什麼相關呢？而且現在是現在，現在又怎樣和過去連接呢？未來的，既然是未來，又如何啣接現在和過去呢？在這中間，所謂時間三世，又從哪裡連續得起來，怎麼建立它的次序呢？這些都是從個人心理上主觀妄想的成見所生，沒有根本眞實的原因可以依據。又如果說無中可以生有，那虛無和實質，兩種是絕對的矛盾，何以又能配合心理意識的作用？倘使這樣三緣和合，可以生出萬物，那麼，心理意識幻想沙子產油，沙子就能夠產油嗎？心識幻想龜殼生毛，龜殼就會生毛的嗎？由這個辨證，可知這些理論和宗旨，都不能成立，都不是絕對肯定性的眞理，而且是自相矛盾的。所以說他們這些理論，都是錯誤的見解，那麼，他們的所作所爲，也都是毫無意義了。他們之所以說『有』、『無』、『識』等三緣和合，便生出萬有，那是因爲他們祇見到世間現實事物中的因果定律，從過去的事實已成了虛無，以現在的存在，推測未來的無相，因此認爲其中的法則，是有無相生，互爲因果的。其實，都是根據心理的直覺作用，妄心觀察所得，都由無始以來的習氣薰習而生的成見，所以纔有這種見解。大慧啊！可是愚癡的凡夫們，被自心惡見淹沒，被邪說所迷醉，卻妄稱自己已經得到大智慧的成就呢！」

（註廿三）婆羅門：天竺四姓之一。此云淨裔，亦云淨行。其種自有經書，世世相承，以道學爲業。

大慧。若復諸餘沙門，婆羅門，見離自性。浮雲火輪，犍闥婆城，無生。幻燄水月及夢。內外心現。妄想無始虛僞，不離自心。妄想因緣滅盡。離妄想，說所說，觀所觀，受用，建立身之藏識。於識境界，攝受，及攝受者，不相應。無所有境界，離生住滅。自心起，隨入分別。大慧。彼菩薩不久當得生死涅槃平等。大悲巧方便。無開發方便。大慧。彼於一切衆生界，皆悉如幻。不勤因緣，遠離內外境界。心外無所見。次第隨入無相處。次第隨入從地至地三昧境界。解三界如幻。分別觀察，當得如幻三昧。度自心現，無所有。得住般若波羅蜜。捨離彼生所作方便。金剛喻三摩提，隨入如來身。隨入如如化。神通自在，慈悲方便，具足莊嚴。等入一切佛剎，外道入處。離心意意識。是菩薩漸次轉身，得如來身。

離心意識證取心物同體的如來實相

佛說：「再說，有些求出世的學者和婆羅門等，見到一切事物，本來都沒有單獨存在的自性，都是暫時偶然的幻有現象。世間的事物，雖然有景象而實際上都是虛無，正如浮雲的聚散，如點火旋轉而成輪，如海市蜃樓的變幻，如陽光裡的幻燄，如水中的明月，如夢裡的空花，這一切的一切，無非是自心內外的妄想所現。它自從無始以來，便自虛幻地存在，但又都離不了眞如自性心體功能的全體大用所生。如果把妄想的因緣滅盡了，遠離妄想，遠離能所等說，離能觀和所觀的作用，就可以明瞭身心（和一切相依爲命的物質形器世間）等等，都是藏識

（阿賴耶）功能所顯現的境界。此外並無一個另有包藏萬有之機的主宰存在，世界上也沒有一個實際可以被主宰的東西。所有事物的過程，雖有生起、存在、消滅的情形，但都祇是現象的作用，在眞如自性的根本上，就本來無生，所以也無所謂有滅，一切都是自心所現。如果能夠如此思維觀察求證，就能夠瞭解自心所生的依他起，和偏計所執等分別心理現狀的作用了。大慧啊！如果能夠這樣，他必然會到達生死和涅槃平等不二的境界，善於巧妙地運用大悲心的方便，沒有求功用之心而自然會達到功用的效果。他會證到一切衆生世界，完全如夢幻似的存在，見到一切緣起本來性空，不會再被内外境界的因緣纏擾，也就證得宇宙萬有都是眞如一心的性空緣起。由此漸次進入無相境界，由菩薩初地開始，逐步依次上進，最後證得圓滿菩薩十地境界的各個三昧。既然證得了三界唯心，諸法如幻，依此修行，也就自然能夠善於分別觀察，到達如幻三昧的境界，而度到自心湛然寂淨，智慧實相的彼岸，捨離流浪生死海中的苦趣，到達究竟無生的境界。證得堅固不變如金剛似的能斷微細無明的正定，得入如來如如不動的千百萬億化身的境界。神通自在，與慈悲方便等，都能夠莊嚴具足，可以自由出入於一切諸佛的刹土，也可以自由出入一切外道的境地。這些都是由於眞能捨離心意識的功用，而轉身證得菩薩境界的妙有之身，然後終於達到如來果地的妙色身了。」

大慧。是故欲得如來隨入身者。當遠離陰界入心，因緣所作方便，生住滅妄想虛僞。唯心直進。觀察無始虛僞過，妄想習氣因，三有。思維無所有，佛地無生，到自覺聖趣。自心自在，到無開發行。如隨衆色摩尼。隨入衆生微細之心，而以化身隨心量度。諸地漸次，相續建立。是故大慧。自悉檀善，應當修學。

佛說：「如果要證得如來境界的法界一身者，應當放下這個身心所生的妄心作用，和依他而起的因緣會聚所生的妄心現象。捨離由心所造的——生起、存在、消滅等虛幻的境界。祇要徹底瞭解萬法唯心，也就是說要認清宇宙萬有，無非是一個眞心全體的大用。由此觀察心理妄想，無始以來都是虛妄習氣的力量，纔能解脫三界萬有的繫縛。由此寂靜思維，達用歸體，證得萬物原是一無所有。如此自能漸次達到佛地寂靜圓滿、本自無生的聖境，證得自身本具徹底自覺的聖智。不久當得一心自在的能力，自然開發究竟的無功用行，正像如意寶珠之在盤中，隨衆生業力觀察角度的不同，發現各種不同的色相，而寶珠自身，卻自依然無相。所以纔能順應衆生各種微妙之心，以種種形態的化身，隨順衆生心理和心量，使他漸次進入菩薩的各地境界，最後度到寂靜的彼岸。所以我說：你們應當修學各自悉檀（註見前十四）內明此心本具三昧的善法。」

爾時大慧菩薩復白佛言。世尊。所說心意意識五法自性相。一切諸佛菩薩所行。自心見等所緣境界。不和合。顯示一切說，成眞實相，一切佛語心。爲楞伽國摩羅耶山，海中住處諸大菩薩，說如來所歎，海浪藏識境界法身。爾時世尊告大慧菩薩言。四因緣故，眼識轉。何等爲四。謂自心現攝受不覺。無始虛僞過色習氣。計著識性自性。欲見種種色相。大慧。是名四種因緣。水流處，藏識轉識浪生。

心理狀態爲形成五法的根元

佛說到這裡，大慧大士又問：「希望您再說心、意、識的五法——名、相、分別、正智、如如——的自性現狀。也就是諸佛和大士們所依此修行的，而使自心不再執著混和於外緣的各種情況，所謂廓然朗照，顯示眞心自體的圓成實相，切實證到一切佛所說三界唯心的眞實境界。這也就是您這次在楞伽國摩羅耶山的海島中，爲同來集會的大士們連聲讚歎如來法身、似無邊大海的藏識（阿賴耶）和現行的心理狀態。」佛說：「眼識所生觀看的作用，簡說是由四種因緣，纔形成眼識隨境而轉的現象。哪四種因緣呢：㈠自心現識的本能活動，於不知不覺間，具有吸收外境的性能。㈡無始以來，就賦有色相習氣所熏習的虛妄作用。㈢心識自性分別的習慣。㈣現行心理，隨時隨地要見種種色相的緣故。有此四種因緣，就使平靜無波似的藏識海中，掀起波濤洶湧的洪流。當此全海既已生波，那平靜的如來藏識，也就統統變爲洪濤巨浪了。」

附論（八）

（佛在這裡祇說眼識者。因為這個世界的衆生，最重是色相的誘惑，眼為心的樞機，所以祇略說眼識，依此就可以類推了。）

大慧。如眼識，一切諸根微塵毛孔俱生。隨次境界生，亦復如是。譬如明鏡，現

衆色像。大慧。猶如猛風，吹大海水。外境界風，飄盪心海，識浪不斷。因所作相，異不異。合業生相，深入計著。不能了知色等自性，故五識身轉。大慧。即彼五識身俱。因差別分段相知。當知是意識因。彼身轉，彼不作是念，我展轉相因。自心現，妄想計著轉。而彼各各壞相俱轉。分別境界，分段差別，謂彼轉。如修行者入禪三昧，微細習氣轉而不覺知。而作是念，識滅然後入禪正受。實不識滅而入正受。以習氣種子不滅，故不滅。以境界轉，攝受不具，故滅。

心意識生起作用的境界現象

佛說：「又例如眼識作用發生時，所有眼睛的生理機能，所有神經和細胞，以及所有的毛孔，都同時產生作用。而且眼識一生起了作用，其他心理境界，就會依次跟著引發。至於引發的情形，就像眼眨眉毛動一樣，幾乎是同時並生的。譬如一個大的明鏡照見了外界物象，無論巨細，都能同時照見。猶如猛風吹動了海水，整個的大海，就一變爲波浪滔天了。當平靜的心識海中，爲外界境象之風所吹動時，心中也就頓時生起了萬象，由此洪濤巨浪，就洶湧不斷了。『外境界風，飄盪心海，識浪不斷』。雖然心理的浪潮，都是由於身心內外的境風所引起的，粗看起來，似乎都是心波動盪的一種心理現象，但細加分析，卻各有不同的性質。也就是說：心波同是識浪所生，作用卻有不同的區別。而且其中相輔相成，互爲因果，配合心量和業力，以及時間和空間而發生各種不同的現象，愈入愈深，愈纏愈緊，自心偏要執著虛妄的境象，不肯放捨。因爲人們不能徹底了知外物的色相，都無自性，所以五識身——眼、耳、鼻、舌、身——就都隨著外境色相的作用而轉了。大慧啊！所謂意識，也就是和前五識同時俱生，因爲它有識別各種事物的作用，就名爲意識。它對於前五識，有時或起差別分段的瞭知作用，有時也可以全體同時瞭知。

禪定境界中的心識現象

不過五識身和意識，儘管隨時在輪轉不休，可是都不能自知自身便和意識互爲因果的，祇是各自在微細生滅的現象中輾轉不休，執著各種差別的境界和分段的現象，覺得它各自在轉，都不能到達無分別的境界，各了自境的邊際。例如許多有修行功力的人，進入禪定三昧的時候，並不覺知自心無始以來微細熏染的習氣還在流轉，意謂自己已經滅了諸識的作用，所以現在纔得到了禪定境界的正受。其實，他不知道，所謂禪定三昧的正受境界，實在並不是滅了眞如自相而入正受。因爲無始以來能熏習種子的眞如功能是不滅的，所以在禪定三昧之中，眞如藏識固自不滅，祇是境界轉時，諸識沒有執著攝取外境的因緣，所以好像覺得是意識等完全滅了似的。」

大慧。如是微細藏識究竟邊際。除諸如來，及住地菩薩。諸聲聞緣覺外道修行，所得三昧智慧之力，一切不能測量決了。餘地相智慧，巧便分別，決斷句義。最勝無邊，善根成熟。離自心現妄想虛僞。宴坐山林，下中上修。能見自心妄想流注。無量刹土，諸佛灌頂。得自在力，神通三昧，諸善知識，佛子眷屬。彼心意意識，自心所現自性境界虛妄之想，生死有海，業愛無知。如是等因，悉已超度。是故大慧。諸修行者，應當親近最勝知識。爾時世尊欲重宣此義，而說偈言。

譬如巨海浪　斯由猛風起　洪波鼓冥壑　無有斷絕時

藏識海常住　境界風所動　種種諸識浪　騰躍而轉生

青赤種種色　珂乳及石蜜　淡味衆華果　日月與光明
非異非不異　海水起波浪　七識亦如是　心俱和合生
譬如海水變　種種波浪轉　七識亦如是　心俱和合生
謂彼藏識處　種種諸識轉　謂以彼意識　思維諸相義
不壞相有八　無相亦無相
譬如海波浪　是則無差別　諸識心如是　異亦不可得
心名採集業　意名廣採集　諸識識所識　現等境說五
爾時大慧菩薩以偈問曰。
青赤諸色像　衆生發諸識　如浪種種法　云何唯願說
爾時世尊以偈答曰。
青赤諸雜色　波浪悉無有　採集業說心　開悟諸凡夫
彼業悉無有　自心所攝離　所攝無所攝　與彼波浪同
受用建立身　是衆生現識　於彼現諸業　譬如水波浪
爾時大慧菩薩復說偈言。
大海波浪性　鼓躍可分別　藏與業如是　何故不覺知

爾時世尊以偈答曰。

凡夫無智慧　藏識如巨海　業相猶波浪　依彼譬類通

爾時大慧菩薩復說偈言。

日出光等照　下中上衆生　如來照世間　爲愚說眞實

已分部諸法　何故不說實

爾時世尊以偈答曰。

若說眞實者　彼心無眞實　譬如海波浪　鏡中像及夢

一切俱時現　心境界亦然　境界不具故　次第業轉生

識者識所識　意者意謂然　五則以顯現　無有定次第

譬如工畫師　及與畫弟子　布彩圖衆形　我說亦如是

彩色本無文　非筆亦非素　爲悅衆生故　綺錯繪衆像

言說別施行　眞實離名字　分別應初業　修行示眞實

眞實自悟處　覺想所覺離　此爲佛子說　愚者廣分別

種種皆如幻　雖現無眞實　如是種種說　隨事別施設

所說非所應　於彼爲非說

彼彼諸病人　良醫隨處方　如來爲衆生　隨心應量說
妄想非境界　聲聞亦非分　哀愍者所說　自覺之境界

離心意識的修行重實證

佛說：「這個極其深細的藏識（阿賴耶）的究竟邊際，除了已經到達如來果地，以及眞實證入菩薩境地的大士們外，其他如聲聞、緣覺、外道等修行人，他們所得的三昧智慧之力，決不可能推知它絕對性的義理和境界的。至於已證入菩薩諸地的大士們，有他的善巧智慧和方便法門，能夠於先佛的聖教經文中，研究判斷它的章句義理，能夠信入藏識的境界；但如要切實了然明白它的究竟道理，必須要得最殊勝的、無量無邊的善根因緣成熟，能擺脫自己心中現行的虛僞妄想，宴坐在寂靜的山林中，由修習下士道（天人乘），漸次進入中士道（聲聞和緣覺乘），再進至於上士道（菩薩大乘），逐步依次循序上進，漸漸纔能發現自心妄想流注的作用。等到修持的功行圓滿，自然會得到無量諸佛來灌頂（性光和智慧的加庇），證得自在之力和神通三昧，與諸大善知識和佛子們把臂同遊。然後纔能解脱得度，確實遠離了心意識，見到自心所現的自性境界，纔能度過虛妄習氣的生死苦海。大慧啊！所以說：凡是眞實修行的人，應當親近最殊勝難得的善知識。」說到這裡，佛就歸納這些道理，作了一篇偈語說：

譬如巨海浪。斯由猛風起。洪波鼓冥壑。無有斷絶時。

藏識海常住。境界風所動。種種諸識浪。騰躍而轉生。

（這是說：譬如一個大海，風平浪靜，澄然湛寂，忽然吹來陣陣的烈風，使平靜的大海，生起重重無盡的浪波，從此便如萬壑怒號，天地晦冥，再没有停息澄清的時候了。如來藏正是如此，它本是澄然湛寂，隨緣常住而不變的，因內外境風的吹盪，便使寂然清淨的本體，隨變爲浪潮起伏，跟著生起前面七識的種種作用。由此波浪互相撞激，奔騰澎湃，便轉生一切境界，而無有止境了。）

青赤種種色。珂乳及石蜜。淡味衆華果。日月與光明。

非異非不異。海水起波浪。七識亦如是。心俱和合生。

（這是說：須知世間種種色相，乃至如地下的礦物，林中的植物，與天上的日月光華等等，追溯根元，也都是由如來藏識一體的變相。這些物體和藏識，在本質上並非相異，可是當它們形成爲萬物之後，卻不能說與心識的作用是無異的了。譬如海水既然變成爲波浪，波浪的形式與作用，和整個的海水便不同了；可是波浪的根本，還是由海水所轉變而來的。由物的方面來說，萬類的分齊差別（分化和歸類），也都是從此一體所化生。由心的方面來說，七種識的分別作用，也都是由如來藏識所轉生。又因心與物的和合，發生世間種種事情，於是本來澄清的識海，便永無寧日了。按：青赤等種種物色，是指眼根色塵的對象。珂珮是指耳根聲塵的對象。乳及石蜜，是指鼻根香塵的對象。淡味衆華果，是指舌根味塵的對象。日月與光明，是指身根觸塵的對象。）

譬如海水變。種種波浪轉。七識亦如是。心俱和合生。

謂彼藏識處。種種諸識轉。謂以彼意識。思維諸相義。

不壞相有八。無相亦無相。

（這是說：譬如澄清寂靜的海水，它一經變動以後，就轉變爲種種波浪的現象。由心所生七識的作用，也是如此，也都是由如來藏所出發而和合俱生的。也就是說：當七個識生起作用的時候，如來藏識卽全海成波；其中最主要的就是第六意識，它會生起思維的作用，分別各個識的現象和道理。總之識的作用和現象，大體分作八個，但雖然它有八個作用的不同，其實它又是無定相可得的。而且所謂無相，就是相的畢竟空，無相便是無相，並無另外有一個無相之相可得。）

譬如海波浪。是則無差別。諸識心如是。異亦不可得。

（這是說：譬如海水，當它起了波浪的作用時，它便全海成波，但現象和作用雖然有了不同，可是它們同爲海水，卻是本無差別的。當它由波浪還成海水的時候，祇是現象和作用的平息，也並無另有一個所歸還之處。一切識的作用產生，仍然不離於心。所謂心識，也僅是體用上的不同，根本就沒有什麼差別可說。）

心名採集業。意名廣採集。諸識識所識。現等境說五。

（這是說：藏識就是能累積一切業力的根本，意識就是能廣爲採集業力的先鋒。所謂一切唯識的作用，便是指能識別和所識別的分別作用。以名數而言，雖有心、意、意識等等的差別，其實，都是根塵相對，一念妄心之所起。當它對內外境界發起作用的時候，便形成了前五識，而前五識的對境未生分別之初，也就是識的現量境了。）

這時，大慧大士又以偈問道：

青赤諸色像。衆生發諸識。如浪種種法。云何唯願說。

（這是說：世間一切呈現的色相，乃至如青赤等等的光色，使衆生們發生眼的識別作用，爲什麼卻說它像波浪和海水一樣，衹是一體的變相，完全根據如來藏而來的呢？還希望您爲我們解說其中的道理。）

佛也就以偈回答說：

青赤諸雜色。波浪悉無有。採集業說心。開悟諸凡夫。

（這是說：青赤等等的光色，也衹是如來藏識變化而生的暫有現象而已，它們的根本，原來是空無所有的，就如大海的平靜無波一樣，衹因自心執著成相，採集累積，便成爲業力的依存作用了。所以佛說一切無非是自心之所生，用這譬喻使凡夫們開悟其中的眞諦。）

彼業悉無有。自心所攝離。所攝無所攝。與彼波浪同。

（這是說：因心而有業，但業力的自性本空，如果自心擺脫了能攝取和所攝取的作用，那便同大海中的波浪一樣，就會返本還元，自己歸還於淸淨寂滅的大海水了。）

受用建立身。是衆生現識。於彼現諸業。譬如水波浪。

（這是說：衆生們衹於世間光色等等各種現象之中，互相資生受用，所以就形成身心性命的存在，這便是現識的境界。它在其中顯現一切業力的因果，互相輾轉循環，便如波浪的重重疊疊，層出不窮了。）

這時，大慧又以偈語問道：

大海波浪性。鼓躍可分別。藏與業如是。何故不覺知。

（這是說：佛以大海和波浪的現象和關係，用作識海心波的譬喻。但是波浪與海水，是有它的活動現象，因此可以用知識來分別的，業力和藏識的關係，如果也是這個道理，爲什麼人們卻感覺不到呢？）

佛又以偈回答說：

凡夫無智慧。藏識如巨海。業相猶波浪。依彼譬類通。

（這是說：因爲凡夫們的智慧低劣，他們不能瞭解藏識是像澄清湛寂的海水，業力的現象，像大海中所起的波浪一樣，所以祇能用譬喻來做說明，使他們依此類通，反求諸己，便可以豁然而悟了。）

這時，大慧又以偈語問道：

日出光等照。下中上衆生。如來照世間。爲愚說眞實。

已分部諸法。何故不說實。

（這是說：日出東方，光明便普照世間，無論上中下的衆生們，都蒙受陽光的普照。大智慧如佛者，正像日光普照世間，是爲一般愚癡凡夫們，演說眞實之法，然而我佛既已爲衆生演說各種各類的法門，何以卻不說心的眞實體相呢？）

佛又以偈語回答說：

若說眞實者。彼心無眞實。譬如海波浪。鏡中像及夢。

一切俱時現。心境界亦然。境界不具故。次第業轉生。

（這是說：如果要說心的眞實體相，此心就根本沒有世人所想像那樣有一眞實的東西存在。眞實這個名辭，也祇是世俗知識上的一個觀念，因此不可循名執相，妄求眞實。譬如海水生起波浪，它就一時俱生，並非前後次第地出現。又如鏡中照見形像，夢中顯出各種境界，都是一時之間，同時俱現的。心的境界作用，也是如此，不過有時候它卻有次第因緣的作用，互相依存，輾轉生起業力的因果關係。）

識者識所識。意者意謂然。五則以顯現。無有定次第。

（這是說：所謂識的意義，就是指此有分別瞭知的作用。最明顯的，便是心理意識有分別然與不然的鑒別作用。前五識如：眼、耳、鼻、舌、身，它們有顯現境界的現量功能，而且並不循一定的次第發生，當它在某處應用時，便顯現出它的現量作用了。）

譬如工畫師。及與畫弟子。布彩圖衆形。我說亦如是。

彩色本無文。非筆亦非素。爲悅衆生故。綺錯繪衆像。

（這是說：意識對於前五識，正如畫師教導學畫的弟子們，指揮他們如何去著色，如何去描畫。至於內外的各種境界，猶如畫畫的彩色。境界本自無心，正像彩色的本身，本來就沒有文彩。當它由人們的心意畫成一張圖畫的時候，這張圖畫的本身，既非是筆，也不是無形像的白紙，祇是綜合各種線條與色彩，便構成爲一幅圖畫了。如果仔細分析它的各個部門，也就根本沒有東西。我說心意識等作用，也是如此。其實，都無眞實的自性存在。）

言說別施行。眞實離名字。分別應初業。修行示眞實。

眞實自悟處。覺想所覺離。此爲佛子說。

（這是說：爲了言語文字表達它的功用，所以使用各種理論和譬喻來分別解說。至於心的眞實體相，它根本是超越文字言說的一種境界。我之所以仔細地分析，祇是爲了初機認清心識的業力作用。如果要眞正瞭知心的眞實境界，祇有修行求證，纔能切實證得。因爲心的眞實體相，唯有自悟自證，把能覺想的和所覺想的作用，一齊拋卻，纔能瞭知它的眞實面目。）

愚者廣分別。種種皆如幻。雖現無眞實。如是種種說。

隨事別施設。所說非所應。於彼爲非說。

（這是說：爲了使無智的愚夫們容易瞭解，纔廣爲分別，說出其中的道理。事實上，這種論辯，皆如夢幻，也無眞實的意義。所有種種的解說，無非是因時、因地、因人，隨事而說法，便建立各別的法相。如不能對機說法，你所說的與他所需要的並不相合，那在一般人們看來，就認爲你在胡說亂道了。）

彼彼諸病人。良醫隨處方。如來爲衆生。隨心應量說。

（這是說：佛所說的法，譬如良醫的因病施藥，都是隨著衆生心量的不同，而說不同的法，使他們隨機悟入。）

妄想非境界。聲聞亦非分。哀愍者所說。自覺之境界。

（這是說：凡夫們用妄想心來推測佛所說的心識體相，當然不能瞭解它的境界。卽使聲聞等人，以他們的智慧來體認，也不見心的本際。大慈大悲的佛陀所說的自心境界，唯有眞正自覺內證的人，纔能瞭知它的實際。）

復次大慧。若菩薩摩訶薩，欲知自心現量，攝受及攝受者，妄想境界。當離羣聚習俗睡眠。初中後夜，常自覺悟修行方便。當離惡見經論言說，及諸聲聞緣覺乘相。當通達自心現妄想之相。

復次大慧。菩薩摩訶薩，建立智慧相住已。於上聖智三相，當勤修學。何等爲聖智三相當勤修學。所謂無所有相。一切諸佛自願處相。自覺聖智究竟之相。修行得此已。能捨跛驢心智慧相。得最勝子第八之地，則於彼上三相修生。大慧。無所有相者。謂聲聞緣覺，及外道相，彼修習生。大慧。自願處相者。謂諸先佛自願處修生。大慧。自覺聖智究竟相者。一切法相無所計著，得如幻三昧身諸佛地處進趣行生。大慧。是名聖智三相。若成就此聖智三相者，能到自覺聖智究竟境界。是故大慧。聖智三相，當勤修學。

如何纔能覺悟自心

佛說：「再說，如果大乘菩薩們，要知能攝取的自心現量，和所攝取的妄想境界，便應離羣索居，不為習俗所拘，而且斷除睡眠，從朝至暮，自夜達旦，修習自覺自悟的方便法門；同時也應遠離外道的經論言說，以及捨棄聲聞、緣覺二乘的學理和境界，一心勤求通達自心現識所生的妄想情狀。

成佛次第之道

「再說，大慧啊！大乘菩薩們，既然建立了住持智慧德相的心願，對於上乘的聖智三相，應當精勤修學。什麼是須要勤學的聖智三相呢？那就是：無所有相，一切諸佛自願處相，自覺聖智究竟之相。如果能够修行得此三相，便不致於蹭蹬修途，被懈怠自誤，故自懶散猶如跛驢之心，乃至以得少為足，便自以為已得智慧德相的錯誤了。要知佛法中最勝弟子的菩薩第八地，就是由修此三相而出生的。㈠所謂無所有相：那就是說樂於修習聲聞、緣覺以及外道的境界，纔得生起。㈡所謂自願處相：那就是說過去諸佛們，都從菩提大悲心流露，自發的大願力所生。㈢所謂自覺聖智究竟相：那就是說對於一切法相，都無所執著，自得如幻三昧之身，進循一切諸佛修行所趣的諸地次第而行。這便名爲聖智三相，是能到達自覺聖智究竟境界之路，所以有志於大乘的菩薩們，當勤加修學，」

附論（九）

（所謂聖智三相，就是由小乘到大乘，自出離世間到不出世間不入世間的佛法的歷程。初得無所有相，是證空果，但這是偏空，不是圓滿解脫知見，必須「智」「悲」雙運，方能進入眞空妙有的境界，所以再進修一切諸佛自願處相，纔是大慈悲力，完成福德的準繩。但空有妙圓，智悲雙運，雖然有解脫知見而福德智慧尚未圓滿，所以最終要以修習自覺聖智究竟之相，纔得證入佛地。可是如不能先證無所有相，即不知依空起用，便不能完成自覺聖智究竟之相。如祇知沉空住寂，偏而不圓，便成爲小乘的果位。悲願無窮，緣生不捨，又是菩薩修途的自障。所以最終必要統攝於自覺聖智究竟之相，纔得證於圓滿而不偏的佛果。一切佛法，畢竟祇是一乘，偏空或著有，都不是修習佛法的正途，唯有完成聖智三相，纔是佛法眞實的歸趨。禪宗的三關之說。也須參考這節經文。）

爾時大慧菩薩摩訶薩，知大菩薩衆心之所念，名聖智事，分別自性經。承一切佛威神之力而白佛言。世尊。唯願爲說聖智事分別自性經。百八句分別所依。如來應供等正覺，依此分別説菩薩摩訶薩，入自相共相妄想自性。以分別説妄想自性故，則能善知周偏觀察人法無我。淨除妄想。照明諸地。超越一切聲聞緣覺，及諸外道諸禪定樂。觀察如來不可思議所行境界。畢定捨離五法自性。諸佛如來法身智慧，善自莊嚴。起幻境界，昇一切佛刹兜率天宮，乃至色究竟天宮。逮得如來常住法身。

佛告大慧。有一種外道，作無所有妄想計著。覺知因盡，兔無角想。如兔無角。一切法亦復如是。大慧。復有餘外道，見種求那極微陀羅驃形處，橫法各各差別。見已計著。無兔角橫法。作牛有角想。大慧。彼墮二見。不解心量。自心境界，妄想增長。身受用建立，妄想根量。大慧。一切法性，亦復如是。離有無不應作想。大慧。若復離有無而作兔無角想，是名邪想。彼因待觀，故兔無角，不應作想。乃至微塵分別事性，悉不可得。大慧。聖境界離。不應作牛有角想。

爾時大慧菩薩摩訶薩白佛言。世尊。得無妄想者，見不生相己。隨比思量觀察不生妄想，言無耶。佛告大慧。非觀察不生妄想言無。所以者何。妄想者，因彼生故。依彼角生妄想。以依角生妄想。是故言依因故。離異不異，故非觀察不生妄想言無角。大慧。若復妄想異角者，則不因角生。若不異者，則因彼故。乃至微塵分析推求，悉不可得。不異角故，彼亦非性。二俱無性者。何法何故而言無耶。大慧。若無故無角，觀有故言兔無角者，不應作想。大慧。不正因故，而說有無。二俱不成。

大慧。復有餘外道，見計著色空事，形處橫法。不能善知虛空分齊。言色離虛空。起分齊見妄想。大慧。虛空是色，隨入色種。大慧。色是虛空，持所持處所建立。性色空事，分別當知。大慧。四大種生時，自相各別。亦不住虛空。非彼無虛空。如是大慧。觀牛有角，故兔無角。大慧。又牛角者，析爲微塵。又分別微塵，刹那不住。彼何所觀故而言無耶。若言觀餘物者，彼法亦然。爾時世尊告大慧菩薩摩訶薩言。當離兔角牛角，虛空形色，異見妄想。汝等諸菩薩摩訶薩，當思維自心現妄想。隨入爲一切刹土最勝子，以自心現方便而教授之。爾時世尊欲重宣此義，而說偈言。

色等及心無　色等長養心　身受用安立　識藏現衆生
心意及與識　自性法有五　無我二種淨　廣說者所說
長短有無等　展轉互相生　以無故成有　以有故成無
微塵分別事　不起色妄想　心量安立處　惡見所不樂
覺想非境界　聲聞亦復然　救世之所說　自覺之境界

這時，大慧大士又問道：「希望能夠說出關於聖智境界中所起分別自性的事相，以及百零八個問題的基本根據。」並且說：「依此說出分別的作用，可以使大乘菩薩們證入自相共相的妄想自性。如果瞭解分別妄想的自性，那就能夠善於周偏觀察到人無我和法無我，『淨除妄想，照明諸地，超越一切聲聞、緣覺，及諸外道諸禪定樂，觀察如來不可思議所行境界，畢定捨離五法自性。諸佛如來法身智慧，善自莊嚴，起幻境界，昇一切佛刹兜率天宮，乃至色究竟天宮，逮得如來常住法身。』」（經文語意已很明白，故不再譯。）

心物有無二見之辨

佛說：「有一種外道，認爲一無所有，便是道的根本，他們執著這種邪見而不肯放棄。他們認爲一切諸法，都隨因而盡，自體本來是無體的。但他們在這裡產生錯覺，認爲如兔子一樣，它本來就是沒有角的。所以一切法的根本，也是一無所有，沒有就是沒有（這種看法是屬於執空的一類，以爲無便是究竟）。還有其他的一種外道，他見到地、水、火、風四大種彼此互相依附爲物，物體的微質都從物理的變化而來。而且各種原素的差別，都有形像和數量可推，因此他們執著主觀的成見，認爲兔子無角，是因爲兔的種子本來無角，牛的種子有角，所以牛便有角（這種看法是屬於執有的一類，以爲有便是眞諦）。大慧啊！他們都是墮在或「有」或「無」的二邊相對的見解裡，不能徹底瞭解心的識量和自心的境界。自心境界的妄想因此增長不已，而且身心也就建立在這種妄想的基礎上領受色身感官的錯覺，更復發展爲無量無盡思想，卻不能反求自心這個思想分別的體相是什麼？須知宇宙一切諸法的自性，都由唯心所起，性自離於有無。倘能離有離無，就可不再起任何著相的妄想。如果離了有無而再作兔無角等的推想，這便名爲邪見。爲什麽呢？因爲有之與無，都從唯心識量的分別相對觀察所得。兔子雖然無角，卻不能以此一例，便概括一切法的根本，乃是一無所有的啊！而且基於自心的觀察作用，用自心的這個有分別的識量，而說其他的根本一概都是没有自性，所以說不應當作此想法。再說執有的一面呢？須知任何毫末些微的物質微塵，如果加以徹底地分析研究，它們都是無自性可得，哪裡是有的呢！大慧啊！凡内悟自覺證入聖智的境界，是離於一切分別，是離有離無的，因此就不應當再因爲牛的有角一例，便斷然概括一切種子都是本來有物的啊！」

這時，大慧又問：「那也可以説，已經做到無妄想的人，他雖見到了没有妄想的境界，但隨著外物，祇作比較的思量觀察，而自己本身仍然自無妄想，因此便能説一切本來是没有的嗎？」佛説：「並非如你所説，在觀察外物之中，而自心仍然不生妄想，因此便可以説是無的。爲什麽呢？因爲思想的本身，是依他而起的，由於牛和兔的有角和無角，纔生有無角的妄想，所以説妄想是依他起性。那麽他既然用依他而起的妄想，來分别求證這問題的究竟，那他所用以求證的根據，已經犯了用彼因去求此果的錯誤了。此中論據的根本，自身已有同異，如何可以作爲推理的標準呢？所以說，並非從觀察比較外物，便能妄想不生，便可說是本來一無所有的。大慧啊！如果思想分別，另有實體的話，那就不必因兔角牛角等，纔生起有角無角之想。如果思想分別，也同於兔牛的角一樣，是另有一可分別的存在，那麼，何以分析微塵，或是推求妄想，都同樣的畢竟一無所有呢？既然妄想和兔牛的角一樣，經分析推求後，都是一無所有的，可見它們都是無自性的。心物二者，既然都無自性，那末又根據什麼去說明這個「無」呢？如果因兔無角而說兔本是無角的，可是見到牛的有角，又說兔的種子是無角的，這就是很不合理的論據，智者就不應當作這種不合理的思辨。因爲這兩者的因，既然並不相同，而要據此來說有說無，便都沒有理論的根據。所以這兩種論證，都是不能成立的。

虛空與形色的分析

「大慧啊！還有其他一類外道們的見解，他們祇知執著物理的色相和虛空以及其間的一切現象和法則，卻不能分析歸納，瞭知虛空分別等差的道理，便把色相和虛空，分離爲絶對不同的兩物；把虛空當作無，把色相認作實有，因此產生分別等差的妄想見解。大慧啊！須知虛空，也就是一種色相，它是滲入於一切色相之中。而且色相卽是虛空，祇是能持性和所持性的差別，但祇有現象和名相的不同而已（換言之：虛空是能持色相的一種性能，色相祇是虛空中所呈現的現象罷了）。色相自性本來是空，空中具有現象，所以你就應當善自分別色相與虛空的究竟事理。當四大種生起形成的時候，四大種的各自本相，都自有它的差別。它們的自性雖然是超虛空而存在的，不住於虛空本位，但四大種中，並非無虛空。因爲它們產生作用時，必須以虛空爲依據。你如果瞭解這個道理，同樣的，便瞭解觀牛有角，便説是有，觀兔無角，便説是無，這理論的似是而非了。再説：如果把牛角加以分析，變成微塵，再又分析微塵，分之再分，刹那不停，試問他又根據什麼而説有一個「無」呢？由此法則，再來觀察其餘的東西，也是如此。大慧啊！所以你們應當遠離如上面所例舉的，以兔無角來執著於無，以牛有角來執著於有等觀念；乃至還要捨離虛空和形色等等同異的一切妄想。祇應反求自心，靜慮思維，便自能看出種種妄想。以此順隨衆生，入於一切刹土，纔是最殊勝的妙法。以諸法唯自心所現的方便法門，去教授一切初學的衆生和佛子們。」這時，佛就歸納這些道理，作了一篇偈語說：

色等及心無。色等長養心。身受用安立。識藏現衆生。

（這是說：形形色色的色相，以及分別色相的心理妄想，它們都是無自性的。但凡夫衆生們，卻依色相等等形色的關係，而滋長增强妄心的作用，因此色身也在其中產生感覺和領受，由此安身立命而形成了衆生界的形形色色。其實，心、物、衆生三者，都是由於如來藏識的種子所顯現的啊！）

心物一元說

心意及與識。自性法有五。無我二種淨。廣說者所說。

（這是說：如來爲了使衆生解悟，所以一再解釋心意等八識，和五法、三自性及人和法的二種無我的境界。）

長短有無等。展轉互相生。以無故成有。以有故成無。

微塵分別事。不起色妄想。心量安立處。惡見所不樂。

（這是說：宇宙間的形形色色，是互相對立，互爲變化的。所以長短相形，有無相生。它們都是互爲因果，遞相嬗變，生生不已。物質微塵的生滅法則，就是如此。所以智者於色空二者之間，便不妄認色塵是實有的。須知心物衆生，元來都爲唯心現量所起，由此建立世界的形形色色。但這個道理，卻不是無智邪見的人所能瞭解，所以他們也就不能淨除心中的妄想惡念了。）

覺想非境界。聲聞亦復然。救世之所說。自覺之境界。

（這是說：須知此理的眞意，絕不是從覺受與思想上可以體證得到的。卽使達到聲聞道果的境界，也不能瞭解它的究竟。大慈大悲的救世佛陀一再地叮嚀我們，如要證得此中眞際，乃是自覺的境界，便必須在心中去自證自覺。）

爾時大慧菩薩，爲淨除自心現流故，復請如來，白佛言世尊。云何淨除一切衆生自心現流。爲頓爲漸耶。佛告大慧。漸淨非頓。如菴羅果，漸熟非頓。如來淨除一切衆生自心現流，亦復如是。漸淨非頓。譬如陶家造作諸器，漸成非頓。如來淨除一切衆生自心現流，亦復如是。漸淨非頓。譬如大地漸生萬物，非頓生也。如來淨除一切衆生自心現流，亦復如是。漸淨非頓。譬如人學音樂書畫種種伎術，漸成非頓。如來淨除一切衆生自心現流，亦復如是。漸淨非頓。譬如明鏡，頓現一切無相色像。如來淨除一切衆生自心現流，亦復如是。頓現無相，無有所有清淨境界。如日月輪，頓照顯示，一切色像。如來爲離自心現習氣過患衆生，亦復如是。頓爲顯示不思議智最勝境界。譬如藏識，頓分別知自心現，及身安立受用境界。彼諸依佛，亦復如是。頓熟衆生所處境界。以修行者，安處於彼色究竟天。譬如法佛，所作依佛，光明照耀。自覺聖趣，亦復如是。彼於法相有性無性惡見妄想，照令除滅。

大慧。法依佛，説一切法。入自相共相自心現習氣因。相續妄想自性計著因。種種不實如幻。種種計著，不可得。

復次大慧。計著緣起自性，生妄想自性相。大慧。如工幻師，依草木瓦石作種種幻。起一切衆生若干形色。起種種妄想。彼諸妄想，亦無眞實。如是大慧。依緣起自性，起妄想自性。種種妄想心。種種相行事妄想相，計著習氣妄想。是爲妄想自性相生。大慧。是名依佛説法。大慧。法佛者，離心自性相。自覺聖所緣境界，建立施作。大慧。化佛者，説施戒忍精進禪定，及心智慧。離陰界入解脱識相分別。觀察建立。超外道見。無色見。

大慧。又法佛者，離攀緣，攀緣離。一切所作根量相滅非諸凡夫聲聞緣覺外道，計著我相所著境界。自覺聖究竟差別相建立。是故大慧。自覺聖究竟差別相，當勤修學。自心現見應當除滅。

頓漸法門的指示

這時，大慧大士又問：「怎樣纔能够淨除一切衆生自心分別妄想的流注？此中究竟是頓然而住的頓法呢？還是漸修而成的漸法呢？」佛說：「如要淨除自心分別妄想的流注，那是漸修而淨的，並非是頓然而住的。譬如果木，是漸熟而成，並非頓然而長的。譬如製造陶器，是漸漸造成，並非頓然而成的。又譬如大地生長萬物，都是漸漸而生，並非頓然而生的。又譬如人們學習音樂、書、畫等種種技術，是漸漸學成，並非頓然而得的。」

「可是又不盡然如此。譬如明鏡，頓時顯現一切有無的色像；如來淨除一切衆生自心分別妄想的流注，也是同樣情形，要頓時呈顯無所有的無相清淨境界。又譬如日月一樣，頓時照見一切色像，如來爲衆生淨除自心流注的習氣過患，也是同樣情形，要頓時呈顯不可思議智的最勝境界。又譬如藏識，頓時可以分別而瞭解自心的現識，以及安立色身的受用境界。譬如一切依報的佛身，也是同樣情形，頓時可以成熟一切衆生所處的境界，將修行的人安然靜處於他的色究竟天中。又譬如法身所生的正報的佛身，光明照耀，頓時可以產生無量的化身；而已證入自覺聖趣的人，也是同樣情形，他能夠頓時照見法相，淨除執有執無等等邪見妄想。

法報化佛的三身內義

「大慧啊！法身和報身佛，乃說明一切法的自相和共相，都因自心流注的習氣所生起。人們由於不能瞭解自性，便執著相續的妄想而輪轉不已。其實，一切法的自相和共相，都是不實如幻，所有的執著根本都是了不可得的。

「再說：因爲衆生們執著緣起自性，不知其自性本空，卻以它爲實，所以便生起妄想的自性現象。譬如善用魔術的幻師們，借草木瓦石等物，變出種種的幻像，便構成一切衆生界種種的形色。人們見到這些幻像，便生起種種妄想，其實，這些種種妄想虛構的境界，根本就了無眞實的。衆生妄想，也是如此，因爲自己不瞭解依他緣起自性，便於其中認爲妄想有自性作用，由此而形成種種妄心，生起種種行爲的形相和妄想的現象，由此執著，便形成了妄想的習氣，這便是妄想熏習的自性現狀。大慧啊！這就是報身佛所說的依報所生的法相之法。至於法身佛呢！那便是由於遠離妄心自性和一切法相，而自覺內證聖智所處的境界。那末化身佛呢？那便是說：布施、持戒、忍辱、精進、禪定、以及內證自心的般若智慧，遠離五陰、十八界、十二入的纏縛，解脱諸識行相，卻於其中隨順衆生根機，而建立諸法，使離一切苦，而得究竟樂，這是超越於一切外道邪説和二乘偏見的。

「大慧啊！再説佛的法身境界，它是遠離一切攀緣不息的妄想心的。既離了妄心的攀緣，那麼一切有爲的根塵識量和法相，便都自然寂滅。這卻非一切凡夫和聲聞、緣覺所知的境界，更非外道們執著我相所能知的境界。這是由內證自覺聖境的究竟差別現象所建立的。所以你們對自覺聖智究竟差別相，應當勤加修學，而對於自心流注的分別妄想，卻應當加以除滅。」

復次大慧。有二種聲聞乘通分別相。謂得自覺聖差別相。及性妄想自性計著相。云何得自覺聖差別相聲聞。謂無常，苦，空，無我，境界，眞諦。離欲寂滅，息

陰界入自共相。外不壞相如實知。心得寂止。心寂止已。禪定解脫，三昧道果，正受解脫。不離習氣，不思議變易死。得自覺聖樂住聲聞。是名得自覺聖差別相聲聞。大慧。得自覺聖差別樂住菩薩摩訶薩，非滅門樂正受樂。顧愍衆生及本願，不作證。大慧。是名聲聞得自覺聖差別相樂。菩薩摩訶薩，於彼得自覺聖差別相樂，不應修學。

大慧，云何性妄想自性計著相聲聞。所謂大種青黃赤白，堅濕煖動，非作生自相共相。先勝善說。見已，於彼起自性妄想。菩薩摩訶薩，於彼應知應捨。隨入法無我相，滅人無我相見。漸次諸地，相續建立。是名諸聲聞性妄想自性計著相。

兩種聲聞的境界

佛說：「大慧啊！所謂聲聞乘，他們有共通的兩種差別之道，就是『得自覺聖差別相，及性妄想自性計著相。』如何是得自覺聖差別相聲聞呢？就是指能够明見無常、苦、空、無我的境界，得眞諦之道，住於離欲寂滅之境，且息滅陰界入的自相和共相。對於外物內心，壞與不壞之相，都如實了知，而且自心卻常得寂止。因自心常得寂止，於是禪定解脫的三昧道果，便都得到正受而解脫了。但是他們仍然未離無始的習氣，仍然未脫不可思議熏習的變易生死，這種達到自覺聖樂住的聲聞，便名爲『自覺聖差別相』聲聞。至於得到自覺聖差別樂住的大乘菩薩，他們並不願住於寂滅門中，而貪著三昧正受之樂。祇爲顧愍一切衆生，而生本願之力，雖然知寂滅而不證涅槃，所以大乘菩薩對此不應修學。

「如何是性妄想自性計著相聲聞呢？那便是對於物理的四大種性，堅（地）、濕（水）、煖（火）、動（風）、青、黃、赤、白，等等，認爲雖無造物者爲之主宰，但是確有生生不已的作用存在。從自相和共相來斟酌推理，都是如此。而且先輩學者所說，也是如此。他們僅祇見及此理。就對它生起一種有自性的妄想。所以大乘菩薩們，對於他們這些見解，便應知所取捨，應當隨順教導，令其入於法無我的境界後，再捨卻人無我的境界，人法兩見消滅後，再漸次進入菩薩等各地境界。」

爾時大慧菩薩摩訶薩白佛言。世尊。世尊所說常，不思議，自覺聖趣境界，及第一義境界。世尊非諸外道所說常不思議因緣耶。佛告大慧。非諸外道因緣，得常

不思議。所以者何。諸外道常不思議，不因自相成。若常不思議不因自相成者。何因顯現常不思議。復次大慧。不思議若因自相成者。彼則應常。由作者因相故，常不思議不成。大慧。我第一義常不思議，第一義因相成，離性非性得。自覺相故有相，第一義智因故有因，離性非性故。譬如無作虛空，涅槃滅盡故常。如是大慧。不同外道常不思議論。如是大慧。此常不思議，諸如來自覺聖智，所得如是。故常不思議自覺聖智所得，應當修學。

復次大慧。外道常不思議，無常性。異相因故。非自作因相力故常。復次大慧。諸外道常不思議，於所作，性非性無常。見已思量計常。大慧。我亦以如是因緣，所作者，性非性無常見已，自覺聖境界，說彼常無因。大慧。若復諸外道因相，成常不思議。因自相性非性，同於兔角。此常不思議，但言說妄想。諸外道輩，有如是過。所以者何。謂但言說妄想，同於兔角，自因相非分。大慧。我常不思議，因自覺得相故，離所作性非性故常。非外性非性無常，思量計常。大慧。若復外性非性無常，思量計常。不思議常，而彼不知常不思議，自因之相。去得自覺聖智境界相遠。彼不應說。

常不思議與第一義的境界

這時，大慧大士又問佛說：「您平常所說的常不思議的自覺聖趣境界，以及第一義的境界，這與外道們所說的另有一常不思議的造作因緣有何不同呢？」佛說：「我說的，和外道們所說的不同。爲什麼呢？外道們的常不思議，它是不因自相而成的。如果這個常不思議，不是由自相而成，那又根據什麼原因纔顯現出常不思議的境界呢？反之，如果不思議是由自相而成的，那它便是常住不變了。他們說有一個造作者的因緣在那兒，所以不思議的理論，便不能成立了。我所說的，是第一義（形而上）的常不思議。第一義是自相成就，離於一切有性與無性，證得自覺之相，所以説它有相。第一義以般若智慧爲因，所以説它有因。它是畢竟離於有性無性的。它正像沒有造作者一樣的虛空，是涅槃（寂滅），滅盡定的境界，所以説它是常不思議。這是不同於外道常不思議的理論的，這是一切如來自覺聖智得無所得的境界，所以你們應當修學。

「其次，外道們所説的常不思議，不是常住的，它不是自相爲因，也非從修行中得到的，它是另有一不思議常存著的。他們因爲看見萬有所作的，有性無性，都是無常，於是思量推測，便認爲另有一常不可思議的存在。而我所指的，也卽是此理，萬法都從因緣所生，非有性亦非無性，因緣法中，都是無常，既證得此理，住於自覺聖智境界中，再指出他們所認爲另有一常不可思議之說，是無因之論。如果外道們認爲另有一存在之相，而成爲常不思議。但既知爲自相之因的自性，也就等於無性，也就等於兔角，本無此物。試問那另一常不思議的存在，是從哪裡來的呢？所以他們所說的常不思議，祇是一種觀念遊戲，徒有言說名辭和妄想而已。外道們所說的既有這種錯誤，他們徒托空言於妄想，就等於兔子有角一樣的無稽，那當然不能證入自覺的境界，而是一種非分的妄想。但我所指的常不思議，是證入了自覺的境界，離於有爲的造作者，非有性亦非無性，所以說是永恆常在的。我的說法並非認爲外於一切，自性無性，一切無常，便思量推測另有一常不思議。而外道們不知常不思議爲自證自覺的境界，所以他們去聖遥遠，他們的理論是錯誤的。」

復次大慧。諸聲聞畏生死妄想苦，而求涅槃。不知生死涅槃差別一切性，妄想非

性。未來諸根境界休息，作涅槃想。非自覺聖智趣，藏識轉。是故凡愚說有三乘。說心量趣無所有。是故大慧。彼不知過去未來現在諸如來自心現境界。計著外心現境界。生死輪常轉。復次大慧。一切法不生，是過去未來現在諸如來所說。所以者何。謂自心現，性非性，離有非有生故。大慧。一切性不生。一切法如兔馬等角。是愚癡凡夫不實妄想，自性妄想故。大慧。一切法不生。自覺聖智趣境界者。一切性自性相不生。非彼愚夫妄想二境界。自性身財建立趣自性相。大慧。藏識攝所攝相轉。愚夫墮生住滅二見。希望一切性生。有非有妄想生，非聖賢也。大慧。於彼應當修學。

生死與涅槃惟一心量

佛說：「大慧啊！諸聲聞們深怕生死妄想之苦，而追求涅槃，他們並不知生死和涅槃的差別境界，也都是自性的變相，等於一切分別妄想一樣，都是無自性的。他們衹是把過去現在的念滅了，使未來的身心諸根再不生起作用，住於休息的境界，便認爲是涅槃境界了。他們沒有證得自覺的聖智，也沒有從根本上轉了藏識。所以愚癡凡夫，便說佛法有大小三乘之別，便認爲心量可以進入無所有的無心境界。大慧啊！他們不知過去、未來、現在等一切法，都是諸佛如來自心所現的境界，本來無所住著，他們反而誤認是心外呈現的境界，所以便在生死海中常受輪轉了。再說，一切法無生，這是過去、未來、現在諸如來所說的。這是什麼道理呢？這就是說，一切都是自心顯現的分別妄想所生，性自本無自性，本來就是非有也非無的。因爲一切妄想的本質，性自無性，一切諸法，正如兔馬等角，本來就是空無一物，祇是愚癡凡夫們，自己不能瞭解自性和妄想的眞際，便執著妄想，認爲它是實在的了。大慧啊！如果證得自覺聖智的境界，便知一切法本來無生的眞際了。一切性本來無自性，所以諸法的性和相本來便是無生的，這卻不是愚痴凡夫們用妄想所想像的二邊相對的境界。須知身心都是性自性所生，以及賴以生存的身心和世界依報等物，也都是性自性所顯現的現象。因爲藏識的能攝取和所攝取的關係，所以纔轉而生起一切現象。愚癡凡夫們墮在生滅的二見之中，希望一切法是有生滅之性的。殊不知有和無，都是妄想所生的境界，並非聖賢的境界。你們應當於此修學求證。」

復次大慧。有五無間種性。云何爲五。謂聲聞乘無間種性。緣覺乘無間種性。如來乘無間種性。不定種性。各別種性。

云何知聲聞乘無間種性。若聞說得陰界入自共相斷知時，舉身毛孔，熙怡欣悅。及樂修相智。不修緣起發悟之相。是名聲聞乘無間種性聲聞無間，見第八地，起煩惱斷。習煩惱不斷不度不思議變易死。度分段死。正師子吼，我生已盡。梵行已立。不受後有。如實知。修習人無我，乃至得般涅槃覺。

大慧。各別無間者。我人，衆生，壽命，長養，士夫。彼諸衆生作如是覺，求般涅槃。復有異外道說，悉由作者。見一切性已，言此是般涅槃。作如是覺。法無我見非分。彼無解脫。大慧。此諸聲聞乘無間外道種性，不出出覺。爲轉彼惡見故，應當修學。

大慧。緣覺乘無間種性者。若聞說各別緣無間，舉身毛豎，悲泣流淚。不相近緣，所有不著。種種自身，種種神通若離若合，種種變化。聞說是時，其心隨入。若知彼緣覺乘無間種性已。隨順爲說緣覺之乘。是名緣覺乘無間種性相。

大慧。彼如來乘無間種性，有四種。謂自性法無間種性。離自性法無間種性。得自覺聖無間種性。外剎殊勝無間種性。大慧。若聞此四事一一說時，及說自心現身財建立不思議境界時，心不驚怖者。是名如來乘無間種性相。大慧。不定種性者。謂說彼三種時，隨說而入。隨彼而成。大慧。此是初治地者，謂種性建立，爲超入無所有地故，作是建立。彼自覺藏者，自煩惱習淨，見法無我。得三昧樂住聲聞。當得如來最勝之身。爾時世尊欲重宣此義，而說偈言。

須陀槃那果　往來及不還　逮得阿羅漢　是等心惑亂
三乘與一乘　非乘我所說　愚夫少智慧　諸聖遠離寂
第一義法門　遠離於二教　住於無所有　何建立三乘
諸禪無量等　無色三摩提　受想悉寂滅　亦無有心量

五乘種性的分類

佛說：「大慧啊！衆生界中，有五乘種性：便是聲聞乘種性、緣覺乘種性、如來乘種性、不定種性和各別種性。

「怎樣纔是聲聞乘的種性呢？如有一種人，聽到斷除五陰、十八界、十二入自他的共同法相，便舉身毛孔怡然欣悅，就樂於修習這種斷除煩惱相，和斷惑證眞智，不再進修悟徹緣起無生之相，這便名爲聲聞乘種性。但是他們也有類似菩薩第八不動地的見地，緣起的煩惱已斷，祇是未能完全斷盡煩惱的習氣。雖然已了卻分段生死，卻未能了卻變易生死。可是他們卻在這時，就作獅子吼說：『我生已盡，梵行已立，所作已辦，不受後有。』他們確已如實修行，證入人無我的境界，但以爲已經進入了涅槃。

「怎樣纔是各別的種性呢？如有一種人，自己覺知另有一我相、人相、衆生相、壽者相，或生生不已的長壽之相，或有天人大丈夫之相的存在，便求入於其中，認爲那便是涅槃的境界。或者還有一般異學的外道們，認爲一切的生命都是造物者的傑作，他説這便是涅槃或至高無上的眞理境界。大慧啊！凡作如此想法的人，便無從證入法無我的境界了，他們是不會得到大解脱的。這些也屬於聲聞乘的外道種性，他們事實上未曾解脱，但卻説自己已經得到出離世間的正覺了。你們爲了點化這些邪見的外道們，便應該修學無上的正道。

「怎樣纔是緣覺乘的種性呢？如有一種人，聽到因緣性空，入於寂滅之法，便全身汗毛豎立，悲泣流淚，就不再樂於憒鬧，不再願意親近諸緣，不再執著世間的一切，從此深信自身能證得種種神通，離合聚散，變化無端。他們聽了這種說法後，就醉心於此，這便名爲緣覺乘的種性。你們如能知其根性，便可隨順演說緣覺乘的法相。

「怎樣纔是如來乘的種性呢？這有四種差別：㈠證實法性。㈡離實法而證性。㈢自身內證聖智之性。㈣外於勝妙莊嚴的國土而證法性。大慧啊！如有一種人，聽到這四種法相，及一切身心外物等等，都是由於自心阿賴耶識的不可思議的功能轉識所建立時，其心不驚不怖不畏者，便是如來乘的種性。

「怎樣纔是不定種性呢？如有一種人，聽到聲聞、緣覺、如來三乘之法時，便隨所說之法，順流而入，隨其信解而加以修習，並無一定的主旨，這便名爲不定種性。

「大慧啊！我說這種分別，都是爲了初發心修行的人，指出其根性相近的觀機設教法門，所以纔有三乘或五乘種性之說的建立。但都是爲了要他進入人和法無我的究竟佛地，纔作如此分類。他們如果能夠自證如來的境界，煩惱的習氣自然淨盡，便可證入法無我的境界了，雖然暫時住於聲聞三昧的法樂境界，但仍能會得如來地最勝之身了。」這時，佛就歸納這些道理，作了一篇偈語說：

須陀槃那果。往來及不還。逮得阿羅漢。是等心惑亂。

（這是說：預流、一來、不還，以及阿羅漢等的聲聞四果，雖然是有所得，但總是未了自心，猶被法所縛。按：須陀槃亦云須陀洹，譯爲預流，是初果聲聞。二果斯陀含，譯爲一來或往來。三果阿那含，譯爲不還。）

三乘與一乘。非乘我所說。愚夫少智慧。諸聖遠離寂。

（這是說：佛法所謂的大小三乘，或本無三乘，祇有一乘；或說連一乘也沒有，這都是因爲愚癡凡夫們，缺少智慧，不能了徹究竟的眞義，所以我纔說了其中差別之法。如果是內證聖智的聖者，便能遠離這些不了義的知見，而還歸於自心的寂靜。）

第一義法門。遠離於二教。住於無所有。何建立三乘。

（這是說：第一義的境界，是遠離於有無二邊相對的法相偏執，本來住於了無所有之地，又從哪裡建立起三乘的差別相呢？）

諸禪無量等。無色三摩提。受想悉寂滅。亦無有心量。

（這是說：所有無量禪定的境界，如空無邊定、色無邊定，以及滅盡定等等，都各自有它的三昧，就如滅盡感覺知覺等心理狀態，這都是心量所作的本分之事，並非心外另有一種境界。）

大慧。彼一闡提，非一闡提，世間解脫誰轉。大慧。一闡提有二種。一者捨一切善根。及於無始衆生發願。云何捨一切善根。謂謗菩薩藏，及作惡言此非隨順修多羅毗尼解脫之說。捨一切善根故，不般涅槃。二者菩薩本自願方便故，非不般涅槃一切衆生，而般涅槃。大慧。彼般涅槃，是名不般涅槃法相。此亦到一闡提趣。大慧白佛言。世尊。此中云何畢竟不般涅槃。佛告大慧。菩薩一闡提者。知一切法本來般涅槃已，畢竟不般涅槃。而非捨一切善根一闡提也。大慧。捨一切善根一闡提者，復以如來神力故，或時善根生。所以者何。謂如來不捨一切衆生故。以是故，菩薩一闡提，不般涅槃。

無佛種性的一闡提之說

佛說：「大慧啊！除五乘根性以外，所謂極惡不具善根的人，便名爲一闡提。這當然也不是絕對的定論，可是他們爲什麼不求出離世間之苦，不欲解脫而證得涅槃之樂呢？其中包括有兩種原因：一種是說根本便捨棄一切善根，無緣得證涅槃；一種是說他們從無始以來，便發願爲了濟度無盡衆生，自己不願證入涅槃。第一：所謂捨棄一切善根者，是說毀謗大乘道的經典，以及誣謗佛法的戒律。並且根本不生信心，還自惡意惡口來摧毀它，說這些都不是隨順修行之路，因此捨棄一切善根，不能證入涅槃。第二：所謂菩薩們的本自願力，不求證入涅槃者，他們並非不能證入涅槃，而是爲了等到度盡衆生後，自己纔證入涅槃。例如說：有一衆生尚未成佛，他們發誓不入涅槃。雖然他們的修持已證入自性涅槃，但此身心，卻不進入涅槃的法相，所以也可以列入一闡提的範圍。」

大慧大士又問：「那麼爲什麼又說是畢竟不入涅槃的呢？」佛回答說：「一闡提的菩薩們，他們已經了知一切法自性本來寂滅，本自住於涅槃。涅槃自性，法爾本來如此而無生滅去來的，本來如此而無出無入的，所以就畢竟不求入於涅槃。這並不和捨棄一切善根的極惡一闡提者相似，兩者實不可相提並論的。而且所謂捨一切善根的極惡一闡提們，又因爲如來的神力施予加持的關係，到某一時期，有時也會生起善心的。爲什麼呢？那就是說：如來本願之力，根本就不會捨棄任何一個衆生的，所以一闡提的菩薩們，便不求證入於涅槃的法相了。」

復次大慧。菩薩摩訶薩，當善三自性。云何三自性。謂妄想自性。緣起自性。成自性。

大慧。妄想自性，從相生。大慧白佛言。世尊。云何妄想自性從相生。佛告大慧。緣起自性事相相，行顯現事相相，計著有二種妄想自性。如來應供等正覺之所建立。謂名相計著相，及事相計著相。名相計著相者謂內外法計著。事相計著相者。謂卽彼如是內外自共相計著。是名二種妄想自性相。若依若緣生，是名緣起。云何成自性。謂離名相事相妄想。聖智所得，及自覺聖智趣所行境界。是名成自性，如來藏心。爾時世尊欲重宣此義，而說偈言。

名相覺想　自性二相　正智如如　是則成相

大慧。是名觀察五法自性相經。自覺聖智趣所行境界。汝等諸菩薩摩訶薩，應當修學。

五法三自性

佛說：「大乘菩薩們，應當善知三自性，所謂妄想自性（又譯爲徧計所執性）、緣起自性（又譯爲依他起性）、成自性（又譯爲圓成實性。）

「大慧啊！妄想自性（徧計所執性），是由於著相而起的。爲什麼呢？從緣起自性（依他起性），依內外境的所緣而生起一切事和一切名，便構成行爲上所表現的事相和名相。由此就執著以爲是確實有事和有名的二種自相，所以便名爲妄想自性（徧計所執性）了。證得如來正覺者，便於此中建立法相，乃說出這些都是自心執著名相的現象，和自心執著事相的現象。所謂執著名相的現象，是說人們對內外諸法的執著。所謂執著事相的現象，就是執著於自他確有內外等等的事實。這就名爲執著事和名的二種妄想自性（徧計所執），都是由於依因仗緣而生起的，所以便名爲緣起（依他起）。但如何又是成自性（圓成實性）呢？那便是說：如果捨離名相和事相等妄想，內證聖智，以及自覺聖智所行的境界，便名爲成自性（圓成實性），這就是圓成自性的如來藏心。」這時，佛就歸納這些道理，作了一首偈語說：

名相覺想。自性二相。正智如如。是則成相。

（這是說：名、相、和分別這三種妄想，便是依他起和偏計所執兩種自性所起妄想的現象。如果得到自覺正智，便能證入如如的境界，那便是圓成實相了。）

佛說：「這就是觀察五法三自性的法相途徑，是自覺聖智所行的境界，你們學大乘菩薩道的人，應當修學。」

復次大慧。菩薩摩訶薩，善觀二種無我相。云何二種無我相。謂人無我，及法無我。云何人無我。謂離我我所，陰界入聚。無知業愛生。眼色等攝受，計著生識。一切諸根，自心現器身藏，自妄想相，施設顯示。如河流，如種子，如燈，如風，如雲，剎那展轉壞。躁動如猨猴。樂不淨處如飛蠅。無厭足如風火。無始虛僞習氣因，如汲水輪，生死趣有輪。種種身色，如幻術神咒，機發像起。善彼相知，是名人無我智。

云何法無我智。謂覺陰界入妄想相自性。如陰界入離我我所。陰界入積聚，因業愛繩縛。展轉相緣生，無動搖。諸法亦爾。離自共相。不實妄想相，妄想力，是

凡夫生。非聖賢也。心意識五法，自性離故。大慧。菩薩摩訶薩，當善分別一切法無我。善法無我菩薩摩訶薩，不久當得初地菩薩，無所有觀地相。觀察開覺歡喜。次第漸進，超九地相，得法雲地。於彼建立無量寶莊嚴，大寶蓮華王像，大寶宮殿。幻自性境界修習生。於彼而坐。同一像類，諸最勝子眷屬圍繞，從一切佛剎來。佛手灌頂。如轉輪聖王太子灌頂。超佛子地，到自覺聖智法趣。當得如來自在法身。見法無我故，是名法無我相。汝等諸菩薩摩訶薩，應當修學。

人無我和法無我

佛說：「大乘菩薩們，還要善於諦觀二種無我相，所謂人無我和法無我。

「什麼是人無我呢？須知離了無始以來妄想自性所執著的我，和由我所引起的所作所爲和所想等等。那些由五陰入聚所構成人我的身心作用，都是由無始以來的愚癡和愛欲所起的業力所生。例如由眼和色塵等的攝取、領受和執著，便生起眼識的作用。其餘諸根的所知和識，也都是如此。殊不知身心一切諸根，以及器世間的物質，和能藏一切種子的阿賴耶識，都是自心所顯的現識，由於妄想的偏計所執之故，便顯示出這種種的法相。尋其根本，都是在刹那不停地生滅滅生，猶如河流，如種子，如燈，如風，如雲，刹那之間，輾轉相續，似有而無，如此的變壞不停而無止境。無奈人們卻於此中，自生執著，於是自心便躁動得猶如猿猴，喜歡逐臭如飛蠅，以及像風火一樣毫無厭足地呑滅一切和自己，其實這些都是由於無始以來的虛妄習氣所形成。人們便於此中輪轉生死，死生生死，而生出各種各類之身，和各種不同的色相，猶如幻術和神咒相似，機鈕一動，形像便跟著生起了作用。如果善於觀察這種實際情況，便瞭解根本上都無實在的我存在，這便是人無我的智慧了。

「什麼是法無我呢？那就是說：如果覺知五陰、十八界（註廿四）、十二入（註廿五）等等的妄想情狀，瞭解自性本來如如，而陰、界、入等本來就是遠離我和我所的。其所以有陰、界、入的積聚而爲身心，是因爲被業愛繩索所縛，輾轉相纏，互爲諸緣，所以便生出諸相。實際上，其中本來就沒有流動著生滅來去之相。一切諸法，也是如此，本來就遠離自他諸相，沒有實法可得。其所以形成虛妄不實的妄想之力，祇是凡夫們習慣所生的作用，並非聖賢的境界。爲什麼呢？因爲心意識和五法中的名、相、分別等等，它的自性本來遠離於有無，並非眞有實法可得。大慧啊！大乘菩薩們，應當善於分別了知法無我，若能如此，不久就進入初地（歡喜地）的菩薩之位，住於無所有之地而觀一切法相，由此開發佛之知見，發起無量歡喜。再由此次第漸進，超過九地菩薩之位，最後進入第十法雲地，在其中建立無量寶藏莊嚴的大寶蓮花王似的大寶宮殿。其實這些境界，也都由於在自性如幻三昧的境界中修習所生。由此得種種勝相，爲一切同行的最勝佛子們恭敬圍繞著，而且十方的諸佛也都來爲他灌頂。由此再超過佛子地，到達自覺聖智的境界，便得到如來自在法身，徹底了知法無我相，這便名爲法無我，你們這些大菩薩們應當這樣地修學。」

（註廿四）十八界：謂六根六塵六識也。界有二種義：一者因義，謂根塵識，三和合造業，爲生死因。二者限義，謂根塵識三，各有界限，不相紊亂也。

（註廿五）十二入：入乃涉入之義。六根六塵互相涉入，故名十二入。如眼根對色，卽能見色，是名眼入。一切可見之色而對於眼是名色入等是也。

爾時大慧菩薩摩訶薩復白佛言。世尊。建立誹謗相，唯願說之。令我及諸菩薩摩訶薩，離建立誹謗二邊惡見。疾得阿耨多羅三藐三菩提。覺已，離常建立，斷誹謗見，不謗正法。爾時世尊受大慧菩薩請已。而說偈言。

建立及誹謗　無有彼心量　身受用建立　及心不能知

愚癡無智慧　建立及誹謗

爾時世尊於此偈義，復重顯示，告大慧言。有四種非有有建立。云何爲四。謂非有相建立。非有見建立。非有因建立。非有性建立。是名四種建立。又誹謗者。謂於彼所立無所得。觀察非分而起誹謗。是名建立誹謗相。

復次大慧。云何非有相建立相。謂陰界入，非有自共相，而起計著，此如是，此不異。是名非有相建立相。此非有相建立妄想，無始虛僞過，種種習氣計著生。大慧。非有見建立相者。若彼如是陰界入，我人，衆生，壽命，長養，士夫見建立。是名非有見建立相。大慧。非有因建立相者。謂初識無因生。後不實如幻，本不生。眼色明界念前生。生已實已還壞。是名非有因建立相。大慧。非有性建立相者。謂虛空，滅，般涅槃，非作。計著性建立。此離性非性。一切法如兔馬等角。如垂髮現。離有非有。是名非有性建立相。

建立及誹謗，愚夫妄想，不善觀察自心現量，非聖賢也。是故離建立誹謗惡見，應當修學。復次大慧。菩薩摩訶薩，善知心意意識，五法自性，二無我相，趣究竟爲安衆生故，作種種類像。如妄想自性處，依於緣起。譬如衆色如意寶珠。普現一切諸佛刹土，一切如來大衆集會，悉於其中聽受佛法。所謂一切法，如幻如夢，光影水月。於一切法，離生滅斷常，及離聲聞緣覺之法。得百千三昧，乃至百千億那由他三昧。得三昧已。遊諸佛刹，供養諸佛。生諸天宮，宣揚三寶。示現佛身。聲聞菩薩大衆圍繞。以自心現量度脱衆生。分別演説外性無性。悉令遠離有無等見。爾時世尊欲重宣此義，而説偈言。

心量世間　佛子觀察　種類之身　離所作行　得力神通　自在成就

誹謗正法的原因

這時，大慧大士又問：「愚癡凡夫們誹謗正法，他們是基於什麼原因和理由呢？懇請您爲我輩解説。」佛就歸納其意，作了一首偈語説：

建立及誹謗。無有彼心量。身受用建立。及心不能知。

愚癡無智慧。建立及誹謗。

（這是説：大凡誹謗正法的理由，不是執有的常見，便是執無的斷見。殊不知有無斷常等見的發生，也都是心量的作用。可是凡夫們祇執著於身心感受的作用，不能自覺了知心量的圓通體相，於是便形成誹謗正法的邪見，這都是因爲凡夫們愚癡無智的緣故。）

於是，佛重申此義，又說：「有四種無中生有的理念，那便是：㈠本無有相卻建立其相，㈡本無有見卻建立其見，㈢本無有因卻建立其因，㈣本無有性卻建立其性。再者，一般愚癡凡夫，其所以發生誹謗的原因，是因爲他對於所立的至理實相，毫無所得，於其中觀察，得不到究竟本際，便認爲一切都是非分之說，因此就產生誹謗，這便名爲建立誹謗相。

「再說，什麽是㈠本無有相卻建立其相呢？那便是說，對於身心的陰、界、入等，本來就無自他的實相，可是凡夫們卻於此中執以爲實，認爲本來如此，而無不同，這便名爲非有相建立相。這都是從無始以來，由虛幻妄想的習氣，及種種執著的染污熏習所生。什麽是㈡本無有見卻建立其見呢？那便是説，對於身心的陰、界、入以及人、我、衆生、壽命、造物主等，認爲確有其存在的見解，這便名爲非有見建立見相。什麽是㈢本無有因卻建立其因呢？那便是認爲人在最初所生的分別識等作用，乃是無因而生的，以後又是不實如幻的，它本來就是無所謂有生的，目前祇因爲眼看到色，而有光明和輪廓等的情形，便產生了意念。前念雖生，生了還壞，這便名爲非有因建立因。什麼是㈣本無有性卻建立其性呢？那便是對於虛空、寂滅、入涅槃、無所作爲等法，都認爲它們是有各別的自體，各各執以爲實。殊不知這種種法，是法也是非法，若是離了法性，便性自非性的，何況一切諸法，本來便如兔馬等角，徒有名言而非實在的，這便名爲非有性建立性相。

「總之：建立誹謗正法的理由，都是由於愚癡凡夫們的妄想所生，因爲他們不善於觀察自心現量，所以不是聖賢的境界，因此你們對於遠離誹謗邪見，應當修學。大乘菩薩們，雖然徹底了知心和意識等的五法、三自性、二種無我的實相，但爲了安頓衆生，便現出各種類的身相，以種種方便，令其進入究竟的道果。這種情形，也譬如妄想一樣，都是依他而起，本無定法的。又譬如如意寶珠，隨著十方刹土衆生的業力觀感不同，和觀點角度的不同，而偏現各種不同的色相。所以菩薩應世化度，便於一切如來的法會中，現身隨衆聽聞正法。如此，他們了知一切法，都是如夢、如幻、如水月、如光影一樣，本來自離於生滅之相，斷常之見，以及聲聞緣覺之法的。他們『得百千三昧，及至百千億那由他三味。得三昧已，遊諸佛刹，供養諸佛。生諸天宮，宣揚三寶。示現佛身，聲聞菩薩大衆圍繞，以自心現量度脱衆生，分別演説外性無性，悉令遠離有無等見。』」

這時，佛就歸納這些道理，作了一首偈語説：

心量世間。佛子觀察。種類之身。離所作行。得力神通。自在成就。

（這個偈語的意義，是讚揚大乘菩薩的境界，大體都如上所説，就不必再加解釋了。）

爾時大慧菩薩摩訶薩復請佛言。惟願世尊，爲我等説一切法空，無生無二，離自性相。我等及餘諸菩薩衆，覺悟是空無生無二離自性相已。離有無妄想疾得阿耨多羅三藐三菩提。爾時世尊告大慧菩薩摩訶薩言。諦聽諦聽。善思念之。今當爲汝廣分別説。大慧白佛言。善哉世尊唯然受教。佛告大慧。空空者。即是妄想自性處。大慧。妄想自性計著者。説空無生無二，離自性相。大慧。彼略説七種空。謂相空。性自性空。行空。無行空。一切法離言説空。第一義聖智大空。彼彼空。

云何相空。謂一切性自共相空。觀展轉積聚故。分別無性自共相不生。自他俱性無性，故相不住。是故說一切性相空。是名相空。云何性自性空。謂自已性自性不生，是名一切法性自性空。是故說性自性空。云何行空。謂陰離我我所。因所，成所作業，方便生。是名行空。大慧。卽此如是行空，展轉緣起，自性無性。是名無行空。云何一切法離言說空。謂妄想自性無言說，故一切法離言說。是名一切法離言說空。云何一切法第一義聖智大空。謂得自覺聖智，一切見過習氣空。是名一切法第一義聖智大空。云何彼彼空。謂於彼，無彼空。是名彼彼空。大慧。譬如鹿子母舍，無象馬牛羊等。非無比丘衆而說彼空。非舍舍性空。亦非比丘比丘性空。非餘處無象馬。是名一切法自相。彼於彼無彼。是名彼彼空。是名七種空。彼彼空者，是空最麤。汝當遠離。

大慧。不自生，非不生。除住三昧，是名無生。離自性卽是無生。離自性剎那相續流注。及異性，現一切性離自性。是故一切性離自性。

云何無二。謂一切法，如陰熱。如長短。如黑白。大慧。一切法無二。非於涅槃彼生死。非於生死彼涅槃。異相因有性故。是名無二。如涅槃生死，一切法亦如是。是故空，無生，無二，離自性相，應當修學。爾時世尊欲重宣此義，而說偈言。

我常說空法　遠離於斷常　生死如幻夢　而彼業不壞
虛空及涅槃　滅二亦如是　愚夫作妄想　諸聖離有無

爾時世尊復告大慧菩薩摩訶薩言。大慧。空，無生，無二，離自性相，普入諸佛一切修多羅。凡所有經，悉說此義。諸修多羅，悉隨衆生希望心故。爲分別說顯示其義。而非眞實在於言說。如鹿渴想，誑惑羣鹿。鹿於彼相計著水性，而彼無水。如是一切修多羅所說諸法，爲令愚夫發歡喜故。非實聖智在於言說。是故當依於義，莫著言說。

空、無生、不二、離自性相等的涵義

這時，大慧大士又問：「您所說的一切法空、無生、不二、離自性相，究竟是什麼道理呢？請您爲我們詳加解說。」佛回答說：「所謂空空者，就是指妄想自性的法體，即所謂空者，也是空的。爲了使執著妄想自性的人，瞭解其中眞義，所以纔說空、無生、無二、離自性相等法相。大慧啊！簡略地說來，約有七種空，就是：相空、性自性空、行空、無行空、一切法離言說空、第一義聖智大空、彼彼空。

「什麼是㈠相空呢？那便是說，一切法的自他共相本來是空的，衹不過在人們的觀感上，互相輾轉積聚的關係，看起來好像是有，如果加以嚴格地分別，便都是無自性的。因爲自相本來無生，所以自他都是無自性的。因爲法相不能常住不變，所以便說一切性相是空，這就名爲相空。什麼是㈡性自性空呢？那便是說，法性的自身，本來就是無生的，所以說，一切法性自性空。什麼是㈢行空呢？那便是說，身心的五陰，和我及我所產生的各種作用，本來就自離於能所的，其所以生起作用的原因，衹是由於業力的所作，方便而生，這就名爲行空。什麼是㈣無行空呢？就是由於行空的道理，瞭解輾轉緣起作用的自性，都是無自性的，瞭解五蘊本來涅槃，無有諸行，這就名爲無行空。什麼是㈤一切法離言說空呢？那便是說，妄想自性，本無言說，所以一切本來都自離於言說，這就名爲一切法離言說空。什麼是㈥一切法第一義聖智大空呢？那便是說，證得自覺聖智的境界，一切諸見的習氣過患都自然遠離，這就名爲一切法第一義聖智大空。什麼是㈦彼彼空呢？那便是說，所說這些空，也都是無自性的，所以名爲空。我以前曾爲鹿子母說：這裡面是空的。那便是指那個鹿苑內沒有象、馬、牛、羊等，所以叫做空。卻不是說：别處也都没有象、馬、牛、羊了。更不是說：那個鹿苑内，没有出家的比丘們。也不是說：那個殿堂的性質便是空的。也不是說：出家的比丘們的自性是空的。這就是說：單指一切法的自性，於某一物，或某一點上，指出它的現象是空的，這就名爲彼彼空了。這種彼彼空，是空的表示最粗淺的境界，你應當遠離，無須修習。綜合上面所說的，這就是所謂的七種空。

「什麽是無生呢？那便是說：一切諸法不從本身而自生，所以名爲不自生，但並非説性自性是不生的，祇是説一切諸法都是仗因緣而生，並不是自生的。除了住於三昧境界中，截斷了三際纔可名爲無生。爲什麽呢？因爲離一切諸法的自性，就是無生的境界。如果遠離刹那相續流注的妄想自性作用，以及諸法同異之性，就可顯現諸法無自性，由此而知一切諸法的自性，確是本來都無自性的，所以我便説一切性離自性。

「什麽是不二呢？那便是説，例如冷熱、長短、黑白等等，是各有不同，各有異相，這就是現象界互相對待的二法。所謂眞如法界（本體）一切法不二，並非於涅槃外，另有一個生死的作用，也並非於生死外，另有一個涅槃的境界。生死和涅槃，祇是兩種不同的異相，其實，涅槃和生死，自性卻是無二的。不但涅槃生死如此，一切諸法，自性之體相，也是如此的。所以說：空、無生、無二、離自性相等，你們都應當修學。」這時，佛就歸納這些道理，作了一首偈語說：

我常說空法。遠離於斷常。生死如幻夢。而彼業不壞。

（這是說：我經常說空的境界，既不是世俗觀念的絕對沒有，也不是另有一個空的境界存在。空便是畢竟空的，它是離於斷見和常見的。生死和涅槃，猶如幻夢一般地顯現，但是自性的業力，卻是永遠不壞的。空是指自性體空，並非說業相也是絕對沒有的啊！）

虛空及涅槃。滅二亦如是。愚夫作妄想。諸聖離有無。

（這是說：如果執著虛空和涅槃，認爲是一個實在的境界，那便落在二邊之見裡了。無論是生死涅槃，無論是空有二邊，都是空花夢幻，能瞭解證到這點，那纔可以說是眞滅度了。愚癡凡夫們，每於此中造作，由此更加生起妄想。至於一切自證自覺的聖賢呢，卻於此中離有離無，了不可得。）

佛又說：「大慧啊！空、無生、無二、離自性相等法的內義，是寓存於諸佛一切經藏之中，凡所有經典，悉說此義。不過一切諸經，都爲了隨順衆生的希望，爲他們分別開示多種方便理趣，使他們了然，自見其義。但眞實之法，並非在於言說。正如炎熱中的渴鹿們，把炎熱時曠野裡陽光反射的燄影，誤認是水。所以諸聖慈悲，便用種種方便理趣，諄諄善誘，使他漸次精進，了知熱時陽燄中畢竟無眞水，一切但爲相似的光影，了無實際。同樣的，一切經典所說諸法，也都是爲了使愚癡凡夫，發起歡喜信受之心，依此循序漸進，得證佛道。自覺聖智，絕不在言說之中，所以你們應當依於內義，切莫但執言說和文字，便以爲是實法。」

楞伽大義今釋卷第二

一切佛語心品之二

爾時大慧菩薩摩訶薩白佛言。世尊。世尊修多羅說，如來藏自性清淨，轉三十二相入於一切衆生身中。如大價寶垢衣所纏。如來之藏常住不變，亦復如是。而陰界入垢衣所纏，貪欲恚癡不實妄想塵勞所污。一切諸佛之所演說。云何世尊同外道說我，言有如來藏耶。世尊。外道亦說有常作者，離於求那，周徧不滅。世尊。彼說有我。

如來藏有定相和實體嗎

當時大慧大士又問佛說：「您一向說：如來藏的自性是本來清淨的，既然一轉而變爲各類的色相，便和合於一切衆生的身中，就好像一個無價之寶，被包在灰塵厚積的破衣裡。但如來藏的自性，仍然是常住不變的。所以一切佛都說：一切衆生被五陰（身心的暗昧景象）、十八界（內外境和心物之間。註見前廿四）、十二入（身心內外的根塵。註見前廿五）等等塵垢的外衣所纏縛。被貪欲、嗔恨、愚癡等等的妄想塵勞所染污，不得解脫。這種說法和外道們所說的另外有一個眞我的存在，究竟有什麼不同呢？現在您說有一個自性的如來藏，外道們也說另有一個眞我是經常存在，能造作一切的，而且是不依靠一切的緣而周徧不滅的。但是您卻又批評說執著另一個我的存在，那是錯誤的觀念，這究竟是什麼道理呢？」

佛告大慧。我說如來藏，不同外道所說之我。大慧。有時說空，無相，無願，如實際，法性，法身，涅槃，離自性，不生不滅，本來寂靜，自性涅槃，如是等句。說如來藏已。如來應供等正覺，爲斷愚夫畏無我句。故說離妄想無所有境界如來藏門。大慧。未來現在菩薩摩訶薩，不應作我見計著。譬如陶家，於一泥聚。以人工水木輪繩方便，作種種器。如來亦復如是。於法無我，離一切妄想相。以種種智慧善巧方便，或說如來藏。或說無我。以是因緣故，說如來藏。不

同外道所說之我。是名說如來藏。開引計我諸外道故，說如來藏。令離不實我見妄想，入三解脫門境界。希望疾得阿耨多羅三藐三菩提。是故如來應供等正覺，作如是說如來之藏。若不如是，則同外道。是故大慧。為離外道見故，當依無我如來之藏。爾時世尊欲重宣此義，而說偈言。

人相續陰　緣與微塵　勝自在作　心量妄想

佛說：「大慧啊！我所說的如來藏，是和外道們所說的眞我不同。有時候說：空、無相、無願。有時候說：如實際、法性、法身、涅槃、離自性。或者說：不生不滅、本來寂靜、自性涅槃等等的名辭和理念。其實都是借用若干不同的語言文字來表達眞如的究竟實相。至於為什麼說有一個如來藏呢？那是因為證到了性自性，證得無上正覺後，為了破除愚癡凡夫們恐懼無我的心理，所以纔提出如來藏以斷除人們的疑惑。因此纔說遠離妄想，達到無所有的境界，纔能進入如來藏自性的堂奧。現在和未來有眞知灼見的大乘菩薩們，不應該執著於如來藏，認為它是我的眞體。正如做陶器的，用一堆泥土，和水木輪繩等器具加以人工，纔能和合造作了各種陶器。如來說法也是如此，用各種方法隨緣開示，使人們明白最後的實相。他在遠離一切妄想的無我境界中，用種種智慧和巧妙的方法，或說如來藏自性，或說無我。所以我說的如來藏，是和外道們所說的眞我不同。如果懂得這個道理，這纔算是眞正瞭解如來藏。這都是爲了開示引導一般外道們，爲了使他們不執著另有一個眞我的存在，使他們捨離不實在的我見和妄想，進入三解脫門（註廿六）的境界，希望他們迅速證得無上正等正覺，纔向他們演說如來藏。所以唯有已得到正覺的人，纔能作如此的說法。否則，如果以爲眞有一個實在的如來藏存在，就完全和外道們的見解相同了。大慧啊！所以說：爲了遠離外道們的知見，應當相信法無我的如來藏。」這時，佛就歸納這些道理，作了一首偈語說：

人相續陰。緣與微塵。勝自在作。心量妄想。

（這是說：人我身心的現象，都是由五陰——物色、感受、思想、本能活動、心識的業力等，相續流注不斷，因緣和合，互爲因果，纔形成一個物理世界和人生。有些人卻認爲這些宇宙萬有的現象，都是勝自在天的天主所作，或者說是另有一個主宰所創造出來的。其實，都是自心分別的妄想所生，都不是眞理。）

（註廿六）三解脫門：解脫卽自在之義也，門卽能通之義。謂由此三解脫門，則能通至涅槃。三解脱門者：一曰空、二曰無相、三曰無作。又爲性淨解脱、圓淨解脱、方便解脱。

爾時大慧菩薩摩訶薩，觀未來衆生，復請世尊。惟願爲説修行無間，如諸菩薩摩訶薩修行者，大方便。佛告大慧。菩薩摩訶薩，成就四法，得修行者大方便。云何爲四。謂善分别自心現。觀外性非性。離生住滅見。得自覺聖智善樂。是名菩薩摩訶薩成就四法，得修行者大方便。云何菩薩摩訶薩。善分别自心現。謂如是觀三界唯心分齊，離我我所，無動摇，離去來。無始虚僞習氣所熏三界種種色行繫縛，身財建立。妄想隨入現。是名菩薩摩訶薩，善分别自心現。云何菩薩摩訶薩，善觀外性非性。謂燄夢等一切性。無始虚僞妄想習因，觀一切性自性。菩薩摩訶薩，作如是善觀外性非性。是名菩薩摩訶薩，善觀外性非性。云何菩薩摩訶薩，善離生住滅見。謂如幻夢一切性，自他俱性不生，隨入自心分齊，故見外性非性。見識不生，及緣不積聚。見妄想緣，生於三界。内外一切法不可得。見離自性，生見悉滅。知如幻等諸法自性，得無生法忍。得無生法忍已。離生住滅見。是名菩薩摩訶薩，善分别離生住滅見。云何菩薩摩訶薩，得自覺聖智善樂。

謂得無生法忍，住第八菩薩地。得離心意意識，五法自性，二無我相，得意生身。世尊。意生身者，何因緣佛告大慧。意生身者。譬如意去，迅疾無礙。故名意生。譬如意去，石壁無礙。於彼異方無量由延，因先所見，憶念不忘。自心流注不絕於身無障礙生。大慧。如是意生身，得一時俱。菩薩摩訶薩意生身。如幻三昧力自在神通，妙相莊嚴聖種類身，一時俱生。猶如意生，無有障礙。隨所憶念本願境界。爲成就衆生，得自覺聖智善樂。如是菩薩摩訶薩，得無生法忍，住第八菩薩地。轉捨心意意識，五法自性，二無我相身。及得意生身。得自覺聖智善樂。是名菩薩摩訶薩。成就四法，得修行者大方便。當如是學。

大乘道的修行方法

這時，大慧大士又請佛說大乘的修行方法。佛回答說：「大乘菩薩們，要完成四法，纔能得到修行的大方便。哪四法呢？㈠善於分別萬法，都是自心所現。就是說能觀察三界的差別萬象，都是唯心所現。既無所謂有我的主體，也無所謂有我的附屬，一切形形色色的流變來去等現象，雖然表面上似有它的作用，但推尋它的究竟，卻是根本上没有動搖來去的，都不過由無始以來受虛妄習氣熏習的觀念所形成。這些觀念的形成，是因爲被三界裡的種種物色的活動所繫縛，被生命所賴以維繫的物質世界所支配黏著，所以心理上就發生種種妄想。如果把這些道理觀察透徹，就是大乘道的『善分別自心現』了。㈡善於觀察外物外境的性能，都無自性。就是説能觀察萬物的存在，隨時隨地都是變動不居，都是暫時偶然的顯現。如夢幻似地出現，如光影似地消散，一切外境萬物的性能，都没有固定的自性長存。所有心理上的事物陰影，都是無始以來的虛僞妄想熏習而生，並没有一物是眞的存在。如果把這個道理觀察清楚，就是大乘道的『善觀外性非性』。㈢善離生住滅見。就是看透内外身心的一切境界，都在夢幻境界中似的。所謂一切外物，和自他之間的自性，根本都是緣起的，雖有而無生。一切都是自心境界的錯綜分別，由此就能確證外物外境，都無自性。而一切現識作用，也没有存在，雖然因緣和合，形成萬象，但這祇是時間、空間互相積聚的現象，並不能長存不變。一切妄想，也都由於因緣而生起，三界内外的一切事物，確實没有一自性的可得。這個能見萬法如夢似幻的自性，雖然暫時生起可見的作用，但立刻就跟著消滅了。唯有確實了知諸法如夢幻的自性，了無形相可得，纔能證入無生法忍（註廿七）。得到了無生法忍以後，遠離了生住滅的妄見，於是妄想不生，智慧朗照，這就是大乘道的『善離生住滅見』。㊃得自覺聖智的善樂。就是得無生法忍了，住第八菩薩地，瞭解心、意、識，五法、三自性、二無我的實相，由此而得到了意生身。」

意生身的境界

大慧又插嘴問道：「什麼是意生身呢？」佛接著說：「所謂意生身者，譬如人們心意識的作用，當它產生幻想時，立刻可以生起，自在無礙，所以名爲意生。當它變化時，自由去來，不爲石壁所阻，不爲地域所限。但人們的意識，爲什麼能够如此自由呢？因爲以前的經驗，變成了記憶，這一記憶在心中，就相續流注不絕，可以生起幻想。意識本來是無形無質，不爲身體的形相所囿，而爲一身主宰的源泉。大慧啊！菩薩得到意生身的境界，也是如此，在彈指之間，就可以具足一切神通妙用。所謂如幻三昧之力，自在神通，妙相莊嚴，聖境變化等身，也都同時俱生。猶如人們的意識作用，外界一切都不能障礙它。所以得了意生身的菩薩們，可以隨著自己本來願力所憶念的境界，而普度成就一切衆生，這就是菩薩道的『得自覺聖智善樂』。大慧啊！修菩薩道的人，能得到這種無生法忍，住第八菩薩地，轉而捨離心、意、識、五法、三自性、二無我相的境界，得到了意生身，達到『得自覺聖智善樂』。這纔是菩薩修行大方便的四法，你們應當努力求學。」

附論（十）

（修行得意生身者，是八地菩薩的境界。修持到此，親證無生，見道堅固而不退轉，所以名爲第八不動地，或名不退轉地。意生身的境界，本經佛親口所說，已講得相當明白。不過必須瞭解意生之身，並不是具有肉質實質之身，但是也不是沒有色相可見的。必須要徹底瞭解本經心識眞際的道理，切實做到離心、意、識的境界，親自證得無生法忍，然後纔轉識成智，得意生身的神通妙用。再進一步來說：三千大千世界，以及大千世界裡的萬有萬象等，乃至我們的父母所生的肉身，徹底說來，沒有一樣不是意所生身。意識根源於如來藏識（阿賴耶），在沒有轉識成智以前，意識和如來藏識所生起的種子功能，都是業力的現象，雖生還是無生，大千世界，人我衆生，一切都如夢幻。轉識成智以後，夢幻似的大千世界和人我衆生，無非都是意生身和如來藏識的全體大機大用。但是如來藏識的種子功能，是非斷非常的，轉識成智以後，雖然種子的熏習染污轉變了，種子的功能還依然如故，而且生生不已，也猶如人們在愚癡凡夫的境界中，可以隨緣和合而生。不過轉識以後的菩薩們是隨願力而生，雖然它的功能用處不同，轉處不同，但自性還是不變的。所以菩薩得意生身的境界，也猶如凡夫人們在夢境中，和中陰境中的意識身一樣，可以不受時間、空間、實物、身體等限制，一切自由自在。不過再提醒一句，這種境界，必須信佛所說的：要達到離心意識，進入第八不動地，得到無生法忍，纔能生起，並不是妄想意識所能生起的。例如人們意識想要飛昇，此身還是不離地上。意識可穿透山石和金剛，而此身仍爲障礙。一般世間修學佛法或外道的人們，在靜定境中，偶然也有發生神意出竅的境界，可以得到部分類似的神通，於是就認爲自己已經得到了意生身，那實在是妄想無知，實在是可怕的邪見。這種境界，在有些道家，也認爲它是陰神，是旁門左道的境界。修行的人們，可以參讀《楞嚴經》第九第十兩卷中的五十種陰魔的境界。或者參閱拙著《楞嚴大義今釋》第七章的所述，就可以明白它的要點了。還有一種修持密宗的方法，根據唯識的理論，不一定要修離心意識和空、無相、無願的途徑，祇要直接觀想成就，也就可以得到意生身境界，也可能進入金剛道的菩薩不動地了。但這看法也是一種具有危險性的偏差，所以西藏密宗黃教初祖宗喀巴大師，便極力主張先須深入般若、唯識和中觀的見地，有所證悟，然後再專心致力於觀想等法，或其他的修法，纔是菩提的正道。否則，就和陰神境界的邪見，幾乎是依稀伯仲之間，而難以分別了。著者爲了這個修證問題，也曾經間關跋涉，遠走西陲，潛心學習過藏傳紅、白、花、黃等密宗法派的修持。覺得他們的長處果然很多，可是弊漏難免，害處也實在不少。希望有志修證佛法的大士們，如果能夠堅決守定《華嚴》、《圓覺》、《楞伽》和《楞嚴》、《大智度論》和《瑜伽師地論》等幾部佛說大經大論，依教奉行。或者自認爲要把穩修行，祇要依據《阿彌陀經》和《大乘起信論》修持，這是絕對不會誤入邪途的。現在我以灑過血汗心力的親自經驗，貢獻給未來的發心大士們，希望得到正知見的修證方法。並不是對顯教、密教或者其他宗派，有評判優劣的成見。祇是依法不依人，依了義不依不了義，但作誠意的貢獻而已。著者祇是一個學佛法和文字禪也未有成就的人，歲月匆匆，不覺髮白形衰，對於實際修持，實在慚愧没有一得可證。不過譯筆寫到這裡，憑這一片淺見的忠誠，附寫這些管窺的論見罷了。修行的人們！如果得證無生法忍後，對意生身的轉身一路，必須要親近最殊勝的善知識，誠敬學習，自然會得到他的悲心垂照，授予方便法門的。）

（註廿七）無生法忍：無生法者，遠離生滅後之眞如實相理體也。眞智安住於此而不動，謂之無生法忍，於初地或七八九地所得之悟也。

爾時大慧菩薩摩訶薩，復請世尊。惟願爲説一切諸法緣因之相。以覺緣因相故。我及諸菩薩離一切性，有無妄見。無妄想見，漸次俱生。佛告大慧。一切法二種緣相。謂外及内。外緣者。謂泥團，柱輪繩水木人工諸方便緣，有缾生。如泥缾，縷疊，草蓆，種芽，酪酥等，方便緣生亦復如是。是名外緣前後轉生。云何内緣。謂無明愛業等法，得緣名。從彼生陰界入法，得緣所起名。彼無差别，而愚夫妄想。是名内緣法。大慧。彼因者，有六種。謂當有因。相續因。相因。作因。顯示因。待因。當有因者。作因已，内外法生。相續因者。作攀緣已，内外法生陰種子等。相因者。作無間相，相續生作因者。作增上事，如轉輪王顯示因者。妄想事生已，相現作所作，如燈照色等。待因者。滅時作相續斷，不妄想性生。大慧。彼自妄想相愚夫，不漸次生，不俱生。所以者何。若復俱生者，作所作，無分別。不得因相故。若漸次生者，不得相我故。漸次生不生。如不生子，無父名。大慧。漸次生，相續，方便，不然。但妄想耳因攀緣，次第，增上緣等，生所生故。大慧。漸次生不生。妄想自性計著相故，漸次俱不生。自心現受用故。自相共相，外性非性。大慧。漸次俱不生，除自心現，不覺妄想故相生。是故因緣作事方便相，當離漸次俱見。爾時世尊欲重宣此義，而說偈言。

一切都無生　亦無因緣滅　於彼生滅中　而起因緣想
非遮滅復生　相續因緣起　唯爲斷凡愚　癡惑妄想緣
有無緣起法　是悉無有生　習氣所迷轉　從是三有現
眞實無生緣　亦復無有滅　觀一切有爲　猶如虛空華
攝受及所攝　捨離惑亂見　非已生當生　亦復無因緣
一切無所有　斯皆是言說

心理狀態的分析

這時，大慧大士又請佛講解諸法的緣和因的現象。佛回答說：「諸法有二種緣相，就是外緣及內緣。所謂外緣：例如，做陶器的人，用泥團、柱子、輪子、繩子、水、木等工具和人工，加上種種動作等緣，纔製造出瓶子。依此類推，草蓆和絲織品等物，以及其他的植物種子的生長，乳類加工生酪，酪又生酥，再製成醍醐，大凡物質的東西，都是諸如此類。這些現象，都名爲外緣，前物又生後物，而且是輾轉相生的。所謂內緣：就是無明、愛、業力等等。由這些境象產生五陰、十八界、十二入等作用，所以纔有緣起的因緣聚集所生的理論。如果一定執著這些事物，是有它的若干差别不同的關係存在，這便是凡夫愚癡的妄想觀念了。綜合這些現象，便名爲內緣。所謂因呢？共有六種，就是當有因、相續因、相因、作因、顯示因、待因等。㈠當有因者：面對當前的內外境界，互相自作爲因果。㈡相續因者：不斷的作攀緣內外諸法之因，造作五陰身心等的種子之果。㈢相因者：自能維持內外各種現象，不斷地作相生相續之果。㈣作因者：在因果中，又造作增上的因果，猶如具有大威德的轉輪聖王，可以隨意增益自在。㊄顯示因者：對事物等發生妄想以後，明白照了，顯出境界，猶如明燈的照見色相，所以又名爲顯示因。㊅待因者：前事滅了後，妄想的前念已經斷了，正當這虛妄心念相續未生時的情況。大慧啊！這些都是通常人們的心理妄想的形態。它們之間，並不按照一定的次序而個別地逐漸發生，也不是同時之間一起發生的。如果是同時之間一起發生的，能作與所作的因果關係，就無法思辨分別了。如果是按照一定的次序發生的，它的每個成因，本身就沒有一個固定的形狀，究竟哪個是從哪一個生出的呢？譬如沒有兒子的誕生，又哪裡有父母的稱呼呢？可見並非先有呼父母的因，纔有生子的果啊！大慧啊！心理妄想狀態的內因和外界的外緣等，或有認爲是循著次序而逐漸地個別聯續發生的。其實不然，這種觀念本身就是妄想，祇是因爲有攀緣、所緣緣（次第緣）、增上緣等的作用關係而發生的。因此認爲是有次序地逐漸發生的心理狀態，根本沒有一個必然性的作用存在，祇是由妄想自性的推測，主觀地執著自身的認識而已。但無論是漸次生，或一起發生，這兩種觀念都是沒有必然性的，也都是自心妄想所顯現的身心感受。所以個人內在的心理狀態，與羣衆外緣的心理現象，都是沒有必然性的。除了自己心識不知不覺中，顯現妄想的現象外，還有什麼呢？所以爲了瞭解因緣等心理行爲的學說起見，必須拋棄所謂漸次發生或同時發生的觀念。」這時，佛就歸納他的道理，作了一篇偈語說：

一切都無生。亦無因緣滅。於彼生滅中。而起因緣想。

（這是說：眞如自性，是本來雖生而無生的，所以亦無所謂有生有滅了。但人們在心理妄想的生滅現象當中，卻執著生滅的作用，而生起因緣等的漸生和同時俱生等的錯誤觀念。）

非遮滅復生。相續因緣起。唯爲斷凡愚。癡惑妄想緣。

有無緣起法。是悉無有生。習氣所迷轉。從是三有現。

（這是說：妄想的生滅作用，並非前念滅了，印象遮沒以後，纔生起後念的絕對性作用。事實上，妄心生滅的作用，是相續流注不斷，互爲因緣互作因果的。現在爲了斷除凡夫愚癡的妄想因緣，對於那些說因緣有無等法，指出它們本自無生的道理。而這些凡夫觀念之所由生，都是因爲被無始以來的習氣所迷轉了，所以纔有三界中的欲、色、無色的出現。）

眞實無生緣。亦復無有滅。觀一切有爲。猶如虛空華。

（這是說：眞如的本體，雖生而無生，所以根本上亦無可滅。觀察一切有形的萬象，都如花的乍開乍謝，實際上也祇是一種幻相而已。）

攝受及所攝。捨離惑亂見。非已生當生。亦復無因緣。

一切無所有。斯皆是言說。

（這是說：有形的萬象，都如夢幻空花，其中既沒有一個能攝受的主體，也沒有一個被攝受的對象。因此也沒有已生的過去種種，和當生的未來種種。也就無所謂有因和外緣的眞實可得了。總之：這些觀念和一切事實，從本以來，都是一無所有，祇不過是一種虛妄的理論文字而已。）

附論（十一）

（上述心理狀態的分析，和現代心理的理論有小同大異之處，可以名爲佛法的心理學觀。它的精闢獨到之處，別成一格，自有它一成不變的宗旨。現代的心理學，自成一科，它是爲了研究人類的心理狀態，而作經驗的分析，然後歸納成爲一個有體系學說。現在學者還在不斷的研究中，以期於將來的大成。但是它的宗旨，祇是爲了研究心理。至於心理與物理的相互因果關係，及心物形而上的體用道理，他們卻留給哲學來說明。換言之：在現代科學中心理學是心理學，哲學是哲學，物理學是物理學，各自獨立分科，各有各的範圍，不能整個混爲一談，這就是所謂科學的精神。但這種觀念的是與非，卻是科學與哲學的問題，又是另一命題，不在此相提並論。如果站在現代心理學與邏輯學立場來看上面佛所說的論述，它是先有了一個肯定的前提，一切都以空無自性爲歸趨。根據理論，認爲他是先以一個主觀的觀念，再作客觀的論證，以此而範圍一切的，也許不足以服人。僅從論理學的理則來說，這種批判，也並沒有錯。不過心理學是否最後應該歸入哲學？還是一個值得研究的問題。如果是的，哲學的最高趨向，必須要歸到形而上的探討，那末，佛所說的這些理論，就大有思辨參考的必要了。在我的想像中，未來世界的學術，終有一天會走到這條路上去的。此外，更需要附帶地說一句：上面佛所作心理形態的分析，是釋迦文佛在兩千多年前那個時代說的，千萬不要站在現代的學術立場，看到他的理論有某些地方不合於現代的邏輯思想，或他所說的名詞涵義，和現代的定義有異同出入，便認爲他的思想不深刻，不完備，這樣未免誣蔑了古人。其次：佛法的心理觀，是自成一個體系的，如果純粹以治學術的批判態度，更不需要反身而誠去求證，當然可以各是其所是，非其所非。但是千萬不要忘記，人同此心，心同此理，如果反心自究，追求佛說的自證，就要仔細諦觀它的道理，不可忽視了之。）

爾時大慧菩薩摩訶薩復白佛言。世尊。惟願爲說言說妄想相心經。世尊。我及餘菩薩摩訶薩，若善知言說妄想相心經。則能通達言說所說二種義。疾得阿耨多羅三藐三菩提。以言說所說二種趣，淨一切衆生。佛告大慧。諦聽諦聽善思念之。當爲汝說。大慧白佛言。善哉世尊。唯然受教。佛告大慧。有四種言說妄想相。謂相言說。夢言說。過妄想計著言說。無始妄想言說。相言說者。從自妄想色相計著生。夢言說者。先所經境界，隨憶念生。從覺已，境界無性生。過妄想計著言說者。先怨所作業，隨憶念生。無始妄想言說者。無始虛僞計著過，自種習氣生。是名四種言說妄想相。爾時大慧菩薩摩訶薩，復以此義，勸請世尊。惟願更說言說妄想，所現境界。世尊。何處何故，云何何因，衆生妄想言說生。佛告大慧。頭胸喉鼻，脣舌斷齒，和合出音聲。大慧白佛言。世尊。言說妄想，爲異爲不異。佛告大慧。言說妄想，非異非不異。所以者何。謂彼因生相故。大慧。若言說妄想異者，妄想不應是因。若不異者，語不顯義。而有顯示。是故非異非不異。大慧復白佛言。世尊。爲言説卽是第一義。爲所説者是第一義。佛告大慧。非言説是第一義。亦非所説是第一義。所以者何。謂第一義聖樂，言説所入是第一義。非言説是第一義。第一義者，聖智自覺所得。非言説妄想覺境界。是故言説妄想，不顯示第一義。言説者，生滅動搖展轉因緣起。若展轉因緣起者，彼不顯示第一義。大慧。自他相無性故，言説相不顯示第一義。復次大慧。隨入自心現量，故種種相外性非性，言説妄想不顯示第一義。是故大慧。當離言説諸妄想相。爾時世尊欲重宣此義，而説偈言。

諸性無自性　亦復無言説　甚深空空義　愚夫不能瞭
一切性自性　言説法如影　自覺聖智子　實際我所説

言語理論的眞實性

這時，大慧大士又問佛説：「願佛説出心理妄想的境界。如果我們知道了妄想的心境，就能明白言語理論的眞義，和言語所表示的作用，不僅可以迅速達到正覺，同時也可以淨化衆生的妄念。」佛便回答説：「有四種言語的妄想境界：

那就是相言說、夢言說、過妄想計著言說、無始妄想言說。㈠相言說者：是由妄想執著色相分別而生。㈡夢言說者：由於從前經驗的境界，隨睡眠時的憶念所生，等到夢境覺醒時，方知都無自性。㈢過妄想計著言說者：憶念執著從前的怨讎等等，由先時所作的業力而生。㈣無始妄想言說者：從無始時來，執著種種戲論和煩惱種子等的熏習而生。這就名爲四種言語的妄想境界。」這時，大慧大士又請佛再加以詳細的說明。佛又說：「言語是由於人們藉著頭、胸、喉、鼻、脣、舌、齗、齒等生理機能的和合，纔發出了聲音。」大慧大士又問：「言語和妄想的作用，究竟是相同的，或是不同的呢？」佛說：「言語和妄想，既非相同，又非不同。因爲言語是由妄想所生而說的，如果言語和妄想是不相同的，那麼言辭便不應該是思想的產物了。如果是相同的，但言語卻不能完全地表情達意，祇不過加以比較的說明而已。所以說言語和妄想，既非相同，又非不同。」大慧大士又問：「言語本身就是第一義（至高無上的形而上眞理）呢？或是所說的是第一義呢？」佛說：「言語本身不是第一義，所說的也不是第一義。爲什麼呢？所謂第一義的聖樂境界，是由於言語所要指示的境界，並非言語就是第一義。所謂第一義，是進入了內聖的大智自覺境界纔能瞭解的，並非祇是口說的名辭和妄想的境界。所以說：言語妄想，不能明顯地表示第一義。因爲言語本身，是有生滅，變易動搖，輾轉互爲因緣的。如果是由於因緣互相輾轉而生起的，它就不能明顯地表達第一義。又因言語本身和妄想，根本上就沒有自己的固定性，所以言語哪裡能够明顯地表示第一義呢？其次，大慧啊！一切現象，都是由於自心的現量境所生起，外界種種現象的性能，根本就都沒有自己的固定性。所以言語和妄想，並不能明顯地表示第一義。因此，應當棄言語和一切妄想纔能證得第一義。」這時，佛就歸納這些道理，作了一首偈語說：

諸性無自性。亦復無言說。甚深空空義。愚夫不能瞭。

一切性自性。言說法如影。自覺聖智子。實際我所說。

（這是說：一切事理自身都沒有絕對固定自性的實體，所以用言語所表示的有或無，都是一種假設的說法。至於究竟的空和空不空的道理，它的意思極爲深奧，不是愚癡無智的凡夫們所能够瞭解的。一切事理的性能，既然沒有絕對固定的自性，所有表示事物的言語和理論，也祇是一種影像而已。內聖大智的正覺第一義之道，是必須由心性自覺而得，這纔是我所說的身心自性的實際。）

附論（十二）

（上節佛的論説，是指出言語文字都是妄想所生，並無實性。佛法重在求證自覺聖智善樂的第一義，不可斤斤計較言語理論和文字，不然，就成爲口頭禪了。而且徒逞口舌之利，往往弄得是非紛然，對於眞正佛法的證悟境界，卻是了不相干的。何況所有的言語文字，並不能完全表示人們內在的眞情實意呢！我佛早在二千多年前，已經説出語意學的最高原理，可作爲研究語意學者的啓示。）

爾時大慧菩薩摩訶薩復白佛言。世尊。惟願爲説離一異俱不俱，有無非有非無，常無常。一切外道所不行。自覺聖智所行。離妄想自相共相，入於第一眞實之義。諸地相續漸次，上上增進清淨之相，隨入如來地相。無開發本願。譬如衆色摩尼境界，無邊相行，自心現趣，部分之相，一切諸法。我及餘菩薩摩訶薩。離如是等妄想自性，自共相見。疾得阿耨多羅三藐三菩提。令一切衆生。一切安樂，具足充滿。佛告大慧。善哉善哉。汝能問我如是之義。多所安樂。多所饒益。哀愍一切諸天世人。佛告大慧。諦聽諦聽。善思念之。吾當爲汝分別解説。

大慧白佛言。善哉世尊。唯然受教。佛告大慧。不知心量愚癡凡夫，取內外性。依於一異俱不俱，有無非有非無，常無常。自性習因，計著妄想。譬如羣鹿，爲渴所逼。見春時燄，而作水想。迷亂馳趣，不知非水。如是愚夫，無始虛僞妄想所熏習，三毒燒心，樂色境界，見生住滅。取內外性。墮於一異俱不俱，有無非有非無，常無常想，妄見攝受。如犍闥婆城。凡愚無智，而起城想。無始習氣計著相現。彼非有城非無城。如是外道，無始虛僞習氣計著。依於一異俱不俱，有無非有非無，常無常見，不能了知自心現量。譬如有人，夢見男女，象馬車步，城邑園林，山河浴池，種種莊嚴。自身入中。覺已憶念。大慧。於意云何。如是士夫，於前所夢憶念不捨，爲黠慧不。大慧白佛言。不也世尊。佛告大慧。如是凡夫，惡見所噬。外道智慧。不知如夢，自心現性。依於一異俱不俱，有無非有非無，常無常見。譬如畫像，不高不下。而彼凡愚作高下想。如是未來外道，惡見習氣充滿。依於一異俱不俱，有無非有非無，常無常見，自壞壞他。餘離有無，無生之論，亦說言無。謗因果見。拔善根本。壞清淨因。勝求者，當遠離去。作如是說。彼墮自他俱見，有無妄想已，墮建立誹謗。以是惡見，當墮地獄。譬如翳目，見有垂髮。謂衆人言。汝等觀此。而是垂髮，畢竟非性非無性。

見不見故。如是外道，妄見希望。依於一異俱不俱，有無非有非無，常無常見，誹謗正法。自陷陷他。譬如火輪非輪。愚夫輪想。非有智者。如是外道，惡見希望。依於一異俱不俱，有無非有非無，常無常想，一切性生。譬如水泡，似摩尼珠。愚小無智，作摩尼想。計著追逐。而彼水泡，非摩尼非非摩尼。取不取故。如是外道，惡見妄想習氣所熏，於無所有說有生。緣有者言滅。復次大慧。有三種量。五分論。各建立已。得聖智自覺。離二自性事。而作有性妄想計著。大慧。心意意識，身心轉變，自心現攝所攝，諸妄想斷。如來地自覺聖智修行者，不於彼作性非性想。若復修行者，如是境界，性非性攝取相生者。彼卽取長養，及取我人。大慧。若說彼性自性，自共相。一切皆是化佛所說。非法佛說。又諸言說，悉由愚夫希望見生。不爲別建立趣自性法，得聖智自覺三昧樂住者，分別顯示。譬如水中有樹影現。彼非影非非影。非樹形非非樹形。如是外道，見習所熏。妄想計著。依於一異俱不俱，有無非有非無，常無常想。而不能知自心現量。譬如明鏡，隨緣顯現一切色像，而無妄想。彼非像非非像，而見像非像。妄想愚夫，而作像想。如是外道惡見。自心像現妄想計著。依於一異俱不俱，有無非有非無，常無常見。譬如風水，和合出聲。彼非性非非性。如是外道，惡見妄想。依於一異俱不俱，有無非有非無，常無常見。譬如大地，無草木處。熱焰川流。洪浪雲湧。彼非性非非性。貪無貪故。如是愚夫，無始虛僞習氣所熏，妄想計著。依生住滅，一異俱不俱，有無非有非無，常無常。緣自住事門，亦復如彼熱焰波浪。譬如有人，咒術機發。以非衆生數，毗舍闍鬼，方便合成，動搖云爲。凡愚妄想計著往來。如是外道惡見希望。依於一異俱不俱，有無非有非無，常無常見。戲論計著不實建立。大慧。是故欲得自覺聖智事，當離生住滅，一異俱不俱，有無非有非無，常無常等，惡見妄想。爾時世尊欲重宣此義，而說偈言。

幻夢水樹影　垂髮熱時焰　如是觀三有　究竟得解脱
譬如鹿渴想　動轉迷亂心　鹿想謂爲水　而實無水事
如是識種子　動轉見境界　愚夫妄想生　如爲翳所翳
於無始生死　計著攝受性　如逆楔出楔　捨離貪攝受
如幻咒機發　浮雲夢電光　觀是得解脱　永斷三相續
於彼無有作　猶如焰虛空　如是知諸法　則爲無所知
言教唯假名　彼亦無有相　於彼起妄想　陰行如垂髮

如畫垂髮幻　夢揵闥婆城　火輪熱時燄　無而現衆生
常無常一異　俱不俱亦然　無始過相續　愚夫癡妄想
明鏡水淨眼　摩尼妙寶珠　於中現衆色　而實無所有
一切性顯現　如畫熱時燄　種種衆色現　如夢無所有

復次大慧。如來說法，離如是四句。謂一異，俱不俱，有無非有非無，常無常。離於有無建立誹謗。分別結集，眞諦緣起，道滅解脫。如來說法，以是爲首。非性，非自在，非無因，非微塵，非時，非自性相續，而爲說法。復次大慧。爲淨煩惱爾燄障故。譬如商主。次第建立百八句無所有，善分別諸乘，及諸地相。

關於哲學和邏輯學的幾個問題：同異、眞假、虛實、有無、存在和不存在的辨正

這時，大慧大士又問佛說：「希望佛再爲我們說明如何纔能不去執著同和異，同時俱生和不俱生，以及有和無，非有和非無，乃至常性和無常的道理呢？」佛回答說：「凡是不知道性自性心量的愚癡無智的凡夫們，纔祇想追求內

心外境的一切事物，在這些觀念理論裡打圈子。其實，都是因性自性被無始以來的習氣所染污，而執著這些妄想以爲眞實。譬如一大羣的鹿，爲口渴所苦，看見春天曠野裡的陽光反映，誤以爲是一流清水，拚命地奔走追求。殊不知那祇是自己錯覺所生的幻像。同樣的，一般無智的凡夫，被無始以來的虛僞妄想所熏習，被貪欲、嗔恚、愚癡等三毒所薰染，而樂於執著塵色世間的各種物象。看見世界上有生（生起）、住（存在）、滅（消逝）的現象，就要想把捉內心外境的各種性能，於是墮在同和異，俱生和不俱生，有和無，非有和非無，常和無常等的妄想妄見之中。事實上，塵色世間的一切事物，都如海市蜃樓，祇因凡夫愚癡無智，所以誤認爲是眞實的景物。這都是因爲無始以來的習氣熏染，使他們執著各種現象而顯現的。例如海市蜃樓，那並非是眞有城樓，可是也不能説空無所有。一般外道學者們，被自己無始以來的虛妄習氣執著所迷惑，就產生那些互相對立、矛盾的見解和理論，這都是由於不能了知自心的現量所致。又譬如有人在夢中，看見了許多的男女、象馬、車騎、城邑、園林、山川、池沼等等美麗的世界，覺得自己身在其中。等到醒了以後，還盡力回想追求夢中的情景，試問這個人信夢爲眞，究竟是聰明？還是愚昧呢？同樣的，人們被習氣所吞沒，所以有一般無智的外道學者們，非但不知道塵色世間虛幻如夢，而且還要探究它的同異、俱不俱、有無、非有非無、常無常的法則呢？又譬如一幅畫像，祇是一張平面的紙，本來就沒有高下遠近的存在，人們塗上了線條和顏色，看起來就有高下遠近的感覺了。同樣的，未來世界上的外道學者們，更充滿了許多惡見的習氣，在這些互相對立的矛盾觀點上，各自建立一套理論，誤己誤人。還有的認爲有無都是無生的。換言之：乃是根本上就是什麼都沒有的。他們誹謗因緣果報之說是無稽之談，他們破壞善根的道德，自毀清淨的正果。凡是想要證得殊勝無上正道的人，便應當遠離這種觀念和理論，以免自招惡果。又譬如有眼病的人，看見虛空裡有像垂髮似的毛輪，而且還特別指給別人看。事實上，這祇是一幻境的錯覺，沒有眼病的人，雖然要看也看不見的。可是他們卻以病態似的偏見，依據各種矛盾的理論，就來誹謗正法，自誤誤人。又譬如一點火光，用很快的速度來旋轉它，看起來就像一個火輪圈。事實上，祇是一點火光而已，但無智的愚夫們，卻把它當作火輪。而且以自己的幻覺和錯覺，再加上互相對立的各種矛盾理論，又說出一套法則。再譬如水上的泡沫，看起來像一顆如意寶珠。無智的愚夫與小兒們，卻把它當作是眞的珠寶加以追求。事實上，這種水泡，當然不是如意寶珠，但也不能說是沒有寶珠的形象，衹是要看人們的心裡是否貪取與不貪取。可是他們被惡見的習氣熏習慣了，沒有的，硬說成爲有；而眞實的，又強說成沒有。

對於因明邏輯的評價

再者，有的外道，利用先賢所創的三種量——現量、比量、非量，和五分論——宗、因、喻、合、結。他們建立了這種辯證理則，來範圍思想，自認爲已經得到聖智的自覺境界，可以否定互相對立的矛盾理論，自信已經得到事物絕對性的理則，他們就以這種方法爲眞理的最高境界。其實，這也衹是執著妄想的偏計所執的作用。大慧啊！如果能够修持得到，使心意識所生的身心都轉變了，使自心所顯現的，能攝受和所攝受的一切妄想都斷除了，由此到達如來境界的自覺聖智，就不會再對一切事物，存著性有或性無的觀念了。倘使還有有無之爭，而且著相不捨，那他仍然在人我壽者相的執著裡。再說：凡是主張事物的性是共通的或各自獨立的等等理論，這些都是化身佛（方便應化）對衆生界的方便遊戲言論，並非是法身佛（自性清淨）所說。而且一切化佛所說的言語理論，都是順應愚夫們各自的希望和自己的各別觀念而產生，並不是爲了顯示自性，要想證得聖智自覺三昧境界的寂樂之果。這些等等，譬如水中反映的樹影，説它是影也可以，説它不是影也可以。説它是樹形也有理，説它不是樹形也有理。他們都由於觀念的習慣性，妄想熏習而生執著，纔來討論同異、俱不俱、有無、非有非無、常無常等思想。卻不知這些都是自心的現量境界。又譬如明鏡，隨緣呈現一切色像，而鏡子本身並無妄想。那鏡中的各種色像，可以説不是色像，也並非不是色像。而且你看見鏡中的色像，並不就是那原來的色像。衹因愚夫們自己生起色像的妄想觀念，爲惡見呑没，自心卻生起色像的妄想執著，所以纔有許多互相對立矛盾理論的成立。又譬如風吹空谷或流水等，和合而發出聲音。這種聲響並無固定性，也並非没有聲音。可是他們卻以習慣性的妄想惡見，根據互相對立的矛盾理論，各自建立觀念。又譬如沙漠地帶的塵土，受太陽光熱的反射，現出川流浪湧、雲起波興的境象。那種景象當然不是眞實的，但是也並非没有，衹看你自己是否有貪求迷戀的心理。同樣的，無智的愚夫，卻執著無始以來的虛僞習氣，又根據生（生起）、住（存在）、滅（消逝）以及同異、俱不俱、有無、非有非無、常無常的觀念去推論它，於自心寂靜境中，反而興起熱燄洪波之想。又譬如有人用咒語密方等魔術，發動木頭人或死屍去作事。這祇是一種幻術的配合，以引起動作，可是愚昧凡夫，卻執著爲眞有一神祕往來存在的觀念，於是根據互相對立的矛盾理論，去探討它的究竟。這些都是觀念理論的遊戲，並無根據。所以要求得自覺聖智的境界，應當放下這些種種妄想惡見纔對。」這時，佛就歸納這些道理，作了一篇偈語說：

幻夢水樹影。垂髮熱時燄。如是觀三有。究竟得解脫。

（這是說：世間事物，雖然似有，實在皆如夢幻。垂髮是指有眼病的人，看見目前虛空中，就有毛髮下垂等景象。一切衆生對世間事物的觀念，也都是眼病似的幻覺，並非事物的眞相。三界的生死死生，也是如此。如果能够觀察清楚，就可以得到究竟的解脫了。）

譬如鹿渴想。動轉迷亂心。鹿想謂爲水。而實無水事。

如是識種子。動轉見境界。愚夫妄想生。

（這是說：一切衆生，對世間事物的執迷不悟，猶如炎熱中的渴鹿，把熱氣的光影，當作清水去追逐。同樣的，人們平靜無波的心田（如來藏），對境依他而起，被塵勞所染污。業力的種子，就因此迷妄動亂，輾轉不休。這都是由於凡夫愚癡無智，從妄想而生。）

如爲翳所翳。於無始生死。計著攝受性。如逆楔出楔。

捨離貪攝受。

（這是説：如來藏既然興起業識的作用，於本來平靜無波的心田，猶如病眼被翳所障相似，對於世間的事物，就無法看透它的眞相了。所以從無始以來，流浪在生死海中，執著虛幻的現象，偏偏認爲它是實有的，而且牢牢地攝受在心中，所以就叫做偏計所執。佛所説的法，猶如用楔出楔，是要凡夫們捨離貪欲等等的執著。換言之：佛所説的法，也衹是過河的筏子，衹是爲了使衆生解脱三界，度過生死苦海的方便法門，同樣地不可執著。也就是所謂「過河須用筏，到岸不須舟。」）

如幻呪機發。浮雲夢電光。觀是得解脱。永斷三相續。

（這是説：人們的身心作爲，都如魔術師們的機器人，他的開關，衹在中心一念罷了，此念一動，就生起一切的有爲。然有爲法都如浮雲夢幻，石火電光，隨時隨地地消散，始終無法把捉。但如果能够仔細地反省觀察，體會其中的道理，也就可以得到解脱，永遠斷除了業力的相續流注，擺脱三有的繫縛了。）

於彼無有作。猶如燄虛空。如是知諸法。則爲無所知。

（這是說：宇宙萬有現象，本來就沒有絕對的自性存在，猶如虛空中的光影，都是暫時偶然地存在，如果能這樣觀察諸法，便不爲幻像所惑，也不執著於諸法了。）

言教唯假名。彼亦無有相。於彼起妄想。陰行如垂髮。如畫垂髮幻。夢揵闥婆城。火輪熱時燄。無而現衆生。常無常一異。俱不俱亦然。無始過相續。愚夫癡妄想。

（這是說：一切言語教化等等，也都是假立的名相而已。歸根結柢，又哪裡有一個實際的眞相可得呢？所謂言教，正如以指指月，祇是表示眞義的言詮。言教自身，並非就是眞月。如果把言語理論，認爲實法，便是一種妄想。這樣，就等於凡夫，執著五陰爲身心之相，猶如病眼者看見虛空裡都是毛輪，和看畫時的立體感，及誤認海市蜃樓爲實境，或把曠野的燄影當作清流去追逐一樣，都是迷眞逐妄，都是凡夫們從無中生有的妄見而已。何況還有些自囿於形而上的常存和不常存，本體的一元和多元，同俱或獨立等等的探討呢？這些見解，都是無始以來的習氣相續流注的錯誤所生，祇是愚癡凡夫們的大妄想而已。）

明鏡水淨眼。摩尼妙寶珠。於中現衆色。而實無所有。

一切性顯現。如畫熱時燄。種種衆色相。如夢無所有。

（這是說：宇宙間的萬法，無非都是藏識的顯現，雖有暫時偶然的萬象存在，祇是如夢似幻地顯現，畢竟無有實體。如果離了心、意、識，轉識成智，證入不可思議的眞實自性的如如境界，那末，便如明鏡照物，水淨沙明，法眼便豁然清淨了。也好像如意寶珠，自身清淨無色，但由於角度觀點的不同，隨緣現出各種差別不同的色像。事實上，卻畢竟沒有固定不變的色像。就此可以瞭解世間萬象的發生，都如沙漠曠野裡的光影，如夢似地空無所有。）

「大慧啊！如來演說畢竟了義之法，都是離了這些互相對立矛盾的（四句）理論。那四句就是所謂一（一元）異（多元），俱（同時具在的調和論）不俱（獨立），有和無，非有（似乎沒有）非無（似乎不是沒有），常（不變永存）無常（變易生滅）等等。爲了要遠離這些是非有無的諍謗，纔來一一作精詳的分析辨別，所以纔有這許多次的演講和佛法的結集。這無非是爲了要指出眞諦的實際，析明萬象的存在都由於緣起而空無自性，以遠離生滅的妄心妄想，而證得解脫的道果。佛的說法，是依如來究竟的境界爲主，並不是說另有一個超然存在的自性，更不是說宇宙萬有，都是自在天主所造。也不是說萬物是無因自然而生的，尤其不是說是物質微塵所結合的。不是說時間纔是一切的主因，而且也不是說自性是連綿相續不絕的。那麼究竟爲了什麼呢？而是爲了淨除人們煩惱障的人我執，和所知障的法執和智執，纔有種種方便說法。猶如資本家，爲了適應人們的需要和希求，因此廣設各種行市和貨品，以滿足人們的欲求。終使各取所需，歸家穩坐。佛的說法，也是如此，所以在本經開宗明義，首先提出一百零八個不同的問題，也就是表示所有問題的自身，無論是心和物，或事和理等等觀念，若要窮原探本，畢竟都是空無自性。唯有證得自覺的如來究竟境界，纔能直探第一義，善於分別一切法，瞭然大小諸乘的次第，以及菩薩諸地的情狀。」

復次大慧。有四種禪。云何爲四。謂愚夫所行禪。觀察義禪。攀緣如禪。如來禪。云何愚夫所行禪。謂聲聞緣覺外道修行者，觀人無我性。自相共相，骨鏁無常，苦，不淨相，計著爲首。如是相不異觀。前後轉進，相不除滅。是名愚夫所行禪。云何觀察義禪。謂人無我自相共相。外道自他俱無性已。觀法無我彼地相義，漸次增進。是名觀察義禪。云何攀緣如禪。謂妄想。二無我妄想。如實處不

生妄想。是名攀緣如禪。云何如來禪。謂入如來地，得自覺聖智相三種樂住。成辦衆生不思議事。是名如來禪。爾時世尊欲重宣此義，而説偈言。

凡夫所行禪　觀察相義禪　攀緣如實禪　如來清淨禪
譬如日月形　鉢頭摩深險　如虛空火盡　修行者觀察
如是種種相　外道道通禪　亦復墮聲聞　及緣覺境界
捨離彼一切　則是無所有　一切刹諸佛　以不思議手
一時摩其頂　隨順入如相

禪的別類

佛又説：「大慧啊！有四種禪的類別，你應當瞭解。㈠愚夫所行禪。㈡觀察義禪㈢攀緣如禪。㈣如來禪。什麼是愚夫所行禪呢？例如聲聞緣覺以及外道的修行者，他們仔細諦觀，了知人無我的道理，無論自己和大衆，此身不過是肌骨聯繫組合所成，祇是一具空洞的骨肉架子，其中藏有不淨的腑臟等物而已。無奈愚夫無智，心爲形役，所以有累者，爲吾有身，此身原來無常，是苦痛煩惱的淵藪。可是凡夫們卻執著這些不淨之相，自相纏縛，所以他們觀察自身空相，以解脱形骸之累爲務，即此堅定不移，以爲修行的目的，由如此觀察和定力的修持，漸漸地逐步上進，得到滅盡定的境界，而執著定境界的相，以爲究竟，這就是愚夫所行禪。什麼是觀察義禪呢？就是由上面所講的禪境界，了知自己與他人，以及外道們的修法，都没有眞實的自性。而且觀察一切法（事與理），也本來没有固定的自我存在，由此漸漸地逐步上進，這就是觀察義禪。什麼是攀緣如禪呢（又譯爲觀眞如禪，或緣眞如禪）？就是推想人和法（事與理），根本都無固定的自我存在，衹是人們的妄想所生而已。由此精思入寂，好像達到不生妄想，一念不起，以及心無分別，寂靜安寧的境界，這就是攀緣如禪。什麼是如來禪呢？那就是眞實證入如來境地，得到自覺聖智的三種樂定（註二十八）。所謂轉識成智，大智慧自在。同時又能够爲一切衆生，造作許多不可思議的功德，這就是如來禪。」這時，佛就歸納這些道理，作了一篇偈語説：

凡夫所行禪。觀察相義禪。攀緣如實禪。如來清淨禪。
譬如日月形。鉢頭摩深險。如虛空火盡。修行者觀察。
如是種種相。外道道通禪。亦復墮聲聞。及緣覺境界。

（這是說：禪有四種，就是愚夫禪、攀緣如禪、如來禪等四種，內容已如上文所說。修持這些禪定的境界，有些人會在定中現出如日月光明，或紅蓮華，或現碧海晴空，深險無際。或一片虛空，有的如火燼煙滅。例如這些種種境界的形相，大抵都是墮在內外道共通的心外有法的境界中。卽使稍具高明的，也大多仍在聲聞，或緣覺乘的境界之中而已。）

捨離彼一切。則是無所有。一切剎諸佛。以不思議手。一時摩其頂。隨順入如相。

（這是說：要遠離這些禪的境界，放下了還要放下，那就歸於了無所得，一無所有。所謂不依心，不依身，不依亦不依。那麼一切十方剎土中的諸佛，自然都會用不可思議的手，並非有相的手，也非無相的手，同時之間來摩其頂，他也會自然地進入如來禪的境界了。）

附論（十三）

（佛已經在本經上說了禪的四種類別，就是達摩祖師東來此土，教授傳佛心印的禪宗，也明明白白說明以楞伽印心。爲什麼後世禪宗之徒，又說在如來禪外，另有一種祖師禪呢？甚之，還高推祖師禪，好像高過如來禪似的。這又是什麼道理呢？其實，所謂祖師禪，又何嘗離開過佛所說的如來禪呢？祇因一落言詮，就如立竿見影，於是見影忘竿者，便滔滔都是。所以爲求解脫，卻反而法縛重重。後世禪師，乃高張手眼，在無義理的言句上，或者在當事人的一機一境上，用殺活手段，立地指出全體大用。然後乃知『青青翠竹，悉皆法身。鬱鬱黃花，無非般若』。心、佛、衆生，三無差別。不是心，不是佛，也不是物了。什麼是祖師禪？什麼是如來禪？到此就一律成爲多餘的了。但是必須實在到達這種境界，纔可以橫說豎說都對。否則，誤人誤己，不可勝數。總之，佛說：『良馬見鞭影而馳。』如果是條跛驢，就打死牠吧！仍然還是繞著磨盤慢慢地轉，莫說如來禪或祖師禪，要想達到愚夫禪也不容易呢！倘使但依言教，而不求心證，或雖少有所得，少有所證，而又不能徹頭徹尾解脫乾淨，那也祇如咬空吠響的韓盧，對於自己分上，有什麼用處呢？假如眞是一個過量的人，視吾佛所說一大藏教，也祇是自己的註脚而已。不可說，不可說，又何足道哉！畢竟如何呢？年來早晚市價不同，筆墨大漲，努力用功參究去！）

（註廿八）三種樂定：一天樂，修十善者，生於天上，受種種之妙樂也。二禪樂，修行之人，入諸禪定，一心清淨，萬慮俱止，得寂靜之悅樂也，三涅槃樂，離生死之苦而證涅槃，究竟得無爲安穩也。

爾時大慧菩薩摩訶薩復白佛言。世尊。般涅槃者，說何等法謂爲涅槃。佛告大慧。一切自性習氣，藏意意識見習，轉變名爲涅槃。諸佛及我，涅槃自性空事境界。復次大慧。涅槃者，聖智自覺境界。離斷常妄想性非性。云何非常。謂自相共相妄想斷，故非常。云何非斷。謂一切聖，去來現在得自覺，故非斷大慧。涅槃不壞不死。若涅槃死者，復應受生相續。若壞者，應墮有爲相。是故涅槃離壞離死。是故修行者之所歸依。復次大慧。涅槃，非捨非得非斷非常。非一義。非種種義。是名涅槃。復次大慧。聲聞緣覺涅槃者。覺自相共相，不習近境界。不顛倒見。妄想不生。彼等於彼，作涅槃覺。

復次大慧。二種自性相。云何爲二。謂言說自性相計著。事自性相計著。言說自性相計著者。從無始言說虛僞習氣計著生。事自性相計著者。從不覺自心現分齊生。

什麼是涅槃的眞義

這時，大慧大士又問：「什麼叫做涅槃？如何纔能證入涅槃呢？」佛說：「一切自性業識所生的習氣，及無始以來，熏習如來藏識（阿賴耶）和意識的妄見，都徹底轉了，就名爲涅槃。諸佛和我證得的涅槃，就是自性諸法性空的境界。大慧啊！所謂涅槃，就是聖智自覺的境界，它是遠離斷見和常見等二邊對立的妄想觀念，也無所謂是有，也無所謂是無。爲什麼說它不是常見呢？因爲它是遠離自相（自我的存在）和共相（物我同體）等妄想，所以不是常見。爲什麼又說它不是斷見呢？因爲過去、未來、現在的一切聖賢，的確能自覺內證涅槃的境界，所以也不是斷見。再說：涅槃是無生死、不滅壞的，如果涅槃的境界是滅盡一切的話，那麼，也就是說滅了生死，然後涅槃纔生。但生與滅是相對法，所謂入涅槃者，仍然是爲另一種生滅法所縛了。如果涅槃的境界是壞滅的話，應該還在於有爲的範圍，因爲有所壞滅，仍然是有爲法的一種。所以涅槃是遠離生死和壞滅等作用和現象，是一切正覺修行者之所歸依的。再說：涅槃境界，雖然沒有一法可得，但也沒有一法可捨。既非斷滅見，也非恆常見。既非有處，也非彼岸。又不是清淨，或圓寂等等所可以概括，也不是其中含有若干種義理和內容，這纔名爲涅槃。其次：聲聞緣覺等二乘的涅槃境界，衹是覺悟自我和捨離貪著外境等的愛染，因此便捨離習氣，再不敢生起顛倒亂動妄想等的謬見，他們衹是把這種修持，作爲涅槃的境界罷了。」

理和事的障礙

佛又說：「大慧啊！還有兩種自性相。㈠就是言說自性相的執著。與㈡事自性相的執著。所謂言說自性相的執著，都是由於無始以來的言語理論等的習性累積而來，因此產生虛僞的執著習氣，所以就固執成見和形成先入爲主的主觀觀念等等。所謂事自性相的執著，都是由於不覺自心妄想所現的各種差別境界，反認爲這些都是事實。」

（這一段所謂的言說自性相和事自性相兩種，其所以沒有和上面已經講過的言說問題相提並論，並無其他特別意義。佛說涅槃境界以後，又跟著再說出言說和事的自性相，是爲了教人勿被入涅槃等名辭和觀念所困惑，然後纔能親證涅槃，因此纔在此處再講解言説自性相和事自性相的原因。）

復次大慧。如來以二種神力建立，菩薩摩訶薩頂禮諸佛，聽受問義。云何二種神力建立。謂三昧正受，爲現一切身面言説神力。及手灌頂神力。大慧。菩薩摩訶薩初菩薩地，住佛神力。所謂入菩薩大乘照明三昧。入是三昧已。十方世界一切諸佛，以神通力，爲現一切身面言説。如金剛藏菩薩摩訶薩，及餘如是相功德成就菩薩摩訶薩。大慧。是名初菩薩地。菩薩摩訶薩，得菩薩三昧正受神力，於百千劫，積習善根之所成就。次第諸地對治所治相，通達究竟。至法雲地。住大蓮華微妙宮殿。坐大蓮華寶師子座。同類菩薩摩訶薩眷屬圍繞。衆寶瓔珞莊嚴其身。如黃金薝蔔，日月光明。諸最勝子從十方來，就大蓮華宮殿座上，而灌其頂。譬如自在轉輪聖王，及天帝釋太子灌頂。是名菩薩手灌頂神力。大慧。是名菩薩摩訶薩二種神力。若菩薩摩訶薩住二種神力，面見諸佛如來。若不如是，則不能見。復次大慧。菩薩摩訶薩，凡所分別，三昧神足諸法之行，是等一切，悉住如來二種神力。大慧。若菩薩摩訶薩離佛神力，能辯説者。一切凡夫亦應能説。所以者何。謂不住神力故。大慧。山石樹木，及諸樂器，城郭宮殿，以如來入城威神力故，皆自然出音樂之聲。何況有心者。聾盲瘖瘂，無量衆苦，皆得解脫。如來有如是等無量神力，利安衆生。大慧菩薩復白佛言。世尊。以何因緣。如來應供等正覺，菩薩摩訶薩住三昧正受時，及勝進地灌頂時，加其神力。佛告大慧。爲離魔業煩惱故。及不墮聲聞地禪故。爲得如來自覺地故。及增進所得法故。是故如來應供等正覺，咸以神力建立諸菩薩摩訶薩。若不以神力建立者。則墮外道惡見妄想。及諸聲聞。衆魔希望。不得阿耨多羅三藐三菩提。以是故，諸佛如來咸以神力攝受諸菩薩摩訶薩。爾時世尊欲重宣此義，而說偈言。

神力人中尊　大願悉清淨　三摩提灌頂　初地及十地

如來神力和正修菩薩道的關係

佛又說：「如來以兩種神力，纔使一切大菩薩們的疑問得到眞解。是哪兩種神力呢？第一：是使衆生入於三昧正受的住持之力，而顯現各種形像、言語等的神力。第二：是如來法身手摩其頂，使其得自悟自證的徧身法樂，得到灌頂的住持之力。大慧啊！當大菩薩們開始證入菩薩的初地（歡喜地）的時候，就是如來的神力所住持，那時，就入於菩薩境界的大乘照明三昧。在這種三昧的境界中，十方世界的一切如來，都以神通能力，爲他顯現各種形像説法。例如金剛藏大菩薩們，都是如此成就各種功德的，這也就是修行菩薩們歷刼累積善根所得的結果。依此上進，漸漸地逐步瞭解菩薩各地修法的偏差和對治法門，以及所要對治的現象。到了究竟通達，一直到菩薩第十地的法雲地時，就得到種種殊勝難得，不是世間習慣知識所能瞭解的神變境界。那時，就可以證得如來神力灌頂的境界了，大菩薩們得到這兩種神力，纔能見到諸佛如來。其次：大菩薩們，對於各種三昧和神通等的境界，凡是有所分別發揚，也都是如來的兩種神力所住持。如果菩薩們，根本不需要如來的神力加持而能够辯説發揚，那麼，一切凡夫也就應該能説無上精義了。須知山石樹木等無知之物，遇如來神力加持時，自然都會發出聲音，何況有心的人類呢？如果他們眞見如來，如有聾盲喑啞等苦，當下就可以得到解脱了，所以説如來是具有這樣無量的神力，可以使一切衆生安樂。」大慧大士又問：「爲什麼當大菩薩們住在三昧正受的時候，以及達到灌頂地時，如來就要以神力來加持他們呢？」佛回答説：「爲保護他們，使他們遠離魔業煩惱障的散亂心，使他們不墮在聲聞等的禪定中，而得到内證如來地的正覺，所以用神力來加持他們。」這時佛就歸納這些道理，作了一首偈語說：

神力人中尊。大願悉清淨。三摩提灌頂。初地及十地。

附論（十四）

（這個偈語，原文文字的意義，已經說得很明白，不需要再說了。不過在講解證入涅槃正智之後，就跟著說出如來的神力，是極有意義的。須知佛和如來的名辭，具有廣義和狹義兩種。廣義的佛和如來，是指法界的法身自性，借用現代語來說，是指宇宙萬有形而上的本體。大菩薩們的修證自性，也就是內證這個形而上的本體。所以菩薩們的修持境界中，自然都是如來神力的加持。一切衆生們，也都是法界自性法身如來的神變所生，所以衆生從本以來，都在如來的神力之中，也可說都是如來神力的所化。用這個道理，歸到狹義的某一佛和某一如來加持其人，自然也就可以相通了。所以說：「十世古今，始終不離於當念。無邊剎境，自他不隔於毫端。」所謂心佛衆生，性相平等，就是同體之慈，無緣之悲。依體言用，哪裡有時間的三世可得和空間的人我之分呢？因此所謂聾盲喑啞者，若能見自性法身的如來之體，就當下一念清淨，領受自性如來神力的滋潤了。借用現代科學術語來說，如來神力也就是本體功能之力，它可以發生宇宙萬有。其中道理，既不能作神祕主宰的神變來看，但也不是絕對沒有這種神祕的力量。唯有自證知者，然後纔瞭解平凡處卽爲不可思議的神變。不可思議的神變，原來是最平凡的。所謂「鏡裡魔軍。空花佛事」。到此言說文字，皆無用處了。參！參！）

爾時大慧菩薩摩訶薩復白佛言。世尊。佛說緣起，卽是說因緣。不自說道。世尊。外道亦說因緣。謂勝自在時微塵生，如是諸性生。然世尊所謂因緣生諸性言說，有間悉檀。無間悉檀。世尊。外道亦說有無有生。世尊亦說無有生，生已滅。如世尊所說無明緣行，乃至老死，此是世尊無因說。非有因說。世尊建立作如是說，此有故彼有，非建立漸生。觀外道說勝，非如來也。所以者何。世尊。外道說因不從緣生，而有所生。世尊說觀因有事，觀事有因。如是因緣雜亂。如是展轉無窮。佛告大慧。我非無因說，及因緣雜亂說。此有故彼有者。攝所攝非性，覺自心現量。大慧。若攝所攝計著，不覺自心現量，外境界性非性。彼有如是過。非我說緣起。我常說言，因緣和合而生諸法。非無因生。大慧復白佛言。

世尊。非言說有性，有一切性耶。世尊。若無性者，言說不生。是故言說有性，有一切性。佛告大慧。無性而作言說。謂兔角龜毛等，世間現言說。大慧。非性非非性，但言說耳。如汝所說，言說有性，有一切性者，汝論則壞。大慧。非一切剎土有言說。言說者是作耳。或有佛剎瞻視顯法。或有作相。或有揚眉。或有動睛。或笑或欠。或謦欬。或念剎土。或動搖。大慧。如瞻視及香積世界，普賢如來國土。但以瞻視，令諸菩薩得無生法忍，及諸勝三昧。是故非言說有性，有一切性。大慧。見此世界蚊蚋蟲蟻，是等衆生無有言說，而各辦事。爾時世尊欲重宣此義，而說偈言。

如虛空兔角　及與槃大子　無而有言說　如是性妄想

因緣和合法　凡愚起妄想　不能如實知　輪迴三有宅

緣起性空的理論實際

這時，大慧大士又問：「您所說的世間事物，都是緣起的，所謂都是因緣所生。那當然不是在說自心體相的道理。但是，外道學者們，也說世間事物，是由因緣而生。例如他們有的說是由一至高無上的自在天主所造，或時間為萬有的主因，也有的說都是從微塵物質所生，這些等等，也都是強調另有一個能生之性；那麼，您所謂因緣生法，諸法又無自性，是另有深義存在？或是沒有義理作根據呢？並且外道學者們也說：有無相生，然後纔有世間事物。您也說：本來就是無生，即使生起，當生起也已滅了。例如您所說：無明為因，所以無明緣行（活動）→行緣識→識緣名色（名相和實質）→名色緣六入（六根）→六入緣觸→觸緣受→受緣愛→愛緣取→取緣有→有緣生→生緣老死。就以這個道理來說，也是主張無因的理論。您的意思是說：有了這個，所以纔有那個。假使不是這樣的，而是說同時成立，不是逐漸地互相對待而生，那因緣的道理，就不能成立了。例如外道學者們的說法，他們認為另有一個至高無上的勝因，當然這與佛的說法不同。因為外道們說：最初的因，並不是從緣而生，而是另有所生之處。你卻說：果是和因相對待的，觀因就有了事的果。但因又有因，果又有果，這樣說來，因緣就雜亂無定，輾轉無窮，彼此就互為因果了。那麼，所謂有了這個，纔有那個，就根本是無因的理論了啊！」佛回答說：「大慧啊！我不是說萬法是無因而生的，也不是因緣雜亂的。所謂有了這個，纔有那個，也祇是根據自心而來。反觀自心的能取和所取的作用，就根本沒有絕對的自性。所謂因緣生法，也無非是自心的現識境界而已。如果執著能取和所取的作用，而不覺得都是根據自心的現識境界而來，相反地卻向外探求，追究外物是有自性的呢？或無自性的呢？這就是他們所犯的錯誤。與我所說的緣起道理絕不相同，我雖常說世間事物，都是因緣和合而生，並非說是無因而生的！」

理論言語是根據什麼

大慧又問：「那麼，言語和理論，都是空談了。難道言語和理論的本身，就沒有固定的性能，也不能表示萬法本有的自性嗎？如果根本沒有自性，那言語理論的本身，也不會產生作用。但是，言語理論確實有它的性能，因此一切萬法，也有它的自性啊！」佛回答說：「如果根本沒有自性，就沒有言語和理論的產生。但是，世間上的事物，確有許多雖無事實，卻有它的抽象名辭存在的啊！那些抽象的名辭和語句，根本就沒有它絕對性的，卻有它不同的理論。當然囉！如果一定要徹底探究它的本身，也無非都是徒有空言而已。你說言語和理論，一定有它的確實自性，但依據上述所說，你的理論，就沒有根據了。

一切言語理論的原始

「大慧啊！並非一切刹土世界都有言語的。所謂言語，祇是人們造作出來的。在另外有些佛國的世界裡，祇要互相看了一眼，彼此就知道意思，並不一定需要言語。而且有的世界裡，祇用動作來表示，也就可以彼此互通意思了。例如人們有時祇需揚眉瞬目，或微笑一下，或欠伸一下，乃至咳嗽一聲，都會彼此瞭解意思。甚之，彼此心靈也可以互相感通，彼此身體也可以互相感應。再說：香積世界（註二十九）普賢如來的國土裡，祇需要瞻視佛身，就可以使菩薩們得無生法忍，以及一切難得的殊勝三昧。試問難道不靠言語理論，就不能瞭解眞義嗎？所以我說：不能以爲言語和理論，是有它的絶對性，更不要以爲必須靠言語，纔能瞭解自性。大慧啊！你當然也看得見這個世界上，有蚊、蚋、蟲、蟻等，牠們雖然沒有像人一樣的言語，但是牠們也可以互相傳達心意，彼此分工合作啊！」這時，佛就歸納這些道理，作了一首偈語說：

如虛空兔角。及與槃大子（註三十）。無而有言說。如是性妄想。

（這是說：人們的意念當中，可以產生抽象的事物。例如：兔子有角，石女生兒，明明沒有的東西，卻可用言語來描述它，但這無非都是人們自心的妄想所生而已。）

因緣和合法。凡愚起妄想。不能如實知。輪迴三有宅。

（這是說：世間事物，都是因緣和合，纔生起萬有的道理。但它們雖然緣起卻無自性。祇因凡夫們，不自瞭解緣起性空的道理，要想把握不能把捉的現實，所以纔輪迴在三界的火宅之中，而受痛苦的煎熬了。）

附論（十五）

（上面這些話是從演說如來的法身神力而來，到此又引起因緣生法和言語理論的眞實可靠性的辨別。殊不知法身自性雖然體空，卻具有無量神力，這正說明形而上本體的功能，是具足萬法的。至於物質世間的生起，就是本體功能的顯現，但卻依因緣和合而生，生已還滅。如果以物質世間因緣的法則，來推求形而上的本體自性，那便是大大的錯誤了。所以佛又提出自心現量的重點，無非提醒我們用物質世間的言語理論法則，是不能推求形而上的本體自性的。這裡所說的心，也就是萬法唯心的如來藏性的另一名稱，不能祇當作這個妄想心來看。如果一定要堅執言語理論的法則，是有絕對性的，是可以推求形而上的本自體性的，那就是一種偏差和錯覺了。所以纔在言語之外，提出許多不藉言語而可以通有無的事實等等。到此明白指出自性體空的功能，並非言語文字可以瞭解，但也不是不能自覺自悟證得的。這正是通貫四種禪後，指出涅槃自性，和如來神力的總結論。歸之於「緣起性空，性空緣起」的不易定則，平凡處爲最奇特，奇特就是基於平凡。其中各點，如果推而廣之，就可以觸類旁通了，在這裡也不須多費言辭，唯在學者們自己去領悟。）

（註廿九）香積世界：衆香世界，有香積佛住持。

（註三十）槃大子：卽石女也。

爾時大慧菩薩摩訶薩復白佛言。世尊。常聲者，何事說。佛告大慧。爲惑亂。以彼惑亂，諸聖亦現，而非，顚倒。大慧。如春時燄，火輪，垂髮，揵闥婆城，幻夢鏡像世間顚倒，非明智也。然非不現。大慧。彼惑亂者有種種現。非惑亂作無

常。所以者何。謂離性非性故。大慧。云何離性非性惑亂。謂一切愚夫種種境界故。如彼恆河餓鬼見不見故。無惑亂性。於餘現故，非無性。如是惑亂，諸聖離顛倒，不顛倒。是故惑亂常。謂相相不壞故。大慧非惑亂種種相。妄想相壞，是故惑亂常。大慧。云何惑亂眞實。若復因緣，諸聖於此惑亂，不起顛倒覺，非不顛倒覺。大慧。除諸聖於此惑亂，有少分想，非聖智事相。大慧。凡有者愚夫妄說，非聖言說。彼惑亂者。倒不倒妄想，起二種種性。謂聖種性。及愚夫種性。聖種性者，三種分別。謂聲聞乘。緣覺乘。佛乘。云何愚夫妄想，起聲聞乘種性。謂自共相計著，起聲聞乘種性。是名妄想起聲聞乘種性。大慧。卽彼惑亂妄想，起緣覺乘種性。謂卽彼惑亂自共相不親計著，起緣覺乘種性。云何智者卽彼惑亂，起佛乘種性。謂覺自心現量，外性非性，不妄想相，起佛乘種性。是名卽彼惑亂，起佛乘種性。又種種事性，凡夫惑想，起愚夫種性。彼非有事非無事，是名種性義。大慧。卽彼惑亂不妄想，諸聖心意意識，過習氣，自性法，轉變性，是名爲如。是故說如離心。我說此句顯示離想，卽說離一切想。大慧白佛言。世尊。惑亂爲有爲無。佛告大慧。如幻，無計著相。若惑亂有計著相者，計著性不可滅。緣起應如外道，說因緣生法。大慧白佛言。世尊。若惑亂如幻者，復當與餘惑作因。佛告大慧。非幻惑因，不起過故。大慧。幻不起過，無有妄想。大慧。幻者從他明處生。非自妄想過習氣處生。是故不起過。大慧。此是愚夫心惑計著，非聖賢也。爾時世尊欲重宣此義，而說偈言。

聖不見惑亂　中間亦無實　中間若眞實　惑亂卽眞實
捨離一切惑　若有相生者　是亦爲惑亂　不淨猶如翳

復次大慧。非幻無有相似，見一切法如幻。大慧白佛言。世尊。爲種種幻相計著，言一切法如幻。爲異相計著。若種種幻相計著，言一切性如幻者。世尊。有性不如幻者。所以者何。謂色種種相非因。世尊。無有因色種種相現，如幻。世尊。是故無種種幻相計著相似，性如幻。佛告大慧。非種種幻相計著相似，一切法如幻。大慧。然不實一切法，速滅如電，是則如幻。大慧。譬如電光刹那頃現，現已卽滅，非愚夫現。如是一切性，自妄想自共相。觀察無性，非現色相計著。爾時世尊欲重宣此義，而說偈言。

非幻無有譬　說法性如幻　不實速如電　是故說如幻

大慧復白佛言。如世尊所說，一切性無生，及如幻。將無世尊前後所說，自相違耶。說無生性如幻。佛告大慧。非我說無生性如幻，前後相違過。所以者何。謂生無生，覺自心現量。有非有，外性非性，無生現。大慧。非我前後說相違過。然壞外道因生，故我說一切性無生。大慧。外道癡聚，欲令有無有生，非自妄想種種計著緣。大慧。我非有無有生。是故我以無生說而說。大慧。說性者。爲攝受生死故。壞無見斷見故。爲我弟子攝受種種業，受生處故。以聲性，說攝受生死。大慧。說幻性自性相，爲離性自性相故。墮愚夫惡見相希望，不知自心現量。壞因所作生，緣自性相計著。說幻夢自性相一切法。不令愚夫惡見，希望計著，自及他一切法，如實處見，作不正論。大慧。如實處見一切法者，謂超自心現量。爾時世尊欲重宣此義，而說偈言。

無生作非性　有性攝生死　觀察如幻等　於相不妄想

萬有現象就是唯心現量的境界

這時，大慧大士又問佛說：「有的聲論學派，他們爲什麼說聲是常住的呢？」（這是指古印度聲論學派而說。）佛說：「這是因爲他們缺乏智慧，被宇宙物理的現象所惑亂（惑是指被外境和現象界所迷，亂是指在惑中發生的亂想），不能看見心性自體的功能。不過，已經證道的聖者，雖然也同樣地處在物理現象的惑亂之中，但他們此心卻不會被現象界所顛倒。大慧啊！我不是已經説過，物理世界裡的萬有現象，都如沙漠曠野裡的炎陽反映，產生各種事物和色相的幻像嗎？我已用如夢、如幻、如海市蜃樓等等譬喻來説明，現在不需再費言辭了。如果堅持物理世間的現象是眞實的，那就是惑亂顛倒，沒有大智慧，所以不得解脱。但不是説得到智慧解脱，現象界就不存在了。當然囉！物理界，仍然會有種種現象的發生，衹有得到大智慧解脱的人，知道一切現象都是無常，不會再被它所惑亂。爲什麽呢？因爲這些萬有現象，雖然有它的各別性質，卻沒有它們的眞實自性，衹是一切凡夫愚癡，自心執著而產生種種境界的緣故。例如恆河之水，在餓鬼看來，並不是水，卻是一片大火。所以智者雖能不被現象所惑，但是惑亂的現象，仍然存在，所以我們也不能否定它們的各別現象。衹是已經證道的聖者，自己遠離顛倒妄見，所以再不會被現象界所惑亂顛倒罷了。其所以説惑亂的現象界有常性的原因，乃是因爲物理現象與心理現象的比較而來。心理現象，隨時隨地變易破滅；而物理現象卻較爲持久，所以就顛倒惑亂，認爲它是有常性的了。大慧啊！怎樣又説現象界的惑亂現象，是自性的眞實功能呢？因爲現象界的一切，都是因緣所生，緣起性空，並無自性。一切聖者，在此惑亂的現象界中，再不生起顛倒的妄想，但並非不見顛倒的情形。如果已經證道的聖者，對於惑亂現象，還有些許的覺想存在，就不是聖者大智慧解脫的境界了。

三乘種性的基本原因

大慧啊！凡是說有法可得的，都是無智凡夫的妄言，並非聖者之說。如果對於惑亂自性，分別它的顛倒和不顛倒，就可以生起兩種種性，那就是凡夫種性與聖人種性。但聖人種性也有三種不同的差別：那就是聲聞乘、緣覺乘和佛乘。爲什麼凡夫妄想分別，會引起聲聞乘種性呢？因爲他厭離自己經歷的各種現象，與觀察外境中人們的共同現象，而厭喧求靜，執著於清淨，所以就生起聲聞乘的種性。殊不知執著靜相，也就是一個大妄想，所以名爲妄想起聲聞乘種性。爲什麼對這惑亂妄想，會引起緣覺乘種性呢？因爲他對於內在和外界的各種惑亂現象，都避而遠之，獨坐孤峯，靜觀萬化，執著於自覺境界，以爲不親因緣，便是究竟的解脫，所以名爲計著起緣覺乘種性。爲什麼智者在惑亂現象中，也會引起佛乘種性呢？因爲他證覺萬法唯心，一切現象無非都是自心的現量。除此以外，內外諸法，都無自性，此心不再產生任何妄想，所以就生起佛乘的種性，這就名爲卽彼惑亂起佛乘種性。

種性的定義

再說：一切凡夫，都從自心的惑亂妄想中，來分別現象界中種種差別事物的體性，依據主觀，就形成凡夫心理，他們自認爲是絕對性的見解。其實，現象界本身的存在，祇有現象，並沒有固定性的事實。何況主觀成見，還是妄想分別所生的呢！這就名爲形成種性義的道理。大慧啊！智者觀察惑亂的現象界，不生起虛妄的分別心，所以能轉意識的習氣過患。如此自性轉變，轉識成智，『卽此用，離此用，離此用，卽此用』就名爲『如』，或者名爲『眞如』。所以說：『如』是離一切分別妄想心的。我這樣說，是顯示體性眞如，是離一切妄想。換言之：離一切分別妄想心，便名爲『眞如』。」大慧又問：「惑亂的作用，究竟是有常性或是無常性的呢？」佛說：「現象界一切如幻地存在，根本不可以把捉它。如果惑亂是可以把捉的，那麼，這個可以把捉的性能和作用，就根本不會再滅，這樣就和其他外道們的說法相同，認爲另有一個主宰，生起這些緣起性的因緣作用了。」大慧大士又問：「如果惑亂本身是如幻的，幻出迷戀，它將會替其他惑亂造因。」（換言之：就是其他的迷惑，是因爲惑亂而生了。）佛回答說：「并非『幻』是惑亂之因，因爲它本身如幻，哪裡會生起一切過患呢？大慧啊！『幻』不會生起過患，說它是有或是無，都是因自心妄想執著所生。我所謂是幻，乃指由於已經明瞭一切如幻，所以纔說它如幻，並非從妄想習氣的過患中，認爲另外有一個『幻』的存在。所以說：既然是幻，幻哪裡還會發生過患呢？這都是無智愚夫們自心惑亂，纔會執著這些觀念，不是證道聖賢的境界。」這時，佛就歸納這些道理，作了一首偈語說：

聖不見惑亂。中間亦無實。中間若眞實。惑亂卽眞實。

（這是說：已經證得自性的聖者，卽使在惑亂的現象界中，也不起分別執著。卽無所謂幻，也無所謂不幻。更沒有在幻和不幻的中間，另有一個中道的眞實自性。如果有一個中道的眞實自性，那也等於是一種惑亂，也等於把惑亂，當作眞實。）

捨離一切惑。若有相生者。是亦爲惑亂。不淨猶如翳。

以上是說幻的邏輯佛也如幻（這是說：離幻卽眞，但眞也是沒有一種境界和現象的。如果認爲斷了一切惑亂，纔能證得眞性，那也就是一種惑亂，仍然不得清淨。所謂斷惑證眞，仍然是法眼的翳障，等於避溺而投火，永遠得不到解脫。）

幻有的現象和定義

佛又說：「大慧啊！非幻的境界，是無法描畫比擬的，因爲我們所見到現象界一切都是如幻的。」大慧又問：「是因爲人們執著種種幻像，所以您說一切法如幻呢，還是另外有一種可以把捉的『幻』的作用呢？如果因爲人們執著種種幻的現象，因此您纔說現象界的一切如幻。但現象界的自性，的確有些並不是如幻的。爲什麼呢？例如現象界各種物理的色相等等，它又能構成現象的另一原因存在。而且，根本就沒有因爲無色相，纔發現現象界的種種如幻。所以說：不能認爲人們執著現象界的種種幻相，就是絕對的錯誤的，祇能說它也是一種相似性的幻罷了。」佛說：「執著現象界的種種幻相，不能認爲是一種相似性的幻。

因爲身心内外與宇宙間一切現象，都是不實在的，並沒有絕對性的存在。它的幻化生滅，刹那刹不住，快速猶如閃電，所以説都是如幻的。譬如電光吧！刹那之間一現就滅，並非獨對愚癡無智的人，纔有此現象。無論智者與愚者，當他面對此境，身心内外，就同時呈現此光的。祇要在這一切生滅變化的現象中，捨離如幻的妄想，觀察自他内外一切現象，都是無自性的，就可以瞭解一切如幻的道理了，並非是專指執著現象界的色相，而説如幻。」這時，佛就歸納這些道理，作了一首偈語説：

非幻無有譬。説法性如幻。不實速如電。是故説如幻。

（這是説：正覺非幻的境界，是無法可以形容比擬的。卽使現在我們所説的如幻法的法性，它的本身也是如幻的，一切沒有眞實的存在可得。生滅變化如閃電般地一現卽逝，所以説：一切法如幻。）

自性無生的眞諦

大慧又問道：「您曾説一切法自性本自無生，現在又説一切法如幻（既然無生，何以又生幻呢？倘有如幻，就不是無生了）。由此看來，豈非您前後所説，自相矛盾嗎？到底您是說自性無生，就是如幻的呢？」佛回答說：「並不是我前後所說的自相矛盾，爲什麼呢？因爲一切的生滅，衹是現象。現在雖生滅，而自性本不動搖，所以說自性無生。凡夫不知現象界的生滅與自性的無生，都是自心現量的事，所以卻向心外求法，向外尋求有和無，有自性或非自性。其實有無和有性與無性等，也都是自性無生的現象而已。大慧啊！所以說我不是前後自相矛盾的。但是爲了辨正外道學者，認爲萬有是另有一個創造因的理論，所以我說明一切法自性本來無生。因爲他們愚癡無智，認爲有生於無，或有無相生，殊不知這都是根據自己的妄想執著而成立的。我說的無生，並非著有，也不著無，衹是說緣起生滅的自性本來無生，所以纔說無生。

自性的定義

大慧啊！我說的性和自性，乃是爲了辨明生死緣起的，爲了糾正一般認爲死後什麼都沒有，什麼都完了的斷見，爲了指示我的弟子們，確知種種業力能產生生死緣起的生命，所以我纔勉强假定一個性或自性的名辭，以概括產生生死的功能和作用。

如幻的涵義

大慧啊！我爲什麼又說一切法自性如幻呢？那是爲了深怕愚癡凡夫們墮入了妄想惡見，不能體認自性，不知有無都是如幻，都是自心的現量境界。而始終執著生命的緣起，是另有一個主宰，所以我明白指出一切萬有性空，都是如夢似幻地存在。不要執著身心和內外一切現象，是有一個絕對的實體。要認清眞如實相是了不可得的，那就不會有各種謬論了。大慧啊！所謂如實處見一切法，就是一種超自心現量的境界啊！」這時，佛就歸納這些道理，作了一首偈語說：

無生作非性。有性攝生死。觀察如幻等。於相不妄想。

（這是說：自性本來無生，說是自性，也祇是强爲之名，因此不可執著以爲有一實性。說是有一自性，是爲了概括業力生死流轉的功能。如果觀察到一切皆如幻化，便對生死和自性涅槃等，了了常知原是無相的，自然就不會再產生任何妄想了。）

復次大慧。當說名句形身相。善觀名句形身菩薩摩訶薩，隨入義句形身，疾得阿耨多羅三藐三菩提。如是覺已，覺一切衆生。大慧。名身者。謂若依事立名，是名名身。句身者。謂句有義身，自性決定究竟，是名句身。形身者。謂顯示名句，是名形身。又形身者。謂長短高下。又句身者。謂徑迹，如象馬人獸等所行徑迹，得句身名。大慧。名及形者。謂以名說無色四陰，故說名。自相現，故說形。是名名句形身。說名句形身相分齊，應當修學。爾時世尊欲重宣此義，而說偈言。

名身與句身　及形身差別　凡夫愚計著　如象溺深泥

復次大慧。未來世智者。以離一異俱不俱見相，我所通義，問無智者。彼即答言，此非正問。謂色等，常無常，為異不異。如是涅槃諸行，相所相，求那所求那，造所造，見所見，塵及微塵，修與修者。如是比展轉相。如是等問，而言佛說無記止論。非彼癡人之所能知。謂聞慧不具故。如來應供等正覺，令彼離恐怖句故，說言無記，不為記說。又止外道見論故，而不為說。大慧。外道作如是說，謂命即是身。如是等無記論。大慧。彼諸外道愚癡，於因作無記論，非我所說。大慧。我所說者。離攝所攝，妄想不生。云何止彼。大慧。若攝所攝計著者，不知自心現量，故止彼。大慧。如來應供等正覺，以四種記論，爲衆生說法。大慧。止記論者。我時時說。爲根未熟，不爲熟者。復次大慧。一切法，離所作因緣不生。無作者故，一切法不生。大慧。何故一切性，離自性。以自覺觀時。自共性相不可得，故說一切法不生。何故一切法不可持來，不可持去。以自共相，欲持來無所來，欲持去無所去。是故一切法離持來去。大慧。何故一切諸法不滅。謂性自性相無故。一切法不可得，故一切法不滅。大慧。何故一切法無常。謂相起無常性。是故說一切法無常。大慧。何故一切法常。謂相起無生性，無常常，故說一切法常。爾時世尊欲重宣此義，而說偈言。

記論有四種　一向反詰問　分別及止論　以制諸外道

有反非有生　僧佉毗舍師　一切悉無記　彼如是顯示

正覺所分別　自性不可得　以離於言說　故說離自性

名辭章句的文字理則

佛又說：「其次，我應當爲你們解説名辭和章句的理則，你們學習大乘菩薩道的人，也可以從文字義理上，去證得無上正覺的道理，既可以此自覺，又可以此開悟一切衆生。大慧啊！所謂名身，就有確立名辭本身的定義，它是因事而定名。換言之：每個名辭都有它本身的涵義。所謂句身，就是每一文句當中，它所表達的義理，須有肯定或否定的絕對性作用。所謂形身，就是每篇文章，是包括了字的定義和句的意義，以表達整個思想的。例如長短、高下，它就是把名和句所表示的整個形像完全表達出來。再說：所謂句身，猶如道路的徑跡。例如象、馬、人、獸等所走過的形迹，可以由此迹象尋求到它目標。這就是句身的要義。所謂名及形呢？有的名辭衹是屬於抽象的觀念，但是又可以由此抽象觀念來瞭解事實。例如說：命題和涵義，它本身就是無形色可得的。至於所謂無色，乃是從感受、思想、行動、精識的作用上，來瞭解它是無色的。爲了表達無色的涵義，就有文句結構的需要。這就是名辭和名句形身等文字理則的作用，關於這些差別的涵義，你們應當修學，既可以由此研究義理，也可以表達義理。」

這時，佛就歸納這些道理，作了一首偈語說：

名身與句身。及形身差別。凡夫愚計著。如象溺深泥。

（這是說：凡夫們往往執著文字名相，以爲這就是究竟，所以不能解脫。猶如大象陷於泥坑裡，愈陷愈深，無法自拔，是多麼地可憐啊！）

佛爲什麼祇說出世法

佛又說：「大慧啊！未來世間的智者們，他們捨離自性的究竟實際，祇尋問一（如一元）、異（非一元，如二元、多元等本體論）、俱（同體或共有的形而上論等）、不俱（非同體，或非共有）、見相（知識的眞實性，如認識論等）、我所（人我所作的眞實性，即爲人生的價値，或人生的行爲論等）。他們都以這些通義，來考問無智的人們。而無智的愚夫們，可能會答覆他們說：這些都不是佛法中的正問。如果他們再問關於佛所謂的色等（物理的實際），它是否恆常不變？或變化無常？它是否爲同體？或不同體？甚至問：涅槃自性中一切活動的現象？以及所起這些現象的狀況？物理的能和物理變化的情狀？能爲造物主宰的是誰？造化的根源是什麼？能見和所見的作用？微塵和塵質的根本？能修行的是誰？所修行的是什麼事？這些等等問題，彼此都可以互相引證，可以相互發明的。可是無智的愚夫們，可能會說：我佛向來對這些問題，是把它歸屬於沒有窮盡的無記止論，所謂『置答』而不說明。這樣的回答，其實等於謗我，決非癡人們所能知的了。我有時對於這一類問題，爲什麼『置答』（即不答）呢？因爲對某一般人們，沒有聽聞理解的慧力，爲了使他們遠離深奧難知的恐怖心理，所以說這些乃沒有窮盡的無記論（相同於戲論），又爲了阻止外道的邪見理論，所以可以『置答』不說。大慧啊！這些外道學者們，認爲人身就是生命的根源，形體化去，生命也就隨著化去了，這就屬於無記論的範圍。因爲他們愚癡無智，不知道生命最初的因，所以走入了無記論的範圍，這當然也不是我所要說的了。我所說的，是要離能生和所生的現象，以及遠離妄想分別心的能所。我哪裡要用『置答』來阻止他們的理論呢？大慧啊！如果執著另有一個能生和所生的現象，始終不肯放下，他若不知道能生都是自心（眞如）的現量，我就會阻止他，或者置而不答了。佛以四種記論（見下偈中）爲衆生說法，

『置答』是阻止無記論的一種方法。我經常對你們說：這是用在善根還未成熟的人，假以時日，等到他們善根成熟後，纔爲他們說法，所以有時纔會『置答』。

宇宙萬法無主宰非自然的道理

其次，大慧啊！宇宙萬有的一切法，是因緣所生的，離了因緣以外，就根本無生。因爲沒有一個作爲主宰的造物者的存在，所以從形而上的本體自性而言，我說一切法本自無生。因爲一切法的自性，本自沒有體相可得。如用自智自覺，觀察諸法的自性體相，畢竟性空而不可得，所以一切法本自無生。爲什麼呢？一切法既不可以把捉而來，也不可以把捉得去。衹因爲自他妄念，想要將它把捉而來，但它卻無所從來；想要將它把捉而去，但它卻無所從去，所以說一切無可把捉，離了來去。可是爲什麼我又說諸法本自不滅的呢？因爲形而上的自性，本來就沒有實相可得，所以說：雖然有現象的滅，但形而上卻空無自性，本自不滅。但爲什麼又說：一切法無常呢？因爲緣起的現象，本來沒有經常存在的可能性，所以說它是無常的。然而爲什麼又說一切法是常的呢？因爲現象緣生，形而上的本體，畢竟性空無生，一切現象緣起緣滅是無常的，而自性本空卻是恆常的，所以說一切法性空是常的。」這時，佛就歸納這些道理，作了一篇偈語說：

記論有四種。一向反詰問。分別及止論。以制諸外道。

（這是說：佛法的論理，有四種方法。那就是直答、反問、分別和置答等四種。佛是用這四種方法，以制服一切外道們的邪說。）

有及非有生。僧伽毘舍師（註見下文解中）。**一切悉無記。彼如是顯示。**

（這是說：數論（註卅一）學派與勝論（註卅二）學派等，他們大抵都是說：有生於無，無能生有。這些義理都是無記論，都不是眞理。）

正覺所分別。自性不可得。以離於言說。故說離自性。

（這是說：佛是大智正覺者，於無分別中分別宇宙萬有，一切法的自性，都没有實體可得，也不是言語思想可以形容的，所以說是無自性。）

附論（十六）

（凡是善於說法者，必須能建而又能破。此是因明和邏輯（Logic）的共通原則。破是辯駁不同於我的謬論，破其邪見執著。建是使他在眞理之前低首，歸依於吾所建立的宗旨。而最善於能破和能建的說法者，可謂人間天上，莫過於佛。佛具一切智，窮萬法源。明宇宙萬有的空無自性，無言語可說，離思議之表。卻又須以此事明白告訴衆生，必須要在不可說中，用各種方法說出其中的道理，使人們在可思議裡，達到不可思議的超脫境界。所以在這裡說了一切法如幻，破一般論理思辨的執著以後，跟著又說出名句形身的要義，和表明吾佛說法的方法。如果人們對此了然於胸，就可以知道佛說一大藏教的組織方法，同時也可以了然後世諸善知識接引後進的妙用了。卽使不是學佛的人們，懂了這個道理，對於思辨義理文字的寫作和講說，也應該有很大的進益。）

（註卅一）數論：迦毘羅仙所造之論，又名金七十論，立二十五諦，論生死涅槃。以數爲量諸法之根本，故以立名。從數而起之論，故名數論。

（註卅二）勝論：嘔露迦仙所始稱，分析宇宙萬有爲空間的唯物的多元論也。別爲六種，謂之六句義。實爲本體，德爲屬性，業爲作用，同爲共通性，異、和合爲物間之固有性。

爾時大慧菩薩摩訶薩復白佛言。世尊。惟願爲說諸須陀洹，須陀洹趣，差別通相。若菩薩摩訶薩，善解須陀洹趣差別通相，及斯陀含，阿那含，阿羅漢，方便相。分別知已。如是如是，爲衆生說法。謂二無我相，及二障淨，度諸地相。究竟通達，得諸如來不思議究竟境界。如衆色摩尼。善能饒益一切衆生。以一切法境界無盡身財，攝養一切。佛告大慧。諦聽諦聽。善思念之。今爲汝說。大慧白佛言。善哉世尊。唯然聽受。佛告大慧。有三種須陀洹，須陀洹果差別。云何爲三。謂下中上。下者極七有生。中者三五有生而般涅槃。上者卽彼生而般涅槃。此三種有三結，下中上。云何三結。謂身見，疑，戒取。是三結差別。上上昇進，得阿羅漢。大慧。身見有二種。謂俱生。及妄想。如緣起妄想。自性妄想。譬如依緣起自性，種種妄想自性計著生。以彼非有非無，非有無，無實妄想相故。愚夫妄想，種種妄想自性相計著。如熱時燄，鹿渴水想。是須陀洹妄想身見。彼以人無我，攝受無性，斷除久遠無知計著。大慧。俱生者。須陀洹身見，自他身等，四陰無色相故。色生造及所造故。展轉相因相故。大種及色不集故。須陀洹觀有無品不現，身見則斷。如是身見斷，貪則不生。是名身見相。大慧。疑相者。謂得法善見相故。及先二種身見妄想斷故。疑法不生。不於餘處起大師見。爲淨不淨。是名疑相。須陀洹斷大慧戒取者云何。須陀洹不取戒。謂善見受生處苦相故，是故不取。大慧。取者謂愚夫決定受習苦行，爲衆具樂，故求受生。彼則不取。除回向自覺勝。離妄想，無漏法相行方便，受持戒支。是名須陀洹，取戒相斷。須陀洹斷三結，貪癡不生。若須陀洹作是念。此諸結我不成就者，應有二過。墮身見，及諸結不斷。大慧白佛言。世尊。世尊說衆多貪欲，彼何者貪斷。佛告大慧。愛樂女人。纏綿貪著種種方便，身口惡業。受現在樂，種未來苦。彼則不生。所以者何。得三昧正受樂故。是故彼斷。非趣涅槃貪斷。大慧。云何斯陀含相。謂頓照色相妄想。生相見相不生。善見禪趣相故。頓來此世。盡苦際，得涅槃。是故名斯陀含。大慧。云何阿那含。謂過去未來現在色相，性非性。生見過患使，妄想不生故。及結斷故。名阿那含。大慧。阿羅漢者。謂諸禪三昧解脫力明。煩惱苦妄想非性故。名阿羅漢。大慧白佛言。世尊。世尊說三種阿羅漢，此說何等阿羅漢。世尊。爲得寂靜一乘道。爲菩薩摩訶薩方便示現阿羅漢。爲佛化化。佛告大慧。得寂靜一乘道聲聞，非餘。餘者行菩薩行，及佛化化。巧方便本願故，於大衆中示現受生，爲莊嚴佛眷屬故。大慧。於妄想處種種說法，謂得果得禪。禪者入禪，悉遠離故。示現得自心現量，得果相，說名得果。復次大慧。欲超禪無量無色界者，當離自心現量相。大慧。受想正受，超自心現量者，不然。何以故。有心量故。爾時世尊欲重宣此義，而說偈言。

諸禪四無量　無色三摩提　一切受想滅　心量彼無有
須陀槃那果　往來及不還　及與阿羅漢　斯等心惑亂
禪者禪及緣　斷知見眞諦　此則妄想量　若覺得解脫

四種羅漢的果位境界

這時，大慧大士又問說：「惟願佛再爲我們解說羅漢的四個果位的境界，如果我們都能瞭解四種羅漢果位的方法，和其中不同的境界，我們纔能爲後世衆生說二種無我相——人無我和法無我，使他們去了煩惱障和所知障，一直進入如來的不可思議的境界。」佛回答說：「有三種須陀洹的境界和他的不同果位。初果須陀洹有哪三境界呢？就是下、中、上三種。下品須陀洹還須經七次返生人間。中品須陀洹還須三次返生人間，乃至五次返生人間，纔能進入有餘依涅槃（殘餘的習氣未能淨斷，定住在空忍的境界，卽以爲是究竟寂滅的果位，所以名爲有餘依涅槃）。至於上品須陀洹，就是不須投返人間，就能進入涅槃。在這三種果位的人，還有三結，所以不得解脫。哪三種結呢？就是身見、疑見、戒取見三結。如果能加以修持上進，就可以得到阿羅漢果。

身見

大慧啊！所謂身見，是有兩種不同。㈠是與生命俱來，和生命根本同在的，名爲俱生。㈡是妄想所生。什麽是妄想所生呢？例如對緣起所生的現象界，分別它們的緣起自性，卻執著自性是的確有一空性的存在。不過認爲這個自性的境界，既不是有，也不是無，也不是非有和非無。其實這正是一種妄想所形成的觀念。可是無智愚夫，衹認爲分別妄想是空，不知執空還是妄想，卻反而執著空爲自性。這仍然如熱時的渴鹿，誤認曠野裡的陽燄光影，把它當作清淨的涼水一樣。這就是須陀洹們以空性爲身見，他們衹證得人空，乃認人無我就是無自性的境界，他們斷除煩惱，久住空境，就在此處安身立命了。什麽是須陀洹的俱生身見呢？他們觀察自己和人們的四陰作用——受（感觸）想（思想）行（本能活動）識（精神作用）——都是没有色相形狀可得，都是物理生理所造，互相輾轉發生作用，彼此互爲因果。四大種——地（固體）水（液體）火（熱能）風（氣體）——以及光色等，都不是固定性的。他們由此觀察，既不執有，也不著無，斷除凡夫堅認此身是我的身見之惑。因此再也不生貪欲之念，就此以斷惑爲證眞之果，那就是須陀洹的身見相，卽所謂去妄求眞之流。

疑　見

大慧啊！所謂疑相是什麼呢？那就是對上述的兩種身見妄想已經解除，但又自以爲這種心得就是得法的善見相。卽認爲諸法斷滅，都是不生的，所以對其餘更有超過這種境界的上乘法，就起懷疑，認爲大乘大士們雖說的清淨法，恐怕是未淨其意的，這就名爲須陀洹的斷見疑相。

戒取見

大慧啊！所謂須陀洹的戒取見，是說須陀洹們不肯守取善業的戒行，輕視它爲邀得生天的福報。他們瞭解有生卽有苦，因修善而得生天的福報，福報盡了，仍然會墮落的，仍然没有脱離苦因，所以他們既然不爲惡造孽，也不守取戒行以求福。所謂取的意義，是説人們現世修習苦行，而爲了求取他世或換得來生福報，或死後往生天堂的樂報，這是愚癡凡夫們的希望，所以須陀洹們在所不取。他們除了返心歸向於自覺的殊勝境界，遠離妄想，及斷除煩惱的無漏法的清淨禁戒以外，其餘都不執取，這就名爲須陀洹的戒取見。雖然須陀洹們已經斷了貪、嗔、癡的三結，再不生起這種心理，可是他們如果有了我已斷除三結的自負，就等於没有成就的凡夫。祇要一有此意，便會有兩種過錯，㊀是墮在身見，如上面所説的。㊁是其餘諸結不斷。所以眞正已經成就須陀洹果位的人，是没有這種自負的心理的。」大慧又問：「您説一切衆生們，本來就有很多的貪欲，須陀洹們是斷了哪種貪欲呢？」佛説：「他們是斷了男女之間纏綿的情、愛、欲，乃至從情、愛、欲所出發的種種身、口、行爲：如打情駡俏，擁吻眄視等等。因爲這些行爲，雖然得到目前暫時的享受，但會博得未來無窮的苦果，所以他們已經遠離不生了。但這如何能够做得到呢？他們在禪定的境界中，已經得到三昧正受之樂，就是身心内發的妙樂，所以他們能够斷除男女欲樂之心，而貪著趣入涅槃境界的妙樂。大慧啊！怎樣是斯陀含的境界呢？他們是對境無心，目前有色相，心中無分別，總是在禪定的樂趣境界當中。所以他們盡此一生的苦報，命終卽進入有餘依的涅槃境界，這就名爲斯陀含。大慧啊！什麼是阿那含的境界呢？他們是已經斷除過去、未來、現在的三世時間的束縛，沒有內外有無之心。也沒有因我見而產生的偏差，所謂絕對不生妄想，究竟斷除三結，這就名爲阿那含，他們能住入涅槃，不再生人間而證得不還果。大慧啊！什麼是阿羅漢的境界？他們已經具有世間和出世間的各種禪定三昧境界，得到解脫的能力和神而明之的通力，不再生起煩惱苦果等妄想習性，這就名爲阿羅漢。」大慧又問：「您平常不是說有三種阿羅漢嗎？這裡所指的是哪一種的阿羅漢呢？是得寂滅清淨的一乘道果呢？或者大乘境界的菩薩們，爲了方便顯示，故意以阿羅漢的姿態出現呢？或是佛以化身顯示的呢？」佛回答說：「這是指得到寂滅清淨的一乘道的聲聞衆中的阿羅漢，並非其餘的那兩種。其餘兩種，都是由於慈悲的願力，視時代和環境的需要，故意顯示阿羅漢的姿態，來作佛法衆中的眷屬，藉以相得益彰，以此莊嚴佛衆。大慧啊！所謂得果，也無非是對凡夫衆生們說，因爲他們根本不能遠離妄想心的希望，雖然學出世法，但總是要求取得一種地位，所以纔說他得果和得禪。如果是眞正的禪者們證入禪的正受三昧，就根本無所謂有這些得果得禪的觀念存在，衹是藉此表示而說已證得自心的現量果罷了。大慧啊！如果要超過各種禪定的無量境界，超越欲界、色界、無色界的三界外者，還應當捨離自己的心量境界。若是還有少許感受和細微妄想的存在，認爲自己是超過心量的境界者，那就根本不對，爲什麼呢？因爲還在心量的範圍啊！」

這時，佛就歸納這些道理，作了一首偈語說：

諸禪四無量。無色三摩提。一切受想滅。心量彼無有。

（這是說：所有各種禪定，都超不出四無量的境界〔又名四等，四梵行，十二門禪中之四禪也。一、慈無量心。二、悲無量心。三、喜無量心。四、捨無量心。此四心依四禪定而修之，則得生色界之梵天，故云梵行。〕就是空無邊處定、色無邊處定、識無邊處定、非想非非想處定。禪定最高的境界，是無所有處定，也叫做滅盡定。但是無色定還是不出無色界的範圍。總之：四無量的禪定境界，不外欲界、色界、無色界的領域，雖然，沒有粗的觸覺和妄想，但依然還存有細的感受和妄想。這些仍然跳不出自心的現量境界，如果能超越自心的現量，就一無所得，而解脫三界了。）

須陀槃那果。往來及不還。及與阿羅漢。斯等心惑亂。

（這是說：初果須陀洹，二果一往來，三果是不還，四果阿羅漢等。如果認爲是有法可得，有果可證，執著果位和自己所得的禪境界而不知捨離，都是自心惑亂的證見，以大乘佛法看來，不過是比較高明一點的愚癡凡夫罷了。）

禪者禪及緣。斷知見眞諦。此則妄想量。若覺得解脫。

（這是說：眞正的禪者，在禪定境界中，既無所謂能禪定的心，也無所謂得禪定的境。既斷除了能知和所知的見，便沒有眞和妄的分別執著，依此而證得正覺的自性，自然就得到解脫了。）

復次大慧。有二種覺。謂觀察覺。及妄想相攝受計著建立覺。大慧。觀察覺者。謂若覺性自性相，選擇離四句不可得。是名觀察覺。大慧。彼四句者。謂離一異，俱不俱，有無非有非無，常無常。是名四句。大慧。此四句離，是名一切法。大慧。此四句觀察一切法應當修學。大慧。云何妄想相攝受計著建立覺。謂妄想相攝受計著。堅濕煖動不實妄想相，四大種。宗因相譬喻計著，不實建立而建立。是名妄想相攝受計著建立覺。是名二種覺相。若菩薩摩訶薩成就此二覺相，人法無我相究竟。善知方便無所有覺，觀察行地，得初地，入百三昧。得差

別三昧。見百佛及百菩薩。知前後際各百劫事。光照百刹土。知上上地相，大願殊勝神力自在。法雲灌頂。當得如來自覺地。善繫心十無盡句，成熟衆生。種種變化，光明莊嚴。得自覺聖樂三昧正受。

復次大慧。菩薩摩訶薩，當善四大造色。云何菩薩善四大造色。大慧。菩薩摩訶薩，作是覺彼眞諦者，四大不生。於彼四大不生，作如是觀察。觀察已。覺名相妄想分齊，自心現分齊，外性非性。是名心現妄想分齊。謂三界觀彼四大造色性離。四句通淨。離我我所。如實相自相分段住。無生自相成。大慧。彼四大種，云何生造色。謂津潤妄想大種，生內外水界。堪能妄想大種，生內外火界。飄動妄想大種，生內外風界。斷截色妄想大種，生內外地界。色及虛空俱。計著邪諦。五陰集聚，四大造色生。大慧。識者，因樂種種迹境界故，餘趣相續。大慧。地等四大，及造色等，有四大緣。非彼四大緣。所以者何。謂性形相處所作方便無性，大種不生。大慧。性形相，處所作方便和合生，非無形。是故四大造色相。外道妄想，非我。復次大慧。當說諸陰自性相。云何諸陰自性相。謂五陰。云何五。謂色受想行識。彼四陰非色。謂受想行識。大慧。色者，四大及造色，各各異相。大慧。非無色。有四數如虛空。譬如虛空，過數相，離於數。而妄想言一虛空。大慧。如是陰，過數相，離於數。離性非性，離四句。數相者，愚夫言說。非聖賢也。大慧。聖者如幻。種種色像，離異不異施設。又如夢影士夫身，離異不異故。大慧。聖智趣，同陰妄想現。是名諸陰自性相，汝當除滅。滅已，說寂靜法。斷一切佛剎，諸外道見。大慧。說寂靜時，法無我見淨，及入不動地。入不動地已。無量三昧自在，及得意生身。得如幻三昧。通達究竟力明自在。救攝饒益一切衆生。猶如大地，載育衆生。菩薩摩訶薩，普濟衆生，亦復如是。

復次大慧。諸外道有四種涅槃。云何爲四。謂性自性，非性涅槃。種種相性，非性涅槃。自相自性，非性覺涅槃。諸陰自共相，相續流注斷涅槃。是名諸外道四種涅槃。非我所說法。大慧。我所說者，妄想識滅，名爲涅槃。大慧白佛言。世尊不建立八識耶。佛言建立。大慧白佛言。若建立者，云何離意識，非七識。佛告大慧。彼因及彼攀緣故，七識不生。意識者，境界分段計著生。習氣長養，藏識意俱。我我所計著，思維因緣生。不壞身相，藏識因攀緣，自心現境界，計著心聚生。展轉相因。譬如海浪，自心現境界風吹，若生若滅，亦如是。是故意識滅七識亦滅。爾時世尊欲重宣此義，而說偈言。

我不涅槃性　所作及與相　妄想爾燄識　此滅我涅槃

彼因彼攀緣　意趣等成身　與因者是心　爲識之所依

如水大流盡　波浪則不起　如是意識滅　種種識不生

兩種智覺的境界

佛又說：「還有兩種覺相：㊀是觀察覺，㊁是妄想相攝受計著建立覺。所謂觀察覺是人們返照自己的知覺和感覺的自性，以體認妄心的現狀，畢竟是離了互相對立的『四句』，了無自性可得，這就名爲觀察覺（就是凡夫智慧境界的相似覺，並非正覺的境界）。所謂四句：就是一（一體）異（不一體）、俱（共同存在）不俱（不共同存在）、有（有實在的）無（没有實在的）、非有（好像是没有）非無（好像不是没有）以及常（永恆的存在）無常（没有永恆的存在），這些就是互相對立的四句。大慧啊！離這四句，就是離一切法的綱要，所謂離四句，絕百非。也就要以離此四句爲觀察一切法而得智慧的體相，所以你們應當修學（這就是觀察法無我）。大慧啊！所謂妄想相攝受計著建立覺：就是人們都在妄想境界中接受它的本能感覺，所以一般人們對於堅（地）濕（水）煖（火）動（風）等的生理本能狀態，執著不捨，而誤認此虛妄假合的四大活動，是眞實的存在。而且還根據因明的——宗、因、喻三支論理方法，於虛妄不實中强認爲是眞實性的。智者就在此中覺知它都是虛妄不實的妄想境界，這就名爲妄想相攝受計著建立覺（這就是觀察人無我）。大慧啊！大乘菩薩們就在此中成就二種覺相，了知人無我和法無我。由此得究竟善知方便無所有覺，又名爲得入無相智的善巧觀察。

菩薩境界

從此入於菩薩的初地（歡喜地）境界，『入百三昧。得差別三昧。見百佛及百菩薩。自知前後際各百劫事。光照百刹土。知上上地相。大願殊勝神力自在。法雲灌頂。當得如來自覺地。善繫心十無盡句（註卅三）。成熟衆生。種種變化。光明莊嚴。得自覺聖樂三昧正受。』」

形而上的心物同體觀

「大慧啊！大乘菩薩們，還應當瞭解四大所造成的色塵（物理）作用。他們應當覺知，形而上眞如自性的實際，本來没有四大種的生元，因此四大種也本自無生。若能眞觀察到四大無生的實際，纔知道宇宙萬有一切現象，都不過是名、相和妄想分別的境界，所以纔感覺它的存在，無非都是自心現量的差別境象而已。其實，外界物理的性能，根本也是無自性的，這就名爲心現妄想分齊（等差平等）。就是説觀察三界中，所造的色塵體性自相，也本來是離四句，絶百非，究竟無一物可得，畢竟是通體清淨的。它也各自離物性的自我和物我所屬的作用，住在自性體相的如實法中，根本就没有物理類别的分段自相可得。因爲萬物一體，所謂『是法住法位』，都住在諸法本自無生的自性體相之中。

色塵物理形成世界的眞諦

「大慧啊！那麼，怎樣會產生四大種，造成三界一切色塵現狀呢？因爲一切衆生，自無始以來，妄想自性功能，具有如津液般潤濕的大種，所以就產生內外界水的成分。妄想自性功能又具有熱能的大種，所以就產生內外界火的成分。妄想自性功能又具有飄動的大種，所以就產生內外界風的成分。妄想自性功能，又具有堅定的大種，所以就產生內外界地的成分。妄想自性功能，同時又具有色相和虛空的現象，所以就產生內外各種不眞實的思慮。因此和合而有五陰——色、受、想、行、識的聚集，和四大——地、水、火、風的和合，造成世間色塵的各種狀況。大慧啊！所謂唯識的識，乃是由內外界種種境象，依他而起作用，由此偏計所執，樂於執著種種境界迹像，再由此貪著之心，又構成爲一種力量——業力，使它相續流注而及於無窮盡的未來。大慧啊！地等四大種以及造成色塵等狀況，依形器世界來說，當然是由四大種的因緣和合而生。依形而上本體自性來說，能生四大種的，卻不是四大種本身的因緣和合。爲什麼呢？因爲能形成色塵物質現狀的性能，雖是偶然地、暫時地形成了各種方便，如果推窮物理性能，其所以能形成的元素，本來就沒有它的自性。形而上本體的自性，雖然能生四大種的功能，生生還自無生，所以說一切萬法各無自性。它形成了萬象的各種形相，衹是自性功能所生的一種方便現象，靠因緣和合而生。但既藉因緣和合而生，就並非沒有形相。所以說：外道的學者們，衹認爲四大種，或認爲某一大種便是造成萬有色塵形相的基本原因，實在是不明究竟的眞諦。他們之所以如此都是由於分別妄想所生的謬論，而和我的說法不同。

身心的五陰原理

「大慧啊！其次，我應當爲你說明諸陰的自性相，什麼是諸陰的自性相呢？那就是指人們身心的五陰，也就是色、受、想、行、識等五種。除了色陰以外，那四陰並非是色。所謂色陰，是四大種所造成的色塵現象，各有各的不同境界。至於其餘不屬於色塵的四陰，並非僅限於四數，譬如虛空，是超數字的，它是不能以數字來範圍的。虛空的自性，是離於有無之表，也是離四句，絕百非的。如果一定執著數字來説，那是無智愚夫們的説法，並非是見道聖賢的境界。大慧啊！眞正見道的聖者，處在色塵世界之中，自身和外物的境界，會親證到都像幻夢似的存在。説它是空，並非斷滅的空無。説它是有，又並非眞實的存在。聖者由大智而得解脱，證到五陰都是根據妄想所顯現的幻境，這就名爲見到諸陰的自性體相。所以你應當消除名和數等的分別妄想，眞能證得寂滅的自性，再爲一切衆生們談究竟寂靜之法，以斷除其餘外道的見解。大慧啊！説到究竟寂靜法之時，是要做到法無我的清靜境界，其中也没有我見到畢竟清淨的理念存在。由此纔能進入菩薩的第八不動地。到達此地以後，可以得無量三昧自在之力，得意生身，以及如幻三昧和究竟通達自在之力。從此普渡一切衆生，猶如大地載育萬物，利益衆生，大乘菩薩的境界，就是如此。」

外道學派四種涅槃的辨別

「復次，大慧啊！其他外道學者們，大體説來，有四種涅槃的境界。㈠性自性非性涅槃（對境無心，内在獨守清靜，以此爲涅槃的境界）。㈡種種相性非性涅槃。(認爲各種現象的自性，都無存在，以此爲涅槃的境界，就是所謂斷見)。㊂自相自性非性覺涅槃(對於自己身心各種色相和內在的自性，都認爲根本無性，祇有一靈不滅的，就是涅槃境界)。㊃諸陰自他共相相續流注不斷涅槃(認爲我和人們的五陰，本來就有生生不已的功能存在，以生生不已就是涅槃的境界)。這就是外道們四種不同的涅槃境界，都不是我所說的涅槃。大慧啊！我所說的涅槃，是妄想識滅，纔名爲涅槃。」

八識的互相關係和心王的能所因緣

大慧又問：「那麼，也就無所謂有八種識的作用和關係了？」佛回答說：「當然有八種識的作用和關係。」大慧問：「既然有八種識的作用和關係，爲什麼您祇說涅槃是離意識妄想，而不說離其餘七種識呢？」佛說：「既然離了意識分別攀緣的妄想作用，其所以引起其餘七種識作用的因就沒有了，七種識又從何而生呢？所謂意識，是由五識——眼、耳、鼻、舌、身——分別對境，因依他而起偏計所執的關係，纔產生意識的作用。意識既已形成了，再受種種境界的熏習，增長如來藏識的種子，便名爲第八阿賴耶。藏識又同時受意識的增長熏習，和意識所生我和我所執的思維因緣等等，分別妄想也就同時執著以此身相爲我。所謂如來藏阿賴耶識，是因爲攀緣自心顯現的各種境界，總匯妄心執著的現狀所生。意識聯帶其他七種識，都是互相輾轉，互爲因果的。譬如海浪，所有的波是水，所有的水是波。如來藏識和意識妄想等，也是如此。因自心現量領受境界之風的吹盪，心波藏海就迭相生滅，便互爲因果。所以說：意識滅了，其餘七種識也同時滅了。」這時，佛就歸納這些道理，作了一首偈語說：

我不涅槃性。所作及與相。妄想爾燄識。此滅我涅槃。

（這是說：佛法所證的涅槃，並不是有一個涅槃寂滅的境界可得。此中既無能作與所作的出入作用，也沒有涅槃之相可得，祇要滅除如燄影一般的妄想，現前就是涅槃了。）

彼因彼攀緣。意趣等成身。與因者是心。爲識之所依。

（這是說：妄想意識等的生起，是因爲依他而起，是由於徧計所執的互相攀緣而形成的。心念便是心王的變相作用，諸識都是心王之所生，所以也名識爲心所。）

如水大流盡。波浪則不起。如是意識滅。種種識不生。

（這是說：意識妄想，永不停滅，心海洪流，波浪洶湧，興起了流注相續的現象。但祇要意識妄想滅了，其餘諸識，也就跟著而滅，不再產生作用了。）

（註卅三）十無盡句：初歡喜地菩薩，發廣大之願，以十無盡而成就。若此十句有盡，則我願亦盡；此十句無盡，故我願亦無盡，名爲十無盡。一、衆生界無盡。二、世間無盡。三、虛空界無盡。四、法界無盡。五、涅槃界無盡。六、佛出現界無盡。七、如來智界無盡。八、心所緣無盡。九、佛智所入境界無盡。十、世間轉法轉智轉無盡。

復次大慧。今當說妄想自性分別通相。若妄想自性分別通相，善分別。汝及餘菩薩摩訶薩，離妄想。到自覺聖。外道通趣善見。覺攝所攝妄想斷。緣起種種相，妄想自性行，不復妄想。大慧。云何妄想自性分別通相。謂言說妄想。所說事妄想。相妄想。利妄想。自性妄想。因妄想。見妄想。成妄想。生妄想。不生妄想。相續妄想。縛不縛妄想。是名妄想自性分別通相。大慧。云何言說妄想。謂種種妙音歌詠之聲，美樂計著。是名言說妄想。大慧。云何所說事妄想。謂有所説事自性，聖智所知。依彼而生言説妄想。是名所説事妄想。大慧。云何相妄想。謂卽彼所説事，如鹿渴想，種種計著而計著。謂堅溼煖動相，一切性妄想。是名相妄想。大慧。云何利妄想。謂樂種種金銀珍寶。是名利妄想。大慧。云何自性妄想。謂自性持此如是。不異惡見妄想。是名自性妄想。大慧。云何因妄想。謂若因若緣，有無分別，因相生。是名因妄想。大慧。云何見妄想。謂有無一異，俱不俱惡見，外道妄想計著妄想。是名見妄想。大慧。云何成妄想。謂我我所想，成決定論。是名成妄想。大慧。云何生妄想。謂緣有無性生計著。是名生妄想。大慧。云何不生妄想。謂一切性，本無生無種，因緣生無因身。是名不生妄想。大慧。云何相續妄想。謂彼俱相續，如金縷。是名相續妄想。大慧。云何縛不縛妄想。謂縛不縛因緣計著。如士夫方便，若縛若解。是名縛不縛妄想。於此妄想自性分別通相。一切愚夫，計著有無。大慧。計著緣起。而計著者，種種妄想計著自性。如幻示現種種之身。凡夫妄想，見種種異幻。大慧。幻與種種，非異非不異。若異者，幻非種種因。若不異者，幻與種種無差別，而見差別。是故非異非不異。是故大慧。汝及餘菩薩摩訶薩，如幻緣起妄想自性，異不異有無，莫計著。爾時世尊欲重宣此義，而説偈言。

心縛於境界　覺想智隨轉　無所有及勝　平等智慧生
妄想自性有　於緣起則無　妄想或攝受　緣起非妄想
種種支分生　如幻則不成　彼相有種種　妄想則不成
彼相則是過　皆從心縛生　妄想無所知　於緣起妄想
此諸妄想性　卽是彼緣起　妄想有種種　於緣起妄想
世諦第一義　第三無因生　妄想説世諦　斷則聖境界
譬如修行事　於一種種現　於彼無種種　妄想相如是
譬如種種翳　妄想衆色現　翳無色非色　緣起不覺然
譬如鍊眞金　遠離諸垢穢　虛空無雲翳　妄想淨亦然
無有妄想性　及有彼緣起　建立及誹謗　悉由妄想壞
妄想若無性　而有緣起性　無性而有性　有性無性生
依因於妄想　而得彼緣起　相名常相隨　而生諸妄想
究竟不成就　則度諸妄想　然後智清淨　是名第一義
妄想有十二　緣起有六種　自覺知爾燄　彼無有差別
五法爲眞實　自性有三種　修行分別此　不越於如如

衆相及緣起　彼名起妄想　彼諸妄想相　從彼緣起生
覺慧善觀察　無緣無妄想　成已無有性　云何妄想覺
彼妄想自性　建立二自性　妄想種種現　清淨聖境界
妄想如畫色　緣起計妄想　若異妄想者　則依外道論
妄想說所想　因見和合生　離二妄想者　如是則爲成

一般思想心理的原則分類及其眞義

佛又說：「現在應說分別妄想的自性和它的共通現象，如果大乘菩薩們善於瞭解這些道理，便可以捨離妄想，達到自覺的聖境。而且可以斷除依他起的種種不同性質的妄想現象，瞭解外道學者們妄想的共通心理，同時也可由此斷除能含藏和所含藏的妄想作用，使妄想不再生起。大慧啊！什麼是妄想自性和它的分別現象，以及共通現象呢？那是指：㈠言語妄想。㈡所說事妄想。㈢相妄想。㈣利妄想。㈤自性妄想。㈥因妄想。㈦見妄想。㈧成妄想。㈨生妄想。㈩不生妄想。⑪相續妄想。⑫縛不縛妄想。這些就名爲妄想自性的分別現象和共通現象。

大慧啊！㈠什麼是言語妄想呢？就是說：對於各種美妙的聲音、歌詠和優美的音樂等等，發生貪愛不捨的心理，就叫作言語妄想。㈡什麼是所說事妄想呢？就是說：所說的事物，都有一種自性，祇有修行得道的聖人纔能知道它的眞義，這都是依他而起的言說妄想，就叫作所說事妄想。㈢什麼是相妄想呢？那就是說：對於別人所說的事物，和自己內在的意識思維，由想像而生執著，如執著於堅、濕、煖、動等的性質，就叫作相妄想。㈣什麼是利妄想呢？就是說：貪求種種金銀珍寶，就叫作利妄想。㈤什麼是自性妄想呢？就是說：把主觀成見的自性理解，認爲是絕對不易的眞理，這和妄想惡見無異，就叫作自性妄想。㈥什麼是因妄想呢？就是說：對於事理的一切因緣，雖窮其原因的有無，但祇執著現象界的因，而不探究因所由出的究竟，就叫作因妄想。㈦什麼是見妄想呢？就是說：推理有和無、同和異等、形而上或世界中的事物，各自形成主觀理論，落於外道學者的執著妄想，就叫作見妄想。㈧什麼是成妄想呢？就是說：認爲我和我所得的思想，是絕對性的眞理，就叫作成妄想。㈨什麼是生妄想呢？就是說：對於外緣的有無等性能，依他而發生執著的觀念，就叫作生妄想。㈩什麼是不生妄想呢？就是說：認爲萬有的性能根本就沒有生，所以一切都是沒有種子，都是因緣所生，就叫作不生妄想。㈡什麼是相續妄想呢？就是說：這些妄想的作用，都是連接不斷，由彼而生此，由此而生彼，猶如錦繡的互相連鎖交織一樣，就叫作相續妄想。㈢什麼是縛不縛妄想呢？就是說：自認爲被執著妄想煩惱等因緣所縛，自己又覺得已經解脱這些束縛了，猶如人們自打繩結，又自作解脱，就叫作縛不縛妄想。大慧啊！一般人對依他起的妄想，偏生執著，認爲這些妄想都有它的各別自性。它和此身一樣，明明都是自己幻化的，可是人們卻認爲妄想自身，卻與幻化不同。其實，世間種種事物，和幻化非同非異的。如果是不同的，那幻化便不是種種事物的成因了。如果是同的，那幻化和現前的種種事物，便無差別了。可是，在萬有現象之中，幻化和種種事物，形式上卻是有差別的。所以我說，幻化和種種事物，是非同非異的。因此，你和一般學大乘道的菩薩們，對於幻化般依他而緣起的妄想自性，切勿執著它是有是無。總之，這些關於妄想自性的分別和共通關係的現象，便是一般愚癡凡夫們，都在夢幻似地自相纏繞，執著它的有無而形成的。」這時，佛就歸納這些道理，作了一篇偈語說：

心縛於境界。覺想智隨轉。無所有及勝。平等智慧生。

（這是說：人心被內外的境界所縛，感受和知覺等的妄想，就隨著外境而轉。如果住在無妄想的最難勝的寂滅境界中，就會生起一切平等性的智慧了。）

妄想自性有。於緣起則無。妄想或攝受。緣起非妄想。

（這是說：在妄想的本身而言，當它在分別思維的時候，是有它各別不同的特性存在。如果再仔細觀察，將發現妄想的作用，都是緣起而生。因緣生法，從緣而起，從緣而滅，根本上是沒有實在可以把捉的。所以要知道妄想的本身，和妄想所涵蓋的各種現象和作用，都是依他而起，是緣起無生的，妄想的本身根本就是不實無根的。）

種種支分生。如幻則不成。彼相有種種。妄想則不成。

（這是說：妄想所生起的現象，是有種種分支差別的。它的現象雖有千差萬別，但都是如夢幻似的，祇是偶然、暫時的顯現，根本就是不實在的。）

彼相則是過。皆從心縛生。妄想無所知。於緣起妄想。

（這是說：依他而起，對境而生的各種妄想，它的本身就是一種錯覺，也就是心被外境所縛的一種變態的現象。妄想的本身是無知的，祇不過面對諸緣，就會倏爾生起妄想。）

此諸妄想性。卽是彼緣起。妄想有種種。於緣起妄想。

（這是說：何以說妄想本身是無知的呢？因爲這些妄想本身的性質，都是依他而起，對境而生，都是緣起而無自性的。雖然有種種不同的妄想，但都是依內外諸緣倏爾生起的。祇從妄想去瞭解內外諸緣，妄想卻不能自見其妄想。）

世諦第一義。第三無因生。妄想說世諦。斷則聖境界。

（這是說：佛所說的法，祇有世諦（世間萬有的事理）和第一義諦（形而上的本體）。除此以外，假使還有第三諦的話，那根本就是空洞的名辭和理論，是無因而生的。妄想是屬於世諦的現象，並非第一義諦。如果能斷除妄想，那就是聖人的境界了。）

譬如修行事。於一種種現。於彼無種種。妄想相如是。

譬如種種翳。妄想衆色現。翳無色非色。緣起不覺然。

譬如鍊眞金。遠離諸垢穢。虛空無雲翳。妄想淨亦然。

（這裡所說的譬喩，是針對上面所說妄想緣起等等的結論。第一個譬喩，是以一般修持觀想的人們來說：他們祇從一心想像各種事物，就有各種事物的顯現。其實，那些事物，根本就不是眞的，都不過是妄想所生起的現象而已。第二個譬喻，是以一般眼有翳病的情形來說：因爲人們有了翳病，眼裡就現出各種色相。這些色相，既不是有，也不是沒有，都不過是因爲有了翳病纔發生的。人們面對內外境界，所生起的色相感覺，也都是心病的變像，依他緣起所生，根本沒有眞實的自性，但對此幻覺，人們卻不自知不自覺而已。第三個譬喻，是以鍊金的情形來說：人們的清淨自性，比之如金，堅固而有光輝，當它深埋在塵垢之中，就如金子埋在泥沙夾雜的礦藏裡一樣，必須要經過一番鍛鍊洗刷，纔恢復到純金原有的光輝和堅實。所以當人們的妄想淨盡後，此心就如虛空，更無一些雲翳的遮障了。）

無有妄想性。及有彼緣起。建立及誹謗。悉由妄想壞。

（這是說：妄想本身的自性，既不是有，也不是無，都是依他緣起所生。所以一般說心的自性爲有爲無，各自建立種種理論，互相誹謗，都不過是由於各人自己的妄想執著而已。）

妄想若無性。而有緣起性。無性而有性。有性無性生。

（這是說：如果認爲妄想是無自性的，祇是依他緣起而生，纔有妄想的性質，那也就等於是說無性的卻能生有性的作用，有是從無而生的了。）

依因於妄想。而得彼緣起。相名常相隨。而生諸妄想。

（這是說：妄想本身便是因，因爲妄想是依他而起的，所以纔說它是緣起，也就是說它是緣起性空的。當它有了現象的時候，便有了名辭，名辭和現象，是互相關聯而起作用的。但名和相是由妄想所生，而妄想又生起各種的名和相。因此所謂有和無，也是一種緣起的妄想而已。）

究竟不成就。則度諸妄想。然後智清淨。是名第一義。

（這是說：所以推尋妄想的究竟，說它是有，當然是錯的。說它是無，也是不對。有無都不著，然後纔能得到清淨智，清淨智便是言語道斷，心行處滅，不可思議的第一義諦。）

妄想有十二。緣起有六種。自覺知爾燄。彼無有差別。

（這是說：妄想大約可分爲十二種，已經在前面說過了。而依他緣起所生的妄想，卻是由於六塵的作用。如果覺知那都是自己心上的燄影浮塵，又從哪裡去把捉它的有無差別呢？）

五法爲眞實。自性有三種。修行分別此。不越於如如。

（這是說：由名、相、分別、正智、如如的五法，就可以瞭解妄想等等的眞實和不眞實了。至於說到妄想的自性，它有三種：那就是依他起、偏計所執、圓成實。依他起和偏計所執兩種，就是妄想緣起的成因。離此兩種作用，便是妄想滅了的圓成實相。所以修行的人，能够善於分別此中道理，就可使妄想息滅，住於眞如的如如之境，便『隨心所欲而不踰矩』了。）

衆相及緣起。彼名起妄想。彼諸妄想相。從彼緣起生。

（這是說：一切內外的色相和緣起的各種現象，無非都是由於人們的妄想而生。所謂妄想和色相等各種現象，又都是從緣起而生。此中道理，是彼此互爲因緣，互爲因果的。）

覺慧善觀察。無緣無妄想。成已無有性。云何妄想覺。

（這是說：由自覺的智慧去精細地觀察，既無所謂緣起，也無所謂妄想。在眞如自性的第一義諦中，『成性存存』，好像如有它的性能。其實，緣起和妄想，都是無自性的，此中哪裡還有妄想、感受和知覺的存在呢？）

彼妄想自性。建立二自性。妄想種種現。清淨聖境界。

（這是說：妄想自性是有是無的理論，無非都是人們妄想的推測而已。人們一有了妄想，如有種種的境界發現。如果在妄想滅了的清淨自性的聖境中，哪裡會有這些事呢？）

妄想如畫色。緣起計妄想。若異妄想者。則依外道論。

（這是說：妄想的生起，就同在清淨的自性上塗了塵垢似的，猶如顏色塗在素紙上就變成了圖畫一樣。紙上塗滿了色相，猶如心上積滿了塵影，人們卻在其中，由依他而起，偏計所執的緣起，更加執著妄想了。如果認爲其中是另有一個精神思想的主宰者，那就等於外道學者的見解和理論了。）

妄想說所想。因見和合生。離二妄想者。如是則爲成。

（這是說：上面說了這許多妄想的道理，而這些所說的，仍然是一種妄想。妄想說妄想，都是因爲分析人們的妄見，以所見和妄想和合而生，纔有這些理論。總之：如果能夠遠離有和無的妄想二見，纔是眞實的圓成實性。）

大慧菩薩摩訶薩復白佛言。世尊。惟願爲說自覺聖智相，及一乘。若自覺聖智相，及一乘。我及餘菩薩，善自覺聖智相，及一乘。不由於他，通達佛法。佛告大慧。諦聽諦聽。善思念之。當爲汝說。大慧白佛言。唯然受教。佛告大慧。前聖所知。轉相傳授。妄想無性。菩薩摩訶薩，獨一靜處。自覺觀察。不由於他，

離見妄想。上上昇進，入如來地。是名自覺聖智相。大慧。云何一乘相。謂得一乘道覺，我說一乘。云何得一乘道覺。謂攝所攝妄想。如實處不生妄想。是名一乘覺。大慧。一乘覺者。非餘外道聲聞緣覺，梵天王等之所能得。唯除如來以是故，說名一乘。大慧白佛言。世尊。何故說三乘，而不說一乘。佛告大慧。不自般涅槃法，故不說一切聲聞緣覺一乘。以一切聲聞緣覺，如來調伏，授寂靜方便而得解脫，非自己力。是故不說一乘。復次大慧。煩惱障業習氣不斷。故不說一切聲聞緣覺一乘。不覺法無我。不離分段死，故說三乘。大慧。彼諸一切起煩惱過習氣斷，及覺法無我。彼一切起煩惱過習氣斷，三昧樂味著非性。無漏界覺。覺已，復入出世間。上上無漏界滿足衆具。當得如來不思議自在法身。爾時世尊欲重宣此義，而說偈言。

諸天及梵乘　聲聞緣覺乘　諸佛如來乘　我說此諸乘
乃至有心轉　諸乘非究竟　若彼心滅盡　無乘及乘者
無有乘建立　我說爲一乘　引導衆生故　分別說諸乘
解脫有三種　及與法無我　煩惱智慧等　解脫則遠離
譬如海浮木　常隨波浪轉　聲聞愚亦然　相風所漂盪

彼起煩惱滅　餘習煩惱愚　味著三昧樂　安住無漏界
無有究竟趣　亦復不退還　得諸三昧身　乃至劫不覺
譬如昏醉人　酒消然後覺　彼覺法亦然　得佛無上身

如何是佛法的眞義和一乘道的道理

大慧大士又問：「如何是自覺聖智相的境界？如何是一乘佛法的道理？」佛說：「古佛與先聖證知的性和相的道理，歷來遞相傳授的，無非是指示妄想無自性的眞諦。在孤獨靜處的時候『獨一靜處』，自覺觀察，證知此事，並不是從他人處得來的。離一切妄想之見以後，再加以昇華，便進入如來的果地，這就名爲自覺聖智相。什麼是佛法一乘的道理呢？就是說：揚棄能攝受，和所攝受的一切妄想，而住在一念不生的眞如實際裡，這樣就名爲一乘覺。大慧啊！一乘覺的境界，決非其餘外道學者，聲聞、緣覺、梵天主——天人等之所能得。祇有如來，纔能瞭解，所以名爲一乘。」大慧又問：「那麼，爲什麼佛又說大小三乘的道理，卻不說一乘呢？」佛回答說：「因爲聲聞、緣覺們不能證知所謂本來自在涅槃，是並無另一涅槃境界可以出入的，所以不說他們是在一乘中。他們的涅槃境界，是如來爲了調伏他們的煩惱妄想，所以教授他們求得寂靜的一種方便，使他們得到暫時的解脫，並非依仗自力而證得眞際的究竟涅槃，所以不說他們是在一乘中。又因爲他們的煩惱障和業力習氣不能根本斷除，所以不說他們是在一乘中。因爲他們不能證知法無我，祇能離於分段生死，當然還不能瞭解變易生死，所以纔爲他們說三乘的道理。

眞正的佛法不是偏重在出世的

「大慧啊！如果他們能斷除一切所起的煩惱和錯誤的習氣，便能證得法無我。便能瞭解寂靜的三昧境界，並非是自性的究竟，從而悟入無漏（註卅四）的境界，再不躭著禪味，而覺知自性本來元是無漏。於是，再轉入世，於入世中超出世間，具足上上無漏的境界，出世入世，了然無礙，就當得如來的不可思議的自在法身了。」這時，佛就歸納這些道理，作了一篇偈語說：

諸天及梵乘。聲聞緣覺乘。諸佛如來乘。我說此諸乘。

乃至有心轉。諸乘非究竟。若彼心滅盡。無乘及乘者。
無有乘建立。我說爲一乘。引導衆生故。分別說諸乘。

（這是說：佛法由人本位、最初發心進修，由人乘、天乘、聲聞乘、緣覺乘、大乘而到如來地，這些也便是佛所說的進德修業，次第漸進的一大階梯。其中除如來地外，仍然都是有心地的轉業相。而且徹底來說：諸乘都不是究竟的眞諦。如果一切的妄想心滅盡，無所謂有幾乘乃至某一乘的境界，所以佛說究竟祇有一乘，爲了開示引導衆生的關係，纔說出其餘各乘。）

解脫有三種。及與法無我。煩惱智慧等。解脫則遠離。

（這是說：解脫煩惱的方法和途徑，約有三種，所謂：性淨解脫〔證得自性本來清淨〕、圓淨解脫〔證得自性清淨圓滿〕、方便淨解脫〔了知一切方便法門，是本來清淨〕，更進而證得法無我，那就沒有煩惱和智慧的差別存在，所謂煩惱卽是菩提正覺了。這樣纔是大解脫，纔能遠離煩惱和智慧的對待偏執，而得到究竟的解脫了。）

譬如海浮木。常隨波浪轉。聲聞愚亦然。相風所飄盪。

（這是說：聲聞、緣覺二乘人們所得的解脫境界和果位，好比一根浮木，飄盪在無邊無際的大海之中，雖然自身可以不致沉没，但是身外的風浪波濤，依然未息，自己就以此爲究竟的解脱，仍然還是無智的愚夫。）

彼起煩惱滅。餘習煩惱愚。味著三昧樂。安住無漏界。無有究竟趣。亦復不退還。得諸三昧身。乃至劫不覺。

（這是説：二乘的人們，雖然滅了煩惱，但還不能斷除餘習，祇是以此換彼，暫時不生而已。他們貪著三昧境界的寂樂之味，不肯放棄。他們住在無漏的境界中，並非是最究竟的成就。他們也可以在各種寂樂的三昧境界中，安身立命，再不退轉。甚之，住在定中，可以經過無數世劫，即使劫火洞燃，也無所覺。）

譬如昏醉人。酒消然後覺。彼覺法亦然。得佛無上身。

（這是説：他們這種情形，是自己躭於三昧寂樂之中，貪著境界之味。猶如貪飲醇酒而至於沈醉的人們，昏昏然、不知不覺。等到三昧的酒力消失，翻然憬悟，纔轉而證得如來境界，方知本來清淨，由來成佛已久矣。）

（註卅四）無漏：漏者煩惱之異名，漏泄之義。貪嗔等之煩惱，日夜由眼耳等六根門漏泄流注而不止，謂之漏。又漏爲漏落之義，煩惱能令人漏落於三惡道謂之漏。因之謂有煩惱之法云有漏，離煩惱之法云無漏。

楞伽大義今釋卷第三

一切佛語心品之三

爾時世尊告大慧菩薩摩訶薩言。意生身分別通相。我今當說。諦聽諦聽。善思念之。大慧白佛言。善哉世尊。唯然受教。佛告大慧。有三種意生身。云何爲三。所謂三昧樂正受意生身。覺法自性性意生身。種類俱生無行作意生身。修行者了知，初地上上增進相，得三種身。大慧。云何三昧樂正受意生身。謂第三第四第五地，三昧樂正受故，種種自心寂靜，安住心海。起浪識相不生。知自心現境界，性非性。是名三昧樂正受意生身。大慧。云何覺法自性性意生身。謂第八地觀察覺了，如幻等法悉無所有，身心轉變。得如幻三昧，及餘三昧門。無量相力自在明，如妙華莊嚴迅疾如意。猶如幻夢水月鏡像，非造非所造。如造所造，一切色種種支分，具足莊嚴。隨入一切佛剎大衆，通達自性法故。是名覺法自性性意生身。大慧。云何種類俱生無行作意生身。所謂覺一切佛法，緣自得樂相。是名種類俱生無行作意生身。大慧。於彼三種身相，觀察覺了，應當修學。爾時世尊欲重宣此義，而說偈言。

非我乘大乘　非說亦非字　非諦非解脱　非無有境界

然乘摩訶衍　三摩提自在　種種意生身　自在華莊嚴

意生身的分類和原理

這時，佛告大慧大士說：「關於意生身的分類和共同的原理，我現在爲你解説吧！大慧啊！有三種意生身。㈠三昧樂正受意生身。㈡覺法自性性意生身。㈢種類俱生無行作意生身。凡是修行者已經證得初地菩薩之位，了知初地境界，再加上上增進，便可得到三種意生身。什麼是三昧樂正受意生身呢？就是說：達到菩薩道的第三發光地、第四燄慧地、第五難勝地的境界中而得到三昧樂正受。這時，自心寂靜，安住在心性之海中，各種妄想的識浪不生。了知一切内外的境界，都不過是自心的現識作用，没有個別存在的自性，這就名爲三昧樂正受意生身。什麼是覺法自性性意生身呢？就是説：到了第八不動地的境界，觀察覺知一切內外諸法，都是如夢似幻地存在，畢竟一無所有。由此身心轉變，徹底變化了氣質，得到如幻似的三昧境界，和其餘各種三昧；那時，就可以有自發無量的色相能力，和自在神通的運用之明了，猶如絕妙蓮華一樣的莊嚴美妙。可是這種境界的情形，也是如幻似夢，如水月鏡華，說它是眞有的嗎？它卻是沒有實質；說它是沒有的嗎？它卻是眞能出現，並且還具有一切的色相和美妙的肢體，能夠進入一切世界，任何佛土，和各處佛國的人一樣。這都是由於通達了自性法爾的原因，從自性本來具足的功能所產生，這就名爲覺法自性性意生身。什麼是種類俱生無行作意生身呢？就是說：已經證覺一切佛法，得到自性實際的法樂了，這就名爲種類俱生無行作意生身。大慧啊！所以對於這三種意生身的情形，必須觀察覺知，應當加以修學。」這時，佛就歸納這些道理，作了一首偈語說：

非我乘大乘。非說亦非字。非諦非解脫。非無有境界。

（這是說：佛所說的大乘道，並非是眞有一個什麼乘可以度人，它不是言語文字所能表達的。說它是眞諦，卻無體可得，說似一物便不中。說它是解脫，卻本來無縛，又解脫個什麼？那麼，就說它是個無相，沒有境界的吧！事實上，它又不是絕對没有體相的，也不是没有境界的。）

然乘摩訶衍。三摩提自在。種種意生身。自在華莊嚴。

（這是說：必須由修大乘道的法門，得到三昧自在的境界，自然而然會發生種種意生身的作用，猶如蓮花出於污泥而自在不染塵垢，而且具有無比的聖潔和莊嚴。）

爾時大慧菩薩摩訶薩白佛言。世尊。如世尊說，若男子女人，行五無間業，不入無擇地獄。世尊。云何男子女人行五無間業，不入無擇地獄。佛告大慧。諦聽諦聽。善思念之。當爲汝說。大慧白佛言。善哉世尊。唯然受教。佛告大慧。云何五無間業。所謂殺父母，及害羅漢。破壞衆僧。惡心出佛身血。大慧云何衆生母。謂愛更受生，貪喜俱。如緣母立。無明爲父。生入處聚落。斷二根本。名害父母。彼諸使不現。如鼠毒發。諸法究竟斷彼名害羅漢。云何破僧。謂異相諸陰和合積聚。究竟斷彼。名爲破僧。大慧。不覺外自共相，自心現量，七識身。以三解脫無漏惡想究竟斷彼七種識佛。名爲惡心出佛身血。若男子女人行此無間事者，名五無間。亦名無間等。復次大慧。有外無間今當演說。汝及餘菩薩摩訶薩聞是義已，於未來世，不墮愚癡。云何五無間。謂先所說無間。若行此者。於三解脫，一一不得無間等法。除此已。餘化神力，現無間等。謂聲聞化神力。菩薩化神力。如來化神力。爲餘作無間罪者，除疑悔過。爲勸發故。神力變化現無間等。無有一向作無間事，不得無間等。除覺自心現量，離身財妄想，離我我所攝受。或時遇善知識，解脫餘趣相續妄想。爾時世尊欲重宣此義，而說偈言。

貪愛名爲母　無明則爲父　覺境識爲佛　諸使爲羅漢
陰集名爲僧　無間次第斷　謂是五無間　不入無擇獄

五種無間重罪的反辭巧譬

這時，大慧大士又問：「您說有人犯了某種的五無間業（無可逃避的罪行），但卻不至入於無擇地獄（不受時空的限制而永遠沉淪的痛苦），這究竟是什麼道理呢？」佛回答說：「怎樣叫作五無間業呢？㈠殺父。㈡殺母。㈢殺害得道的阿羅漢。㈣破壞和合修持的清淨僧衆。㈤惡心蓄意出佛身血。這就叫五無間業，是無可逃避的罪行，沒有時空的限度，會永墮泥犂（地獄）的。何以又說犯了五無間業，卻不受地獄的苦報呢？大慧啊！你要知道，㈠什麼纔是衆生們最親的母性呢？那就是說：由內在的愛心引發情欲和貪著喜愛的感覺，這纔是與生命同時俱來，爲養育衆生最親的母性源泉。㈡那內在的一念無明，便是衆生父性的根本。所以斷了這兩種根本的，就名爲害父和母。㈢那些一切心理狀態所支使的沉迷妄想等等，猶如傳染病一樣地可怕。」如果能夠把它完全斷除，就名爲殺害羅漢（因爲羅漢的境界，他的心中，雖然不再生起妄想的作用，但是潛在能受外界感染的習氣種子，還是沒有絕對的轉變、斷除得了）。㈣畢竟斷了身心五陰——色、受、想、行、識的互爲因果所累積的業力活動，就名爲破壞和合僧衆。㈤在凡夫心境中所不覺的內外各種境界和現象，它所發生的七種識的作用，其實都是自心的現量境界所變現的。如果能夠用三解脫門（性淨解脫、圓淨解脫、方便淨解脫）而畢竟得到解脫，以此斷除七種識的作用，轉第八如來藏識（阿賴耶）而變爲大圓鏡智，就名爲惡心蓄意出佛身血。倘使有人能夠做到這樣的五無間業，雖然名之爲犯五無間罪，其實卻是證得眞如自性平等的無間善業。大慧啊！此外還有一種外在無間罪業，現在再爲你解說，使你們學大乘道的人們，知道了其中的妙用，將來再不會被外境所迷惑，被愚癡所蒙蔽，因此而發生懷疑。那是什麽呢？就是說：如前面所講的五種無間罪行，有人眞實犯了殺父、母，害阿羅漢，破壞清淨僧衆和害佛身出血等罪，他們又不能覺知修三解脫門以得解脫。因此，爲了要救度罪惡中的衆生們，如來和菩薩，或已得聲聞、緣覺的阿羅漢們，就以自在神力化身來做他們的同伴或同事，而示現做出五種罪行，然後示現果報，教他們必須徹底地懺悔，使他們知道解脫這種由罪行所得痛苦的方法。除了由衷地懺悔，是無法得究竟解脫的。他們以身作則，證明這些情形，都是自心現識境界所發生的。除了覺悟自心現量，捨離絕對自私的我身和妄想執著，以及滅除那些基於我身所發出的物欲要求等等的妄想；從此眞能做到無我和無我執的一切外緣等等，纔能得到畢竟的解脫。不然，要想解脫這些五無間的罪行，除非有了機會，遇見眞正的善知識，纔可能脫離妄想相續的無間苦報。」

這時，佛就歸納這些道理，作了一首偈語說：

貪愛名爲母。無明則爲父。覺境識爲佛。諸使爲羅漢。

陰集名爲僧。無間次第斷。謂是五無間。不入無擇獄。

（這是說：貪愛的欲念和無明的活動，比做長養衆生的父母。能够分別內外一切的境界，都是心識之所生，倘能證得純覺無識，便比做佛的境界。破貪欲等心念所生的八十八結使（註卅五），比做羅漢的境界。斷身心五陰等苦惱的積集，比做清淨的僧衆。如果有人能够依次地斷除了這五種無間之業，當然就不會墮入無間地獄了。）

（註卅五）八十八結使：八十八者，於一切煩惱中貪、嗔、癡、慢、疑、身見、邊見、邪見、見取見、禁戒取見之十惑，名爲本惑，餘悉名隨惑，此十惑就所迷之諦理而差別爲八十八結使也。結與使皆煩惱之異名，繫縛心身，結成苦果，故云結。隨逐衆生又驅使衆生，故云使。苦集滅道之四諦爲所迷之眞理，迷其眞理而起，於欲界爲三十二，於色界爲二十八，於無色界爲二十八，通三界而爲八十八也。欲界之三十二者，先迷於苦諦之理而起十惑，次迷於集諦之理而起七惑，前十惑中除身邊戒之三見。集諦者業因也，無以業因而迷執我體者，故無身見，無身見故無邊見，戒禁取見。次迷於滅諦之理而起七惑，如集諦下。次迷於道諦之理而起，有八惑，於前之七惑加戒禁取之一，已上總爲欲界之三十二惑。然色界與無色界各有二十八者，於四諦下之惑各除嗔之一故也。上二界爲定地，故不起嗔恚之麤動煩惱。

爾時大慧菩薩復白佛言。世尊。惟願爲說佛之知覺。世尊。何等是佛之知覺。佛告大慧。覺人法無我，了知二障，離二種死，斷二煩惱，是名佛之知覺。聲聞緣覺得此法者，亦名爲佛。以是因緣故，我說一乘。爾時世尊欲重宣此義，而說偈言。

善知二無我　二障煩惱斷　永離二種死　是名佛知覺

如何是佛境界的知覺

這時，大慧大士又問佛說：「如何纔是佛的知覺境界？」佛回答說：「證覺了人無我和法無我（二無我），斷除了煩惱障和所知障（二障），遠離了分段生死和變易生死（二生死）。斷滅了貪、嗔、癡的根本煩惱和忿、恨、覆等的隨煩惱（二煩惱），這就名爲佛的知覺境界。如果那些修聲聞、緣覺的人們，得到這種境界，他也就是佛了。所以我說佛法祇有一乘之道。」這時，佛就歸納這些道理，作了一首偈語說：

善知二無我。二障煩惱斷。永離二種死，是名佛知覺。

（這個偈語意義，已經如上文所說，不必再加解釋。）

爾時大慧菩薩白佛言。世尊。何故世尊於大衆中唱如是言。我是過去一切佛。及種種受生。我爾時作曼陀轉輪聖王。六牙大象。及鸚鵡鳥。釋提桓因。善眼僊人。如是等百千生經說。佛告大慧。以四等故，如來應供等正覺，於大衆中唱如是言。我爾時作拘留孫，拘那含牟尼，迦葉佛。云何四等。謂字等，語等，法等，身等。是名四等。以四種等故，如來應供等正覺，於大衆中唱如是言。云何字等。若字稱我爲佛。彼字亦稱一切諸佛。彼字自性，無有差別，是名字等。云何語等。謂我六十四種梵音，言語相生。彼諸如來應供等正覺，亦如是六十四種梵音，言語相生。無增無滅，無有差別。迦陵頻伽，梵音聲性。云何身等。謂我與諸佛法身，及色身相好，無有差別。除爲調伏彼彼諸趣差別衆生故，示現種種差別色身。是名身等。云何法等。謂我及彼佛，得三十七菩提分法，略說佛法無障礙智。是名四等。是故如來應供等正覺，於大衆中唱如是言。爾時世尊欲重宣此義，而說偈言。

迦葉拘留孫　拘那含是我　以此四種等　我爲佛子說

佛爲什麼說生前的因果事迹

這時，大慧大士又問說：「爲什麼您在許多經典上，說過去什麼佛等就是您的前生，又說您的前生也作過天帝和人間世的轉輪聖王等，又說您也作過善眼仙人和變過六牙大象及鸚鵡等類衆生，這是什麼道理呢？」佛回答說：「有四個原因，我纔這樣說的。哪四個呢？就是所有的文字意義是平等的，所有的言語意義是平等的，所有的法門意義是平等的，所有的身命意義是平等的，因此我纔這樣說。什麼是文字意義的平等呢？就是說：例如稱得正覺之道的我，爲佛陀，但無論用任何一種文字，來表示這個意義，也都是相同的意義。文字雖有不同的形態，但它表示的意義性質是平等沒有差別的，這就名爲文字意義的平等。什麼是言語意義的平等呢？就是說：例如古印度的梵文，有六十四種不同的音韻，但用它們來說，卻都是表達相同的旨趣，這就名爲言語意義的平等。什麼是身命意義的平等呢？就是說：一切證得正覺者的法身（自性的本來）和色身的相，都是同等的。而且宇宙間生物的形形色色，色身雖有差別，也無非是法身佛（自性的本來），爲了教化衆生而隨類示現（所謂：天地與我同根，萬物與我一體，會萬物於己者，惟聖人能之，便是此意），這就名爲身命意義的平等。什麼是法門意義的平等呢？就是說：我和一切佛所廣說的三十七菩提道品，以及略說的無障礙智，都是相同的，這就名爲法門意義的平等。綜合上面所說的這四種平等意義，所以我纔有這種生前因果事迹的說法。」這時，佛就歸納這些道理作了一首偈語說：

迦葉拘留孫。拘那含（註見前十七）是我。以此四種等。我爲佛子說。

（這個偈語的意義，已經如上文所說，不必再加解釋。）

大慧復白佛言。如世尊所說，我從某夜得最正覺。乃至某夜入般涅槃。於其中間，乃至不說一字。亦不已說當說。不說是佛說。世尊。如來應供等正覺，何因說言，不說是佛說。佛告大慧。我因二法故，作如是說。云何二法。謂緣自得法，及本住法。是名二法。因此二法故，我如是說。云何緣自得法。若彼如來所得，我亦得之。無增無減。緣自得法，究竟境界。離言說妄想。離字二趣。云何本住法。謂古先聖道，如金銀等性。法界常住，若如來出世，若不出世，法界常住。如趣彼城道。譬如士夫行曠野中。見向古城平坦正道。卽隨入城，受如意樂。大慧。於意云何。彼作是道，及城中種種樂耶。答言不也。佛告大慧。我及過去一切諸佛，法界常住，亦復如是。是故說言，我從某夜得最正覺，乃至某夜入般涅槃，於其中間不說一字，亦不已說當說。爾時世尊欲重宣此義，而說偈言。

我某夜成道　至某夜涅槃　於此二中間　我都無所說
緣自得法住　故我作是說　彼佛及與我　悉無有差別

佛證得什麼道和說的什麼法

大慧又問：「如您所說的：於某天的夜裡證得正等正覺。乃至於說：在某夜進入涅槃。可是又說：在這中間，並未說過一字。而且還說：過去已說的，現在正在說的，和將來要說的，都不算是佛說的，這些道理，又是什麼原因呢？」佛說：「我因爲根據兩種法門，纔有這樣的說法，這兩種法門，㈠就是根據自得的內證之法。㈡就是本來常住之法。所以纔有這樣的說法。什麼是自得的內證之法呢？就是說：過去諸如來所證覺的心法，我也同樣證得了。而且過去和現在，乃至未來的證得者，都無遲早增減的分別。因爲如來的心法是不增不減的，這種自得內證的心法境界，是離言語和妄想，也沒有名和相可分別的。什麼是本來常住之法呢？就是說：自古至今的聖道是始終不變的，猶如金銀的性能，無論變成哪樣的器具，它們始終不失金銀的本性（借用現代術語來說：眞理祇有一個，而且是亙古不變的）。如來證得的正等正覺之法，也是常住於法界而不滅（事法界、理法界、理事無礙法界、事事無礙法界，總名爲法界）。無論是有佛出世與無佛在世，此法是本來常住不滅的。譬如某一個城市，它是始終存在某一地區的，假定有一個人，當他躑躅於蒼涼的曠野裡，忽然看見了通向這個古城的一條大道，他就馬上踏上這條正道，走向這個城市，去享受其中種種的安樂。大慧啊！你以爲如來所證覺的大道，也同世間的觀念和世俗的生活一樣，眞有一個法城，具有種種世俗的快樂嗎？」大慧說：「那當然不是這個意思。」佛又說：「我和過去諸佛一樣，證得本來常住的法身，也是這個道理（所謂撒手到家人不識，了無一物獻尊堂）。所以我說：我從某夜得最上正覺，乃至到了某夜進入涅槃，但在這段過程中，不曾說著一字，也沒有過去說的、現在說的和未來說的。」這時，佛就歸納這些道理，作了一首偈語說：

我某夜成道。至某夜涅槃。於此二中間。我都無所說。
緣自得法住。故我作是說。彼佛及與我。悉無有差別。

（這個偈語的意義，已經如上文所說，不再加解釋。）

爾時大慧菩薩復請世尊。惟願爲說一切法有無有相。令我及餘菩薩摩訶薩，離有無有相。疾得阿耨多羅三藐三菩提。佛告大慧。諦聽諦聽。善思念之。當爲汝說。大慧白佛言。善哉世尊。唯然受教。佛告大慧。此世間依有二種。謂依有及無墮性非性。欲見不離離相。大慧。云何世間依有。謂有世間因緣生。非不有從有生。非無有生。大慧。彼如是說者，是說世間無因。大慧。云何世間依無。謂受貪恚癡性已。然後妄想計著貪恚癡，性非性。大慧。若不取有性者，性相寂靜故謂諸如來聲聞緣覺，不取貪恚癡性，爲有爲無。大慧。此中何等爲壞者。大慧白佛言。世尊。若彼取貪恚癡性，後不復取。佛告大慧。善哉善哉。汝如是解。大慧。非但貪恚癡性非性爲壞者，於聲聞緣覺及佛亦是壞者。所以者何。謂內外不可得故。煩惱性異不異故。大慧。貪恚癡，若內若外不可得。貪恚癡性，無身故，無取故，非佛聲聞緣覺是壞者。佛聲聞緣覺自性解脫故。縛與縛因非性故。大慧。若有縛者。應有縛是縛因故。大慧。如是說壞者。是名無有相。大慧。因是故，我說寧取人見如須彌山。不起無所有增上慢空見。大慧。無所有增上慢者，是名爲壞。墮自共相見希望，不知自心現量，見外性，無常剎那展轉壞。陰界入相續，流注變滅。離文字相妄想。是名爲壞者。爾時世尊欲重宣此義，而說偈言。

有無是二邊　乃至心境界　淨除彼境界　平等心寂滅
無取境界性　滅非無所有　有事悉如如　如賢聖境界
無種而有生　生已而復滅　因緣有非有　不住我教法
非外道非佛　非我亦非餘　因緣所集起　云何而得無
誰集因緣有　而復說言無　邪見論生法　妄想計有無
若知無所生　亦復無所滅　觀此悉空寂　有無二俱離

有和無兩種錯誤見地的分析

這時，大慧大士又請問說：「請佛爲我們說明一切法的有和無的眞諦，使我們與未來修大乘菩薩道的人們，能夠離有離無，迅速地證得無上正等正覺。」佛回答說：「在這個世間的人們，都不離兩種根本的思想，就是根據有或無的觀念，來推究形而上和宇宙萬有的本體。其實，他們所說的自性，就根本不是眞理，因爲他們都是爲了想見自性纔去離相，縱使無相，仍然還未離相。大慧啊！什麼叫作世間思想的依於有呢？就是說：他們認爲的確有這個世間的存在，而且世間的一切的事事物物，都從集合各種因緣（因素）而產生的，並非是沒有的啊！這一切的事物，的確是從有而生，也並非無中生有的啊！他們這些觀念，是認爲形成世間的一切，根本另外沒有別的原因，衹是因緣（因素）的存滅，而發生有和無的現象。又，什麼叫作世間思想的依於無呢？就是他們感覺到人們確有貪、嗔、癡的心理作用，但是卻認爲都是心理上的妄想執著所發生的不同形態，根本無所謂有眞實貪、嗔、癡的自性根據。所以衹要不執著眞實有自性的作用，那麼心理上的自性和現狀，就畢竟寂靜無爲了。所以他們認爲所謂如來和聲聞、緣覺等的得道人們，也不過衹是把這些心理上的作用掃除淨盡罷了，使有歸於無而已。大慧啊！你說，這種觀念，其中哪裡是具有徹底破壞性的斷滅見解呢？它的錯誤又在哪裡呢？」大慧回答說：「就在他們先承認有一個貪、嗔、癡等的心理作用，後來又要捨棄它，不執著它，於是又否定它們有自性的根本。」佛說：「善哉！善哉！你能够有此見解。根據這種理論，不但貪、嗔、癡等心理狀態是沒有根本的自性，當然可以打消它。須知卽使打消了它以後，變成爲聲聞、緣覺，甚至佛，也不過是另一心理狀態而已。推而廣之，這些佛的境界，也是可以打消的啊！爲什麼呢？因爲身心內外的一切法，畢竟沒有實體可得的。所謂煩惱與清淨，雖然它們的作用和性質不同，可是同是心理上的性能，根本上又是相同的啊！既然貪、嗔、癡等身心內外狀態是不可得的，那麼這些心理作用，就根本沒有本身的根據了，因爲它是沒有實體可把捉的啊！這樣說來，就是如來和聲聞、緣覺們努力修行的結果，纔能破除了這些心理障礙。其實這些心理狀態，自性就會自然解脫的了。所謂心理束縛和所束縛的原因，根本上就沒有眞實存在的性質。如果是有束縛的，應該就會有所解脫，因爲束縛當然會有原因。大慧啊！這種觀念，就是破壞性的斷滅論據的觀點，這就名爲始終依於無的無相論。大慧啊！所以我說：寧取我相人見如須彌山，不可落空如芥子許。像這種觀念，就是所謂產生無所有的增上慢的空見了。這種見地，完全是徹底破壞性的斷滅論，墮在自他心理現象的見相裡。殊不知道這還是自心的現識境界。他祇見到外界的一切現象性能，是刹那之間，互相輾轉變壞，一切都是無常的。他又祇看到身心內外的五陰——色、受、想、行、識等，都是心理生理的本能相續活動，雖然是不斷的流注，但又隨時的變滅。於是認爲祇要心理上離了文字和分別妄想的現象，就是對了，這就名爲是徹底破壞性的斷滅論。」這時，佛就歸納這些道理，作了一篇偈語說：

有無是二邊。乃至心境界。淨除彼境界。平等心寂滅。

（這是說：無論認爲自性是有或是無，落空或執有，都是落在一邊的境界。而且有之與無，也無非是心的現識境界的一種現象或觀念而已。要淨除這些落在有或無的兩邊境界，纔能得到平等寂滅的心之自性。）

無取境界性。滅非無所有。有事悉如如。如賢聖境界。

（這是說：祇要不執著於任何境界，如明鏡當空而照見萬象，於萬有景象過卽不留，自然會體證得本來寂滅的自性。但所謂寂滅，卻不是說什麼都沒有。如果這樣，祇是一種斷滅空——卽頑空而已。須知寂滅無爲是自性天然本色，它本來能起照應事物的妙用。當它照見事物的時候，寂滅無爲的自性，就在照用事物之中。但在不照不用的時候，依然還是它本來的寂滅無爲。所謂當用之時，體在用中。在體之時，用歸於體。這就是如如不動，無來無去，就名爲如來了，也就是大乘菩薩道的聖賢境界。）

無種而有生。生已而復滅。因緣有非有。不住我教法。

（這是說：如果認爲宇宙萬象的有，是從無而生的。所以生起萬象以後，終歸於滅。或者認爲萬物是因緣（因素）和合而生的，所以因緣離散以後，就沒有了萬象。這些理論和觀念，畢竟不是我教法中的道理。）

非外道非佛。非我亦非餘。因緣所集起。云何而得無。

（這是說：我所證覺的法性，其中究竟也無所謂外道，也無所謂佛，無所謂眞我，無所謂非我，也無所謂另有其餘的作用。可是當它生起作用的時候，它的確是由和合因緣積聚而生，怎樣又可以說它是絕對的無呢？）

誰集因緣有。而復說言無。邪見論生法。妄想計有無。

（這是說：一切萬象，都從因緣積聚而生。可是能够和合因緣的那個功能，又是誰呢？如何又說它是絕對的沒有呢？如果是絕對的無，哪裡會生起萬象呢？所以說有說無，和執空執有之徒，都是沒有徹見自性的本來。用這些謬誤的見解，來討論宇宙萬有的體性，都是落於偏差，墮在執著自我主觀的邪見之中。）

若知無所生。亦復無所滅。觀此悉空寂。有無二俱離。

（這是說：如果徹底了知萬有的如來自性，雖能生萬象，而體自無生。萬象雖滅，而體自不滅。觀這一切的有無、來去、生滅等等，畢竟都是空寂的，那自然就會遠離這個有無的兩邊邪執了。）

爾時大慧菩薩復白佛言。世尊。惟願為我及諸菩薩，說宗通相。若善分別宗通相者。我及諸菩薩通達是相。通達是相已。速成阿耨多羅三藐三菩提。不隨覺想，及衆魔外道。佛告大慧。諦聽諦聽。善思念之。當為汝說。大慧白佛言。唯然受教。佛告大慧。一切聲聞緣覺菩薩，有二種通相。謂宗通，及說通。大慧。宗通者。謂緣自得勝進相。遠離言説文字妄想趣無漏界自覺地自相。遠離一切虛妄覺

想。降伏一切外道衆魔。緣自覺趣光明輝發。是名宗通相。云何說通相。謂說九部種種教法。離異不異有無等相。以巧方便隨順衆生，如應說法，令得度脫。是名說通相。大慧。汝及餘菩薩，應當修學。爾時世尊欲重宣此義，而說偈言。

宗及說通相　緣自與教法　善見善分別　不隨諸覺想
非有眞實性　如愚夫妄想　云何起妄想　非性爲解脫
觀察諸有爲　生滅等相續　增長於二見　顚倒無所知
一是爲眞諦　無罪爲涅槃　觀察世妄想　如幻夢芭蕉
雖有貪恚癡　而實無有人　從愛生諸陰　有皆如幻夢

宗通和說通

這時，大慧大士又問：「對於佛法的理論和正覺綱宗的相互關係，請您再爲我們詳作解釋。使我們不致落於衆魔和外道的知見裡去。」佛回答說：「一切聲聞、緣覺、菩薩們，有二種通相，那就是宗通（正覺的綱宗）和說通（說法的理論）。什麼叫作宗通呢？那就是說由於自得內證的殊勝境界，這種境界，不是文字言語妄想所能想像的。由此而進入無漏界，證得自性正覺的自相，遠離一切虛妄的感覺和知覺等的妄想，於是降伏一切外道和衆魔，使自性正覺的光明圓滿無缺，這就名爲宗通之相。什麼叫作說通呢？就是說對於九部（註卅六）種種的教法，都能够融會它的異同和空有的道理，而隨順一切衆生，以各種善巧方便的言語表達出來，使他們受益得度，這就名爲說通之相。大慧啊！你和其他的大乘菩薩們，都應當修學。」這時，佛就歸納這些道理，作了一首偈語說：

宗及說通相。緣自與教法。善見善分別。不隨諸覺想。

（這是說：所謂宗通，是由自覺內證的實相而成就的。所謂說通，是由諸佛的教法而建立的。因爲自覺內證，善見法性的眞諦，依此而善於分別一切法，故能對機設教，說法如雲如雨了。亦如《維摩經》所說：「善能分別一切法，於第一義而不動。」所以能自覺內證而得宗通的菩薩們，他們纔善於弘宗演教，並不是如一般凡夫，祇是從妄想覺受來推論的。）

非有眞實性。如愚夫妄想。云何起妄想。非性爲解脫。

（這是說：自覺內證的宗通之相，並非如愚癡凡夫的妄想所想像，眞有一個自性可見。諸法虛妄，了不可得，凡有所得的，都無自性，但何以反在其中生起妄想，何以要在其中求取一個解脫的境界呢？）

觀察諸有為。生滅等相續。增長於二見。顛倒無所知。

一是為眞諦。無罪為涅槃。觀察世妄想。如幻夢芭蕉。

（這是說：觀察一切有為諸法，都是屬於生滅作用。有生就有滅，好像是相續不斷，其實，它沒有究竟的眞際。所以從有為的生滅法中求得的知見，祇有增長同異或空有的煩惱，徒自增加顛倒而已。所以唯有遠離心意識，纔是達到眞諦的正途。如果眞正遠離了心意識，此中既無罪福，也無損益，二邊顛倒的妄想都不再生，畢竟無為，便是涅槃。然後觀察世間各種妄想，都如夢幻的飄忽，都如芭蕉似的中空，都是虛妄不實的了。）

雖有貪恚癡。而實無有人。從愛生諸陰。有皆如幻夢。

（這是說：在自覺內證的涅槃境界中，看到人們雖然有貪、嗔、癡等的作用，其實也都是幻生幻滅，其中並沒有一個人我的眞實東西存在。身心五陰的一切有為作用，都由於一念愛欲所生，雖偶現暫有，也都祇是夢幻而已。）

（註卅六）九部教法：佛經之內容分類，有九種也。一、修多羅，二、祇夜，三、和伽羅那，四、伽陀，五、優陀那，六、伊帝目多伽，七、闍陀伽，八、毘佛略，

九、阿浮陀達磨。此外尚有其他分法。

爾時大慧菩薩白佛言。世尊。惟願爲說不實妄想相。不實妄想，云何而生。說何等法名不實妄想。於何等法中，不實妄想。佛告大慧。善哉善哉。能問如來如是之義。多所饒益。多所安樂。哀愍世間一切天人。諦聽諦聽。善思念之。當爲汝說。大慧白佛言。善哉世尊。唯然受教。佛告大慧。種種義。種種不實妄想計著，妄想生。大慧。攝所攝計著，不知自心現量，及墮有無見，增長外道見。妄想習氣，計著外種種義。心心數妄想計著，我我所生。大慧白佛言世尊。若種種義，種種不實妄想計著，妄想生。攝所攝計著，不知自心現量，及墮有無見，增長外道見。妄想習氣，計著外種種義，心心數妄想，我我所計著生。世尊。若如是，外種種義相，墮有無相，離性非性，離見相。世尊。第一義亦如是，離量根分譬因相。世尊。何故一處妄想不實義，種種性計著，妄想生。非計著第一義處相，妄想生。將無世尊說邪因論耶。說一生一不生。佛告，大慧。非妄想一生一不生。所以者何。謂有無妄想不生，故外現性非性。覺自心現量妄想不生。大慧。我說餘愚夫，自心種種妄想相故，事業在前。種種妄想性相，計著生。云何愚夫，得離我我所計著見。離作所作因緣過。覺自妄想心量，身心轉變，究竟明解一切地，如來自覺境界。離五法自性事見妄想。以是因緣故，我說妄想從種種不實義計著生。知如實義，得解脫自心種種妄想。爾時世尊欲重宣此義，而說偈言。

諸因及與緣　從此生世間　妄想著四句　不知我所通
世間非有生　亦復非無生　不從有無生　亦非非有無
諸因及與緣　云何愚妄想　非有亦非無　亦復非有無
如是觀世間　心轉得無我　一切性不生　以從緣生故
一切緣所作　所作非自有　事不自生事　有二事過故
無二事過故　非有性可得　觀諸有為法　離攀緣所緣
無心之心量　我說為心量　量者自性處　緣性二俱離
性究竟妙淨　我說名心量　施設世諦我　彼則無實事
諸陰陰施設　無事亦復然　有四種平等　相及因性生
第三無我等　第四修修者　妄想習氣轉　有種種心生
境界於外現　是世俗心量　外現而非有　心見彼種種

建立於身財　我說爲心量　離一切諸見　及離想所想
無得亦無生　我說爲心量　非性非非性　性非性悉離
謂彼心解脫　我說爲心量　如如與空際　涅槃及法界
種種意生身　我說爲心量

心理意識妄想的原因和唯心的辨別

這時，大慧大士又請問：「什麼是虛妄不實的妄想現象？這些不實虛妄的妄想是怎樣生起的呢？爲什麼叫作不實的妄想？在什麼法中纔是不實的妄想？」佛說：「世間種種的道理，和種種不實的妄想，都因爲執著妄想而生的。殊不知能取和所取的作用，都是自心的現識境界。因爲不識自心現識，所以就墮在有或無的二邊妄見之中，由此更增長了偏差的心理，增長了妄想的習氣，執著心外之法，產生種種的理論。心心念念，隨時隨地衍生了無數的妄想，而加深了我執和法執。」大慧又問：「依照這樣說來，世間種種的理論，都墮在有或無的二邊妄見裡，如果捨離了有和無的妄想自性，另外就沒有一個什麼自性可得，也没有什麼可見的了。那麼，所謂第一義，也應當是這個道理。它是離心量和根塵等的範圍，也不是因明理則的譬喻、分析，或歸納所可以達到的。爲什麼卻說祇要執著一處妄想，就有種種不同性質的執著妄想發生呢？那麼，說了一個第一義，人們也就會執著第一義，豈不也是妄想嗎？若是這樣，豈不是佛也等於外道們的邪說一樣，說某一事理是生生不已的，某一事理是不生的嗎？」佛回答說：「並不是說：有一生起的，便叫作妄想，另外一不生的，便是第一義。爲什麼呢？就是說：是有是無的任何妄想都不生，心外無法，離心以外，也不見有性或非性的存在。自覺內證，內外一切法，無非都是自心的現量境界，一切妄想，自然不生。大慧啊！所以我說一切無智凡夫，都是執著妄想，認爲種種妄想，便是自心的現象。面對種種現前的事實，又增長發生種種妄想，更加執著它的性質和現象。那麼這些愚癡凡夫們要如何纔能遠離我執和法執的執著呢？那就是要遠離能作和所作的因和緣等的錯覺，證知一切妄想，無非都是自心的現量境界。由此身心轉變，就能徹底瞭解一切菩薩地和自覺的境界，那就可以捨離了五法——名、相、分別、正智、如如等的事理妄想自性作用。因爲這個原因，所以我說妄想是從種種虛妄不實的執著所生。如果了知自性本是如實無生的義理，就能解脫自心的種種妄想了。」這時，佛就歸納這些道理，作了一篇偈語說：

諸因及與緣。從此生世間。妄想著四句。不知我所通。

（這是說：世間諸法，都由因和緣所生，凡夫妄想，不執著於有，便落於無，乃至非有或非無，而不知道我所開示的通相。）

世間非有生。亦復非無生。不從有無生。亦非非有無。

諸因及與緣。云何愚妄想。非有亦非無。亦復非有無。

（這是說：世間一切法（事物），並非從有所生處而來，也不是根本就沒有生。既不是有無互相發生，也不是非有非無的輾轉相生。總之：世間事物，都從因與緣的和合而生，緣起性空，何以一般凡愚們，卻在此中而產生妄想呢？性空緣起之中，既不是眞實的有，也不是絕對斷滅的無，更不是有和無的輾轉相生。）

如是觀世間。心轉得無我。一切性不生。以從緣生故。

（這是說：由此觀察世間的事物，然後轉變妄心意識，就會證得無我的境界。其實，一切事物的自性，都是雖生而不生，因爲都是因緣所生的關係。）

一切緣所作。所作非自有。事不自生事。有二事過故。

無二事過故。非有性可得。

（這是說：世間一切事物，既然都從因緣和合而生萬法，所以就可知道它並不是自有的。一切事物的本身，因爲是因緣和合而生的，所以一切事物並不能獨自發生。如果事物的自身能生自身，就發生果能生果的謬論；但因爲果不能生果，所以一切事物卻是仗因託緣而生，並無自性可得。）

觀諸有爲法。離攀緣所緣。無心之心量。我說爲心量。

（這是說：觀察世間一切有爲法，能緣和所緣，都根本不可得。因緣所生法，本身是無自性可得，一切都無自性可得，都衹是唯一眞心的現量境界，所以我說萬法唯心，衹是說的這個心啊！）

量者自性處。緣性二俱離。性究竟妙淨。我說名心量。

（這是說：這個眞如的現量境界，也就是萬有自性的根源，它是離一切因緣的作用，亦無自性之量可得。它的體性是究竟淨妙，具足圓成，所以我稱它是萬法一心的眞心啊！）

施設世諦我。彼則無實事。諸陰陰施設。無事亦復然。

（這是說：我隨世間一般習慣，也說這個我字。事實上，這個我，根本不像世間觀念認爲另有一個我的存在。就是身心的五陰，也是虛幻不實的假名而已。）

有四種平等。相及因性生。第三無我等。第四修修者。

（這是說：有四種自性平等之法，就是所謂：相、因、性、生。其中第三種所謂的一切事物之自性，都是本來無我的。第四種所謂生和無生的境界，那是修行者眞實修證的所得。自覺內證以后，方知這四種自性，都是平等而無自性的了。）

妄想習氣轉。有種種心生。境界於外現。是世俗心量。

（這是說：世間無智凡夫，因外境的鼓盪，就依它而起，產生種種的意識妄想和外在的境界，這就是世俗的所謂心量。）

外現而非有。心見彼種種。建立於身財。我說爲心量。

（這是說：因爲有依它而起的意識妄心的作用，纔見到外境種種事物。世間一切凡夫，就在此中執著建立我身和賴以生存的一切物質資糧等等，這就是世俗的心量。）

離一切諸見。及離想所想。無得亦無生。我說爲心量。

（這是說：遠離一切意識妄心的諸見，乃至於遠離能妄想和所起妄想的作用，這個世俗妄心便了無所得，也就自覺內證而無生了。這就是我所說唯心的現量。）

非性非非性。性非性悉離。謂彼心解脫。我說爲心量。

（這是說：但離意識妄想，既無所謂自性之性，也非不是性，所謂性和非性等等意念，都要遠離，纔能得到自心解脫，這就是我說的唯心的現量。）

如如與空際。涅槃及法界。種種意生身。我說爲心量。

（這是說：離意識妄心以後，所謂如如、空、涅槃、法界，乃至意生身等，都是天然本具，本自現成，本自具足的，這就是我說唯心的現量。）

**爾時大慧菩薩白佛言。世尊。如世尊所說，菩薩摩訶薩，當善語義。云何爲菩薩善語義。云何爲語。云何爲義。佛告大慧。諦聽諦聽。善思念之。當爲汝說。大慧白佛言。善哉世尊。唯然受教。佛告大慧。云何爲語。謂言字妄想和合，依咽喉脣舌，齒齗頰輔，因彼我言說，妄想習氣計著生。是名爲語。大慧。云何爲義。謂離一切妄想相，言說相。是名爲義。大慧。菩薩摩訶薩，於如是義。獨一靜處，聞思修慧。緣自覺了，向涅槃城。習氣身轉變已，自覺境界。觀地地中問，勝進義相。是名菩薩摩訶薩善義。復次大慧。善語義菩薩摩訶薩，觀語與義，非異非不異。觀義與語，亦復如是。若語異義者，則不因語辯義。而以語入義，如燈照色。復次大慧。不生不滅。自性涅槃，三乘一乘，心自性等。如緣言説義計著。墮建立，及誹謗見。異建立。異妄想。如幻種種妄想現。譬如種種幻，凡愚衆生作異妄想，非聖賢也。爾時世尊欲重宣此義，而説偈言。

彼言説妄想　建立於諸法　以彼建立故　死墮泥犂中
陰中無有我　陰非即是我　不如彼妄想　亦復非無我
一切悉有性　如凡愚妄想　若如彼所見　一切應見諦
一切法無性　淨穢悉無有　不實如彼見　亦非無所有

言語和語意

這時，大慧大士又問：「如佛所説，大乘菩薩，應當善於語義而説法。什麼叫作語義？怎樣是語？怎樣是義呢？」佛説：「所謂語：就是指聲音單字言語的組合，依咽、喉、脣、舌、齒、齗、頰等而發聲。這種言語的作用，是因爲言說妄想習氣的執著而發生，就總名它爲語。所謂義：就是離妄想的作用和言說的語意，而是另有所指者就總名爲義。大慧啊！大乘菩薩們，得聞如來所指示的語義，獨居靜處，深思冥想，內證它的義理，而得智慧解脫。得到了內證自覺以後，便全心趣向涅槃之域。由此使習氣逐漸轉變了以後，在自覺的境界裡，觀菩薩初地以及上昇入諸地的中間勝義相，是名菩薩善解義相。其次，大慧啊！眞正善於語義的菩薩們，他看語和義，或義與語，雖是兩個東西而所表示的卻是一個義理。如果言語和義理是不同的，那就不能因爲聽到言語便能夠辨別它的意義了。事實上，人們都能從言語而瞭解它的義理。猶如燈能照色，燈雖然不就是色相，可是色相卻也因燈而被照見的啊！再其次，大慧啊！如來雖然說不生不滅、自性涅槃、三乘、一乘、心、自性等等名言，如果人們衹知攀緣執著言說名相和它的語意，而不親自內證語義的究竟，那就等於墮在誹謗佛法的知見裡，就不合於如來建立名言的本意，等於是另一種不同的妄想而已。這也就是凡夫妄想的境界，祇是另外又生出種種佛法的名言妄想罷了。譬如愚癡凡夫們，見到幻影而產生各種幻想，並自以爲實有，這都不是聖賢的境界。」這時，佛就歸納這些道理，作了一首偈語說：

彼言說妄想。建立於諸法。以彼建立故。死墮泥犂中。

（這是說：一般凡夫們，執著世俗的各種言語妄想，而以爲是不易的法則，隨他執著而輪轉生死，接受天堂和地獄的苦樂等果報。）

陰中無有我。陰非卽是我。不如彼妄想。亦復非無我。

（這是說：身心五陰之中，就根本沒有眞我。也就是說：五陰並不是我。可是也不像他們所想像的，根本就沒有我的存在。）

一切悉有性。如凡愚妄想。若如彼所見。一切應見諦。

（這是說：一般的凡夫們，除了認爲根本沒有我的存在以外，有些人卻妄想認爲一切事物，都自有它的性能的，所以認爲人我也有一個自性的存在。如果眞是這樣的話，一切事物和人們，也應該確實見到有一個眞諦的自性了。）

一切法無性。淨穢悉無有。不實如彼見。亦非無所有。

（這是說：一切事物，從本以來，就無所謂另有一個自性的存在，淨和穢，生和滅等等，畢竟都是沒有實在的自性存在。諸法如幻而不實，都如水月鏡花似地顯現，但也不是斷見，認爲它是根本無所有的。）

復次大慧。智識相，今當說。若善分別智識相者。汝及諸菩薩，則能通達智識之相，疾得阿耨多羅三藐三菩提。大慧。彼智有三種。謂世間。出世間。出世間上上。云何世間智。謂一切外道凡夫，計著有無。云何出世間智。謂一切聲聞緣覺，墮自共相，希望計著。云何出世間上上智。謂諸佛菩薩，觀無所有法見不生不滅，離有無品。如來地，人法無我。緣自得生。大慧。彼生滅者是識。不生不滅者是智。復次墮相無相，及墮有無種種相因是識。超有無相是智。復次長養相是識。非長養相是智。復次有三種智。謂知生滅。知自共相。知不生不滅。復次無礙相是智。境界種種礙相是識。復次三事和合生，方便相是識。無事方便自性相是智。復次得相是識。不得相是智。自得聖智境界，不出不入故。如水中月。

爾時世尊欲重宣此義，而說偈言。

採集業爲識　不採集爲智　觀察一切法　通達無所有
逮得自在力　是則名爲慧　縛境界爲心　覺想生爲智
無所有及勝　慧則從是生　心意及與識　遠離思維想
得無思想法　佛子非聲聞　寂靜勝進忍　如來清淨智
生於善勝義　所行悉遠離　我有三種智　聖開發眞實

於彼想思維　悉攝受諸性　二乘不相應　智離諸所有
計著於自性　從諸聲聞生　超度諸心量　如來智清淨

識與智的差別

佛說：「我現在應當說一說智與識的不同情形，你們瞭解智與識的不同現象後，就容易證得無上正等正覺了。大慧啊！智有三種，所謂：世間智、出世間智、出世間上上智。什麼叫做世間智呢？就是一切外道和凡夫們，執著世間一切事理的有或無的知識。什麼叫做出世間智呢？就是一切聲聞、緣覺們，墮在自己或隨眾所希求出離塵世的執著裡。什麼叫做出世間上上智呢？那就是諸佛菩薩們，觀世間和出世間，是幻現暫有的，見到萬法從本以來，就不生不滅，離有離無而入於如來果地。人無我和法無我，都本來是自性如如，不假修證的。大慧啊！那生滅的就是識，不生不滅的就是智。其次，墮在有相可得，或無相可得的，以及墮在有無種種相和因中的便是識，超有無之相的便是智。再其次，增益習氣的便是識，不增益習氣的便是智。復次有三種智，那就是知生滅之智，知自相和共相之智，知不生不滅之智。復次，無罣礙相的便是智，種種境界有罣礙相的便是識。復次，根、塵、識三事和合而生的作用便是識，無事於心，自性無生的便是智。復次，有所得相的便是識，無所得相便是智。智是由於修行自覺內證之法，證入自得聖智境界，不出不入，無所從來，亦無所去，所以譬喻如水中明月的境界。」這時，佛就歸納這些道理，作了一篇偈語說：

採集業爲識。不採集爲智。觀察一切法。通達無所有。

（這是說：凡是吸收採集業力習氣的便是識。反之，不吸收採集業力習氣的便是智。依著無所得的智境界，來觀察一切萬法，徹底通達它的一無所有便是解脫境界。）

逮得自在力。是則名爲慧。縛境界爲心。覺想生爲智。

無所有及勝。慧則從是生。

（這是說：自覺內證智相，住於了無所得之境，漸漸得到自在無礙之力，就名爲智慧之力。凡是爲境界所縛的，便都是妄想心意識，而自覺內證妄想心的便是智。祇要常住了無所有的殊勝境界，由此就可以發生慧力。）

心意及與識。遠離思維想。得無思想法。佛子非聲聞。

寂靜勝進忍。如來清淨智。生於善勝義。所行悉遠離。

（這是說：有相或無相，空和有，出世和入世等等境界，無非都是心意識的思想分別作用。無分別，離一切相，都無所住，纔是眞正的佛法，這是和一般聲聞沉空住寂的法門不同的。由此得到畢竟寂靜的無生法忍，成就如來的清淨智慧，生起善解的勝義，遠離一切煩惱的執著。）

我有三種智。聖開發眞實。於彼想思維。悉攝受諸性。

（這是說：如來具有上述的三種智，由此而得到聖自在的眞果，不僅能够普徧瞭解意識妄想的思維現象，而且也完全瞭解世間和出世間的內外諸法之自性。）

二乘不相應。智離諸所有。計著於自性。從諸聲聞生。

超度諸心量。如來智清淨。

（這是說：聲聞和緣覺二乘聖人們的智慧，是不能瞭解這個道理的。因爲他們沉空住寂，離有入無，還是著相。避有著空，便執著空爲自性，還都是聲聞的教法，沒有眞實的證覺，如果超越二乘的心量，證知萬法唯心所現纔是如來的清淨智慧。）

復次大慧。外道有九種轉變論，外道轉變見生。所謂形處轉變，相轉變。因轉變。成轉變。見轉變。性轉變。緣分明轉變。所作分明轉變。事轉變。大慧。是名九種轉變見。一切外道，因是起有無，生轉變論。云何形處轉變。謂形處異見。譬如金，變作諸器物，則有種種形處顯現。非金性變。一切性變，亦復如是。或有外道作如是妄想。乃至事變妄想。彼非如非異妄想故。如是一切性轉變，當知如乳酪酒果等熟。外道轉變妄想。彼亦無有轉變。若有若無，自心現，外性非性。大慧。如是凡愚衆生，自妄想修習生。大慧。無有法若生若滅，如見幻夢色生。爾時世尊欲重宣此義，而說偈言。

形處時轉變　四大種諸根　中陰漸次生　妄想非明智
最勝於緣起　非如彼妄想　然世間緣起　如揵闥婆城

世間緣起的空見

佛說：「其次，外道的學者們，有九種轉變的理論，他們根據這九種轉變的道理，作爲生命轉變的空見。那就是所謂形處轉變（形體轉變）、相轉變（現象轉變）、因轉變（起因轉變）、成轉變（情況轉變）、見轉變（所見轉變）、性轉變（性質轉變）、緣分明轉變（所緣轉變）、所作分明轉變（作用轉變）、事轉變（事實轉變），這就是外道學者們九種轉變的見解。一切外道們，都由於這九種見解，或者說有，或者說無，用它來說明生命轉變的理論。什麽是形處轉變呢？就是說：他們根據形體的變異，譬如金子變作一切器皿和其他的東西，從表面看來，形象是完全不同的了。但是無論形象如何轉變，金子的自性還是一樣的；同理，宇宙萬有的一切物理，雖然形變但自性仍然是不變的。可是有些外道學者們，產生上面所說的種種妄想，乃至以此妄見妄想而概括一切事物。其實，他們的見解和理論，似通而又不通的；因爲都是由於妄想而生，徒有名言，並無實義。例如乳類一變而爲酥油醐酪，米麥水果等物變爲酒漿，祇因時節因緣成熟，它的變化是當然的。一切萬有形相性質的轉變，也是如此的。但是一般外道們，就在這種情形中發生妄想和妄見，卻不知道它的本來自性並沒有轉變。所以他們說有說無，都是向自心現量境外求法，所說的一切性都非實性。大慧啊！這些都是由於愚癡凡夫們，自己妄想的熏習所生。其實，一切萬法，從本以來，自性就並無生滅，祇如人們在夢幻之中，生出色相形狀等不同的境界，醒了以後，卻是了無一物可得。」這時，佛就歸納這些道理，作了一首偈語說：

形處時轉變。四大種諸根。中陰漸次生。妄想非明智。

（這是說：世間一切萬有的形狀，是與空間、時間而和合轉變的，所以有物理上的四大——地、水、火、風，和生理心理上的六根——眼、耳、鼻、舌、身、意等的根塵出現，然後身心逐漸生起，中陰識身也逐漸形成。凡夫境界的形相、時空、因果，和識身習染等作用，隨時隨地都在轉變，但心意識本身，並未轉變。因爲人們不知這個道理，而作種種說法，都是妄想所生，不是廓然了澈的明智之說。）

最勝於緣起。非如彼妄想。然世間緣起。如揵闥婆城。

（這是說：佛爲最殊勝的正覺者，他是說世間一切，都是因緣而生的，並非如一般人們執著妄想，誤以爲眞，因爲因緣互起的世間，祇是如海市蜃樓，夢幻似地存在而已。）

爾時大慧菩薩復白佛言。世尊。惟願爲說，一切法相續義。解脫義。若善分別一切法，相續不相續相。我及諸菩薩善解一切相續巧方便。不墮如所說義計著相續。善於一切諸法，相續不相續相，及離言説文字妄想覺。遊行一切諸佛刹土，無量大衆。力自在通，總持之印。種種變化。光明照曜覺慧。善入十無盡句。無方便行。猶如日月，摩尼，四大。於一切地，離自妄想相見。見一切法如幻夢等。入佛地身。於一切衆生界，隨其所應而爲説法，而引導之。悉令安住，一切諸法如幻夢等，離有無品。及生滅妄想，異言説義。其身轉勝。佛告大慧。善哉善哉。諦聽諦聽。善思念之。當爲汝説。大慧白佛言。唯然受教。佛告大慧。無量一切諸法，如所説義，計著相續。所謂相計著相續，緣計著相續。性非性計著相續。生不生妄想計著相續。滅不滅妄想計著相續。乘非乘妄想計著相續。有爲無爲妄想計著相續。地地自相妄想計著相續。自妄想無間妄想計著相續。有無品外道依妄想計著相續。三乘一乘無間妄想計著相續。復次大慧。此及餘，凡愚衆生，自妄想相續。以此相續故，凡愚妄想。如蠶作繭。以妄想絲，自纏纏他。有無有相續相計著。復次大慧。彼中亦無相續，及不相續相。見一切法寂靜，妄想不生故。菩薩摩訶薩，見一切法寂靜。復次大慧。覺外性非性，自心現相無所有。隨順觀察自心現量，有無一切性無相。見相續寂靜故，於一切法，無相續不相續相。復次大慧。彼中無有若縛若解。餘墮不如實覺知，有縛有解。所以者

何。謂於一切法有無有，無衆生可得故。復次大慧。愚夫有三相續。謂貪恚癡。及愛未來，有喜愛俱。以此相續，故有趣相續。彼相續者續五趣。大慧。相續斷者。無有相續不相續相。復次大慧。三和合緣，作方便計著，識相續無間生。方便計著，則有相續。三和合緣識斷，見三解脫，一切相續不生。爾時世尊欲重宣此義，而說偈言。

不眞實妄想　是說相續相　若知彼眞實　相續網則斷
於諸性無知　隨言說攝受　譬如彼蠶蟲　結網而自纏
愚夫妄想縛　相續不觀察

束縛與解脫都自一心

這時，大慧大士又請佛解說：「一切法的束縛（執著相續）和解脫（不執著相續）的道理。」佛說：「有無量諸法，都會使人發生執著的。舉若執著如來所說佛法深密的內義來說：例如相執著相續（名相的執著）、緣執著相續（所緣的執著）、性非性執著相續（有自性和非自性的執著）、生不生妄想執著相續

（分別有生或無生的執著）、滅不滅妄想執著相續（分別滅或不滅的執著）、乘非乘妄想執著相續（分別大小乘或非大小乘的執著）、有爲無爲妄想執著相續（分別有爲和無爲的執著）、地地自相妄想執著相續（分別大乘各地境界的執著）、自妄想無間妄想執著相續（分別自己的妄想現狀的執著）、有無品外道依妄想執著相續（分別外道有無理論的執著）、三乘一乘無間妄想執著相續（分別佛法的究竟是一乘或三乘的執著）。其次，這些情形，都是愚癡凡夫們自心所生的妄想執著，猶如鈎鎖連環，相續不斷。那是自心以妄想不斷之絲而自縛其心，如春蠶作繭，在無始妄想狀態中相續執著難捨。復次，大慧啊！在這些執著自心妄想和如何纔是不執著而得解脫的關鍵中，其實，並非另有一個解脫的方法，但能見到一切法是本來寂靜的，自然就妄想不生了。大乘菩薩們，都親證一切法的本來寂靜。復次，證覺一切外物都無它的自性，都是自心現量的現象，本來也是一無所有的。依此而隨順觀察，一切都是自心現量境，所有的有和無的一切自性，都無相可見。在此無可見相中，寂靜相續，所以對於一切法，就沒有相續不相續的觀念了。復次，此中既無所謂有束縛，也無所謂有解脫。如果沒有得到這種如實證知自覺的究竟，那就生出有所謂束縛和解脫的見解了。爲什麼呢？因爲一切法的有和無，求其體性本來都是了不可得的。因此對於衆生來說，本來無縛又向何處去求解脫呢？再說：愚癡的凡夫們，有三種相續，就是貪、嗔、癡，同時又爲了未來的貪欲，因此相續不斷，所以就有各種各類的生命相續，流轉延緜，而形成五趣（註卅七）之身。大慧啊！所謂相續斷呢？就是說沒有相續和不相續的觀念和現象存在。復次，因爲三緣的和合（註卅八），有習慣性的方便執著，而識的作用，就在其中生起相續無間的生生不已了。因爲有方便和習慣的執著，所以纔有相續流轉的作用，如果斷除三和合緣中的業識，就可以見到三解脫，一切相續和不相續的執著，得到了解脫，這就叫做相續斷。」這時，佛就歸納這些道理，作一首偈語說：

不眞實妄想。是說相續相。若知彼眞實。相續網則斷。

（這是說妄想是不眞實的，然而人們卻不能看出它是虛妄的，所以纔有相續無間的業識作用，流注不絕。換言之：世間一切現象的相續無間，都是這種不眞實的妄想所生。如果是證知了妄想的虛幻不實，而不去執著，那麼相續無間的羅網就被切斷了。）

於諸性無知。隨言說攝受。譬如彼蠶蟲。結網而自纏。

愚夫妄想縛。相續不觀察。

（這是說：因爲人們都不能了知一切法的自性，衹是跟著言語意識而攝受一切境界，譬如春蠶作繭，自縛難解。所以愚癡無智的凡夫們，不能觀察自覺，都在相續無間中，流轉不已。）

（註卅七）五趣：又曰五道。一、地獄，二、餓鬼，三、畜生，四、人，五、天。

（註卅八）三緣和合：三和合緣等者，外道妄計根塵我三緣和合，諸識次第相續而起。三事卽根塵及我三事，和合相應而生是識。

大慧復白佛言。如世尊所説，以彼彼妄想，妄想彼彼性。非有彼自性。但妄想自性耳。世尊。若但妄想自性，非性自性相待者。非爲世尊如是説煩惱清淨，無性過耶。一切法妄想自性，非性故。佛告大慧。如是如是。如汝所説。大慧。非如愚夫性自性妄想眞實。此妄想自性，非有性自性相然。大慧。如聖智有性自性。聖知，聖見，聖慧眼，如是性自性知。大慧白佛言。若使如聖，以聖知聖見聖慧眼。非天眼，非肉眼。性自性，如是知，非如愚夫妄想世尊。云何愚夫離是妄想，不覺聖性事故。世尊。彼亦非顚倒，非不顚倒。所以者何。謂不覺聖事，性自性故。不見離有無相故。世尊。聖亦不如是見，如事妄想。不以自相境界，爲境界故。世尊。彼亦性自性相，妄想自性如是現。不説因無因故。謂墮性相見故。異境界，非如彼等，如是無窮過。世尊。不覺性自性相故。世尊。亦非妄想自性，因性自性相。彼云何妄想非妄想，如實知妄想。世尊。妄想異，自性相異。世尊。不相似因，妄想自性相。彼云何各各不妄想。而愚夫不如實知。然爲衆生離妄想故，説如妄想相不如實有。世尊何故遮衆生有無有見，事自性計著。聖智所行境界計著，墮有見。説空法非性，而説聖智自性事。佛告大慧。非我説空法非性。亦不墮有見，説聖智自性事。然爲令衆生離恐怖句故。衆生無始以來計著性自性相。聖智事自性，計著相見。説空法。大慧。我不説性自性相。大慧。但我住自得如實空法。離惑亂相見，離自心現性非性見。得三解脱，如實印，所印於性自性。得緣自覺觀察住，離有無事見相。

復次大慧。一切法不生者。菩薩摩訶薩，不應立是宗。所以者何。謂宗一切性非性故，及彼因生相故。説一切法不生宗，彼宗則壞。彼宗一切法不生。彼宗壞者，以宗有待而生故。又彼宗不生。入一切法故，不壞相不生故，立一切法不生宗者，彼説則壞。大慧。有無不生宗。彼宗入一切性，有無相不可得。大慧。若使彼宗不生，一切性不生而立宗，如是彼宗壞。以有無性相不生故，不應立宗。五分論多過故，展轉因異相故，及爲作故，不應立宗分。謂一切法不生。如是一切法空，如是一切法無自性，不應立宗。大慧。然菩薩摩訶薩，說一切法，如幻夢。現不現相故。及見覺過故，當說一切法，如幻夢性。除爲愚夫，離恐怖句故。大慧。愚夫墮有無見。莫令彼恐怖，遠離摩訶衍。爾時世尊欲重宣此義，而說偈言。

無自性無說　無事無相續　彼愚夫妄想　如死屍惡覺
一切法不生　非彼外道宗　至竟無所生　性緣所成就
一切法不生　慧者不作想　彼宗因生故　覺者悉除滅
譬如翳目視　妄見垂髮相　計著性亦然　愚夫邪妄想
施設於三有　無有事自性　施設事自性　思惟起妄想
相事設言教　意亂極震掉　佛子能超出　遠離諸妄想
非水水想受　斯從渴愛生　愚夫如是惑　聖見則不然
聖人見清淨　三脫三昧生　遠離於生滅　遊行無所有
修行無所有　亦無性非性　性非性平等　從是生聖果

云何性非性　云何爲平等　謂彼心不知　內外極漂動

若能壞彼者　心則平等見

自性空有之辨

大慧大士又問：「如您所講的，既然一切法，都是由於各種各樣的妄想所生，那麼，一切萬物並沒有自性，祇是妄想本身所呈現的自性而已。如果祇是妄想本身的自性，那麼非自性就和自性互相對立了。但您卻說煩惱和清淨，是沒有自性的，豈不又產生矛盾了嗎？因爲一切法都是妄想所生，而妄想卻本無自性的啊！」佛說：「是的。是的。誠然如你所說，但我的意思，並非像一般凡愚的人們所想像的，認爲一切萬法都有一個眞實的自性。而這個妄想自性，並非是眞有存在；它並非如實證相似的可以如實得見啊！大慧啊！如果自覺內證聖智，依此聖知、聖見、聖慧眼，就可如實得知一切法的自性體相了。」大慧又問：「這裡所謂的聖知、聖見和聖慧眼，當然不是天眼，也不是肉眼，那是自性自知諸法體相，而是一種自性的睿智，並非如凡夫們的妄想；但要怎樣使凡夫們離了妄想，使他們自覺內證聖智呢？所以說：那些凡夫們的妄想，既不能說是絕對的顚倒，也並非不是顚倒，爲什麼呢？祇是說他們不能自覺內證妄想本自無性，不能遠離於有無之相，所以不能證得聖位。但是，自覺的聖者們，也並沒有本自無性及遠離有無之相，例如他們對境應物，也同樣地會產生妄想，祇是不執著自心起的妄想相，而以爲是眞實的境界罷了。他們也同樣地會於自覺內證無生的自性中，生起分別自性的作用。因爲起用便有妄想，所有妄想的自性，便是如此顯現，在這裡更沒有另外的原因，卻也不是無因而孤起的。如果有了有無之見，便墮在有性或著相的境界裡了。但是沒有自覺親證自性的人，卻並不如此，所以就會有無窮的過患，那都是因爲他們不能自覺自性是本無性相可得的。而且也不是因爲分別妄想的原因，纔知妄想性的無自性，所謂妄想本身，本來便無妄想實體可得，這樣纔能如實得知妄想的自性。又因爲人們妄想的各有不同，所以便覺得自性也各有同異之處，因爲凡夫們以各種不相似的因，用妄想來推測自性的體相。但他們卻不能反省各各不同的觀點，無非是各種不同的妄想所生，所以說凡夫們的不切實了知自己，有如此者。可是佛爲了衆生們解脫遠離妄想的困擾，說這些妄想都是不實在的。爲了遮止衆生們落在著有著無的固執裡，以或有或無爲自性而生起執著。甚之還執著聖智內證所行，認爲是別有一種境界，因此墮在有所見、有所得的謬執裡。卻說空無自性爲非法，而說實有聖智自性的事相可得。」佛說：「我不是說空無自性爲非法，也不是以墮在有所見、有所得中爲聖智內證自性的事，而是爲了避免衆生以落空爲恐怖的心理，纔說出這種反復的論證。因爲衆生自無始以來，都執著自性是有自性之相，證得自性之相，纔爲聖境界的事。爲了勸止人們對自性的執著，我纔說一切法空。大慧啊！我不說自性有自性之相，但是我安住在自得的如實空法之中，遠離顛倒惑亂的相和見，離自心現量，見知外性非性，得三解脫的如實法印，以此印證所有的一切法，對於自性本來面目得到自在觀察的自覺住，遠離有無二見。

佛法宗綱的說明

法本法無法、無法亦法法

「再次，大慧啊！大乘道的菩薩們，不應該立一切法不生爲宗旨。爲什麼呢？因爲所謂一切法，元來是非性的，說是不生，即已著初因之相了。所以主張此說者，所立的宗，就不成立。爲什麼說一切法不生，不能成立爲宗呢？因爲他所立的宗，還是相對待的（不生是與生生相對待）。而且他所立的不生，也還是在一切法的一切範圍以內，自己卻不能破除不生的觀念啊！所以說立不生而爲宗者，不攻而自破。再說：有一不生，或是本無而不生，那他所立的宗，也還是入於一切性的範圍，況且有無之相，追根究本，就根本不可得。如果他以不生爲宗，以一切性都不生而立宗，那他自宗也就不能成立。因爲無論有或無的性相既然根本不生了，就不應該立宗了。卽使用因明的五分論方法去辨證，也會錯誤多端的。總之：這些立宗之說，他的宗旨和初因，都是可以輾轉爲因，是非紛然的。況且既已立宗，就落在有爲有作之中，所以說不應該以任何一法而立宗。由這個一切法不生爲宗的道理，推而廣之，所謂一切法空，乃至於一切無自性，也都不應立宗了。然而大乘菩薩們，爲什麼又說一切法都如夢似幻呢？所謂似夢如幻，並不是絕對沒有的，衹是象徵它的不實在，說明它的不永存罷了。一切法雖然出現，但不永存，所以說一切法都是如夢似幻的，這就是爲了除去無智凡夫們的恐怖落空心理。因爲無智凡夫們，平常都墮在有或無的見解裡，如果要使他們不致對有無很難把捉而生恐怖，爲此而遠離大乘之道，故以夢幻來說明。」這時，佛就歸納這些道理，作了一篇偈語說：

無自性無說。無事無相續。彼愚夫妄想。如死屍惡覺。

（這是說：所謂自性，原來是無自性可得，所以亦無名言可說。此中既無事和相之可得，更無相續的所依和能依，祇因凡夫愚癡，以妄想推測自性，猶如逐臭不捨，但於行屍走肉上而起惡覺，其愚歎爲觀止。）

一切法不生。非彼外道宗。至竟無所生。性緣所成就。

（這是說：如果認爲一切法不生，便是立論的宗旨，那不是我說的法，而是外道的見解。如果一切畢竟不生，何以一切不生的自性，卻有待於因緣生法呢？）

一切法不生。慧者不作想。彼宗因生故。覺者悉除滅。

（這是說：如果是大智慧者，決不會有一切法不生的觀念。因爲一切法，確藉因緣而生起，這豈不與他的宗旨相違背嗎？所以正覺者，應當捨除這些過失。）

譬如翳目視。妄見垂髮相。計著性亦然。愚夫邪妄想。

（這是說：譬如有眼病的人，幻覺空中有毛輪如垂髮等現象。那些執著於自性的人，也和有眼病的人一樣，都祇是愚癡無智，自生邪曲的想像而已。）

施設於三有。無有事自性。施設事自性。思維起妄想。

（這是說：即如所說的三有（欲界、色界、無色界）的情狀，也是本來並無自性和事實的存在。但爲了名辭思辨上的設立，纔描述它的作用，凡夫們卻於此中生起了妄想。）

相事設言教。意亂極震掉。佛子能超出。遠離諸妄想。

（這是說：所有的名相和名相所指的事實，都是爲了思維辨證時的方便而成立的。如果執著名相，把它當作實法，便將徒亂人意，使人們意亂神迷，爲妄想所攝而增加散亂了。學佛的人們，要能超出於名相的藩籬，不要分別它的有和無纔對。）

非水水想受。斯從渴愛生。愚夫如是惑。聖見則不然。

（這是說：譬如狂渴時的麋鹿，反誤以荒野裡的燄影是水，拚命去追求它。無智凡夫，追逐於世間事物和執著於名相，也猶如渴鹿逐水一樣。唯有聖者，方能解脫這些妄見。）

聖人見清淨。三脫三昧生。遠離於生滅。遊行無所有。

（這是說：聖者的境界，是親證一切法的本來清淨，已得到了三解脱的三昧，遠離了一切的生滅心，遊行於無所有的寂滅境界中。）

修行無所有。亦無性非性。性非性平等。從是生聖果。

（這是說：若能從了無所有處修行，不要分別所謂自性和非自性等等，自然就性相平等，由此可生聖果了。）

云何性非性。云何爲平等，謂彼心不知。內外極漂動。

若能壞彼者。心則平等見。

（這是說：所謂性和非性，以及如何是自性平等的境界呢？那就是説人們不能徹底瞭解身心內外諸法，都是無常而無自性可得的，所以妄想分別，漂流在內外境界現象之中，如果能够破除妄想執著，自然就可以見到自性平等的境界了。）

爾時大慧菩薩復白佛言。世尊。如世尊說，如攀緣事，智慧不得。是施設量，建立施設。所攝受非性，攝受亦非性。以無攝故，智則不生。唯施設名耳。云何世尊。爲不覺性自相共相，異不異故，智不得耶。爲自相共相，種種性自性相，隱蔽故，智不得耶。爲山巖石壁。地水火風障故，智不得耶。爲極遠極近故，智不得耶。爲老小盲冥，諸根不具故，智不得耶。世尊。若不覺自共相異不異，智不得者。不應説智，應説無智。以有事不得故。若復種種自共相性自性相，隱蔽故智不得者。彼亦無智，非是智。世尊。有爾燄故智生，非無性會爾燄，故名爲智。若山巖石壁地水火風，極遠極近，老小盲冥，諸根不具，智不得者。此亦非智，應是無智。以有事不可得故。佛告大慧。不如是。無智，應是智，非非智。我不如是隱覆説攀緣事。智慧不得，是施設量建立。覺自心現量，有無有，外性非性。知而事不得，不得故，智於爾燄不生。順三解脱，智亦不得。非妄想者，無始性非性，虛僞習智，作如是知，是知彼不知。故於外事處所，相性無性，妄想不斷。自心現量建立，説我我所相，攝受計著。不覺自心現量。於智爾燄而起妄想。妄想故，外性非性，觀察不得，依於斷見。爾時世尊欲重宣此義，而説偈言。

有諸攀緣事　智慧不觀察　此無智非智　是妄想者説
於不異相性　智慧不觀察　障礙及遠近　是名爲邪智
老小諸根冥　而智慧不生　而實有爾燄　是亦説邪智

什麼是智慧的實相

這時，大慧大士又問：「依您所說，這個分別攀緣的妄想心，如加以智慧觀照，就都無根本可得，衹是依世間的習慣，假設而形成的。事實上，假設的妄心現象，根本就沒有能攝取和所攝取的自性存在。如果能夠了知這些都是內心意識分別的所生，於是能攝和所攝的也都自然空了。那麼，所謂的智，也同樣沒有能攝及所攝的境界，也衹是一種表達時的假設名辭而已。然而，究竟是因爲人們不能感覺自他等共同性相的異同，所以不能證得智相呢？或因爲自他等種種的自性相，可以自由隱蔽，所以不能證得智相呢？或是因爲被物質世界的山巖、石壁、地、水、火、風所障礙，不能證得智相呢？或是因爲空間遠近的距離，不能證得智相呢？或是因爲年齡的老小以及身心諸根的聾盲，不能證得智相呢？假使是由於不能感覺自他等共同性相的同異，而不能證得智者，那就不應該說是智，而是無智，因爲他連這些事都不能證得啊！假使是由於被自他等種種性相所隱蔽，而不能證得智者，也衹能說是無智，而不能說是智。因爲能明照一切，纔說是智，並不是不能明照一切的也算是智啊！假使由於山巖、石壁、地、水、火、風，或遠近距離、老小聾盲等身心諸不健全的關係，不能證得智相者，應該說是根本無智，因爲也有許多事是智所不能證得啊！」佛說：「我不是像你所說的，這樣便是無智，那樣纔是智，但也不是說這些就不屬於智的範圍，我不會這樣含糊隱約其辭的。在妄想分別和攀緣執著的妄心現狀中，是不能求得智慧實相的。這些都是妄心的設施量所形成的心理狀態。但能自覺內證都是自心現量，了知一切外物之性都是非性，究竟是有或是沒有，事實上都不可得，與其了不可得，所以在內外一切境界上，智慧朗然，幻影不生。由此順著三解脫門而證覺所謂智，也是不可得的。這不是像普通人以妄想分別，從無始以來，就習慣於有性、無性的虛妄習氣之中，以推測智相的實境，認爲這樣纔算是知道了智，那樣卻不是知道智。所以人們對外界一切境象，尋求性和無性等的妄想不斷發生。卻不自知都是自心現量所形成，卻說那是我和我所求的各種狀態。而且加以執著，不能自覺內證自心現量，卻推測智相而生起許多妄想，由於用妄想心以求智，所以觀察外性非性而不可得，就墮入斷見之中，認爲根本沒有自性了。」這時，佛就歸納這些道理，作了一首偈語說：

有諸攀緣事。智慧不觀察。此無智非智。是妄想者說。

（這是說：在有妄想分別的攀緣狀態中，觀察智慧實相，說這是智那不是智等等，都是妄想者所說，並不是智的實相。）

於不異相性。智慧不觀察。障礙及遠近。是名爲邪智。老小諸根冥。而智慧不生。而實有爾談。是亦說邪智。

（這是說：如果說因爲自他同異等性相的分歧，或是被物質所障礙以及遠近距離所阻隔，纔得不到智相，這些觀念，都是邪見。還有認爲是因年齡老小，以及身心諸根不健全的關係，而明照一切的智慧境界不生，這也是邪見。）

復次大慧。愚癡凡夫，無始虛僞，惡邪妄想之所迴轉。迴轉時，自宗通，及說通，不善了知。著自心現，外性相故。著方便說，於自宗四句，清淨通相，不善分別。大慧白佛言。誠如尊教。惟願世尊，爲我分別說通及宗通。我及餘菩薩摩訶薩，善於二通。來世凡夫聲聞緣覺，不得其短。佛告大慧。善哉善哉。諦聽諦聽。善思念之。當爲汝說。大慧白佛言。唯然受教。佛告大慧。三世如來，有二種法通。謂說通。及自宗通。說通者。謂隨衆生心之所應，爲說種種衆具契經。

是名説通。自宗通者。謂修行者，離自心現，種種妄想。謂不墮一異，俱不俱品。超度一切心意意識。自覺聖境界。離因成見相。一切外道聲聞緣覺，墮二邊者，所不能知。我説是名自宗通法。大慧。是名自宗通，及説通相。汝及餘菩薩摩訶薩，應當修學。爾時世尊欲重宣此義，而説偈言。

我謂二種通　宗通及言説　説者授童蒙　宗爲修行者

宗通和説通的意義

佛説：「大慧啊！其次，愚癡凡夫們，被無始以來的虛僞妄想所迷轉，所以就不善於了知宗通和説通的眞意，而迷著於自心所現的內外性相，執著方便之説，對於自宗四句（註卅九）的清淨通相，就不善於分別了。」大慧問：「誠如尊教，惟願您爲我解説宗通和説通之相，使我和其他學大乘菩薩道的人，善於瞭解二通，不致墮入凡夫、聲聞、緣覺們的妄知邪見。」佛回答説：「過去、現在、未來的三世如來，有兩種法通，就是説通和自宗通。所謂説通：是爲了適應衆生心理上所希求的，爲他們解説種種不同的經典，這就名爲説通。所謂自宗通：

就是實際修行者，離自心所現的種種妄想，不再困在一異、同俱、和不同俱的知見裡，超脫一切意識，遠離因和果等知見，而自覺內證聖智境界。一切外道、聲聞、緣覺們，墮在二邊對待之見，所以不能了知這個道理。這就是我說的自宗通法。大慧啊！這種宗通和說通，你和其他一切大菩薩們，都應當修學。」這時，佛就歸納這些道理，作了一首偈語說：

我謂二種通。宗通及言說。說者授童蒙。宗爲修行者。

（這個偈語的意義，已詳如上文所說，不須再釋。）

（註卅九）四句：卽四句執。一、常句。外道計過去之我，卽爲今我，相續不斷，執之爲常，卽墮於常見，是名常句。二、無常句。外道計我今世始生，不由過去之因，執爲無常，卽墮於斷見，是名無常。三、亦常亦無常句。外道於上二句，皆見有過失，便計我是常，身是無常，若爾則離身卽無有我，此亦成過，此名亦常亦無常。四、非常非無常句。外道計身有異故非常，我無異，故非無常，若爾則離身亦無有我，此亦成過，是名非常非無常句。

爾時大慧菩薩白佛言。世尊。如世尊一時說言，世間諸論種種辯說，愼勿習近。若習近者。攝受貪欲，不攝受法。世尊何故作如是說。佛告大慧。世間言論，種種句味，因緣譬喻，採集莊嚴。誘引誑惑愚癡凡夫。不入眞實自通。不覺一切法，妄想顚倒。墮於二邊。凡愚癡惑而自破壞。諸趣相續不得解脱。不能覺知自心現量。不離外性自性，妄想計著。是故世間言論，種種辯説，不脱生老病死，憂悲苦惱。誑惑迷亂。大慧。釋提桓因廣解衆論，自造聲論。彼世論者，有一弟子。持龍形像，詣釋天宮，建立論宗。要壞帝釋千輻之輪。隨我不如斷一一頭，以謝所屈。作是要已。即以釋法，摧伏帝釋。釋墮負處，卽壞其車。還來人間。如是大慧。世間言論，因譬莊嚴。乃至畜生，亦能以種種句味，惑彼諸天，及阿修羅，著生滅見。而况於人。是故大慧。世間言論，應當遠離。以能招致苦生因故。愼勿習近。大慧。世論者。惟説身覺境界而已。大慧。彼世論者，乃有百千。但於後時後五百年，當破壞結集。惡覺因見盛故，惡弟子受。如是大慧。世論破壞結集。種種句味。因譬莊嚴，説外道事。著自因緣，無有自通。大慧。彼諸外道，無自通論。於餘世論，廣説無量百千事門，無有自通。亦不自知，愚癡世論。爾時大慧白佛言。世尊。若外道世論，種種句味因譬莊嚴，無有自通，自事計著者。世尊亦説世論，爲種種異方諸來會衆，天人阿修羅，廣説無量種種句味，亦非自通耶。亦入一切外道智慧，言説數耶。佛告大慧。我不説世論，亦無來去。唯説不來不去。大慧。來者趣聚會生。去者散壞。不來不去者，是不生不滅。我所説義，不墮世論妄想數中。所以者何。謂不計著外性非性，自心現處。二邊妄想，所不能轉。相境非性。覺自心現，則自心現妄想不生。妄想不生者，空，無相，無作，入三脱門，名爲解脱。

大慧。我念一時於一處住。有世論婆羅門，來詣我所。不請空閒，便問我言。瞿曇。一切所作耶。我時答言。婆羅門。一切所作，是初世論。彼復問言。一切非所作耶。我復報言。一切非所作，是第二世論。彼復問言。一切常耶。一切無常耶。一切生耶。一切不生耶。我時報言，是六世論。大慧。彼復問我言。一切一耶。一切異耶。一切俱耶。一切不俱耶。一切因種種受生現耶。我時報言。是十一世論。大慧。彼復問言。一切無記耶。一切記耶。有我耶。無我耶。有此世耶。無此世耶。有他世耶。無他世耶。有解脱耶。無解脱耶。一切刹那耶。一切不刹那耶。虚空耶。非數滅耶。涅槃耶。瞿曇作耶。非作耶。有中陰耶。無中陰耶。大慧。我時報言。婆羅門，如是説者，悉是世論。非我所説。是汝世論。我唯説無始虚僞，妄想習氣。種種諸惡。三有之因。不能覺知自心現量，而生妄想攀緣外性。如外道法，我諸根義，三合知生。我不如是。婆羅門。我不説因，不說無因。惟說妄想攝所攝性，施設緣起。非汝及餘，墮受我相續者，所能覺知。大慧。涅槃，虛空，滅，非有三種。但數有三耳。復次大慧。爾時世論婆羅門，復問我言，癡愛業因故，有三有耶。爲無因耶。我時報言，此二者，亦是世論耳。彼復問言，一切性皆入自共相耶。我復報言。此亦世論婆羅門。乃至意流妄計外塵，皆是世論。復次大慧。爾時世論婆羅門，復問我言，頗有非世論者不。我是一切外道之宗。說種種句味，因緣譬喻莊嚴。我復報言，婆羅門。有。非汝有者。非爲非宗，非說，非不說種種句味，非不因譬莊嚴。婆羅門言，何等爲非世論，非非宗，非非說。我時報言，婆羅門。有非世論，汝諸外道所不能知。以於外性，不實妄想，虛僞計著故。謂妄想不生，覺了有無自心現量，妄想不生。不受外塵，妄想永息。是名非世論。此是我法，非汝有也。婆羅門。略說彼識，若來若去，若死若生，若樂若苦，若溺若見，若觸若著，種種相。若和合相續。若愛，若因計著。婆羅門。如是比者。是汝等世論，非是我有。大慧。世論婆羅門作如是問，我如是答。彼卽默然，不辭而退。思自通處，作是念言。沙門釋子，出於通外。說無生，無相，無因，覺自妄想現相，妄想不生。大慧。此卽是汝向所問我，何故說習近世論，種種辯說，攝受貪欲，不攝受法。

大慧白佛言。世尊。攝受貪欲及法。有何句義。佛告大慧。善哉善哉。汝乃能爲未來衆生，思維諮問如是句義。諦聽諦聽。善思念之。當爲汝説。大慧白佛言。唯然受教。佛告大慧。所謂貪者，若取若捨，若觸若味。繫著外塵，墮二邊見。復生苦陰，生老病死，憂悲苦惱。如是諸患，皆從愛起。斯由習近世論，及世論者。我及諸佛，説名爲貪。是名攝受貪欲，不攝受法。大慧。云何攝受法。謂善覺知自心現量。見人無我，及法無我相，妄想不生。善知上上地。離心意意識。一切諸佛，智慧灌頂。具足攝受，十無盡句。於一切法，無開發自在。是名爲法。所謂不墮一切見，一切虛僞，一切妄想，一切性，一切二邊。大慧。多有外道癡人，墮於二邊，若常若斷。非黠慧者。受無因論，則起常見。外因壞，因緣非性，則起斷見。大慧。我不見生住滅故，説名爲法。大慧。是名貪欲及法。汝及餘菩薩摩訶薩，應當修學。爾時世尊欲重宣此義，而説偈言。

一切世間論　外道虛妄説　妄見作所作　彼則無自宗
惟我一自宗　離於作所作　爲諸弟子説　遠離諸世論
心量不可見　不觀察二心　攝所攝非性　斷常二俱離
乃至心流轉　是則爲世論　妄想不轉者　是人見自心

來者謂事生　去者事不現　明了知去來　妄想不復生
有常及無常　所作無所作　此世他世等　斯皆世論通

世間理論辯證和文詞的觀點

這時，大慧大士又問：「您常說，對於世間各種言論文詞，以及種種辯說，愼勿習近。如果習近世間言論，祇是增益攝受貪欲，卻不能接受正法。這是什麼道理呢？」佛回答說：「世間的種種言論文詞，都是綜論世間的因緣法，以巧妙的譬喻和詞句來修飾，以引誘誑惑愚癡的凡夫們。但用這些言詞卻不能覺悟一切法的究竟，進入眞實自通的境界。祇是增益顚倒妄想，墮於相對的二邊見解裡。凡夫愚癡，反以此爲樂，不求自解，所以在諸惡趣中，相續流轉不止，不得解脫，不能覺知一切都是自心現量。他們的見解都不離外性自性的虛妄分別，都在妄想和執著之中。因爲世間種種論辯和文詞，不脫生老病死，憂愁苦惱和誑惑迷亂。大慧啊！世間言論文詞，都祇說身體的感覺和知覺境界而已。而且世論有千差萬別，當我寂滅以後，再五百年，因爲邪見外道的盛行，將會破壞佛的遺教所結集的經典，我法中的惡弟子們，也會接受這種世論。大慧啊！就是因爲以世論而破壞佛的遺教所結集的經典，以種種文詞雋永的句子和富麗堂皇的譬喻，來宣傳外道的見解，徒然執著於世間因緣之法，而不能自通。這些外道們，沒有自通之論，祇在其餘世論之中，廣説無量百千事相的差別法門，既不能自覺内證自通，也不自知愚癡世論，是更爲癡迷荒謬的了。」大慧又問：「如果説：外道世論種種美麗的文詞譬喻，祇是徒增癡迷執著，不能自覺内證自通。可是您也常説世論，也是爲了各處來會的大衆們，廣説無量種種句義，難道您也不是自通，和他們一樣從事於言説嗎？」佛回答説：「我不説世論，也無來去之迹，唯説不來亦不去之法。大慧啊！所謂來，是指會集和積聚。所謂去，便是指散壞。不來也不去，就是不生不滅。我所説的義理，是不會墮在世論妄想的範圍，爲什麼呢？就是説我不執著内外的自性，或非自性，了知一切都是自心的現量，不被相對待的二邊妄想所轉。一切萬象有相之境，都非自性，既自覺内證一切都是自心現量，那麼一切自心現量的妄想就不生。妄想不生，便得空、無相、無作之法，而入於三解脱門，方名爲解脱。」

内學和外道的辨別

「大慧啊！我記得過去有一個時間，住在某處，有一位專通世論的婆羅門，到我那裡來，一到馬上就問我：一切是由主宰所創造的嗎？我答他說：那是第一種的世論見解。他又問：一切不是由主宰所創造的嗎？我回答說：那是第二種世論的見解。他又問：一切是常存或不常存的呢？一切是有生或不生的呢？我回答說：那是第六種的世論。他又問：一切是一或是多呢？一切是同時俱在或不同時俱在的？一切是因爲有種種因緣而顯現受生的呢？我回答他說：那是第十一種世論。他又問：一切是無記的或是有記的呢？有我或是無我呢？有此世或是無此世呢？有他世或是無他世呢？有解脱或是無解脱呢？一切是一刹那？或不是一刹那呢？一切是虛空呢？或不是緣盡而滅呢？是不生不滅呢？或有主宰或無主宰呢？有中陰身，或無中陰身呢？我回答說：你這些所說的，都是世論，都非我所說的，我祇是說衆生們自無始以來，因爲虛妄的習氣，而生起諸惡的三有（欲、色、無色）之因。人們卻不能覺知自心現量，祇生妄想分別，攀緣外性，如外道們的說法，說我與根（身心的機能）、塵、意等三緣和合，纔產生了智。我卻不是如此，我既不說因，也不說無因，祇說妄想的能攝和所攝作用，設施說爲緣起而生諸法；卻不是你和其餘那些墮在我相中者所能覺知。大慧啊！涅槃、虛空和寂滅，並非是三種境界，祇是名數上有三而已。當時，那個婆羅門又問我說：是由於癡愛業爲因，纔生三有嗎？或是無因而生三有的呢？我當時回答說：你所問的二點，也是世論。他又問：一切性都能列入自他的共相嗎？我又回答說：這也是世論，乃至心意流動而執著外境，都是世論。當時，他問說：又有什麼不是世論的呢？我婆羅門是一切外道的正宗，說種種文句意義，因緣譬喻等，極爲莊嚴。我回答說：婆羅門啊！有是有的，卻非你們所有，既非有爲，也非非宗，也非有說，但也不是不說種種句義，也非不因譬喻而得莊嚴。他又問：什麼纔是非世論、非非宗、非非說呢？我當時回答說：有非世論，但你和其他諸外道都不能知。因爲你們祇求心外之性，執著不實的虛僞妄想。我是說：一切妄想不生，覺了有和無，都是自心的現量。妄想既然不生，就不受外塵所染污，從此妄想永息，就名爲非世論。這就是我所說的法，卻非你們所有。婆羅門啊！我再爲你略說這個識，它是似來似去，似死似生，似苦似樂，似溺似見，似觸似執等種種法相，似和合相續，似愛著諸因緣。例如這些相對的推論，就是你們的世論，卻不是我之所說。大慧啊！這就是當時那個世論婆羅門，這樣地問，我就這樣地答，於是他就默然不辭而退，他心想：釋迦的出世法，是出於通外，說的無生無相無因之法，已自覺內證妄想的現相，因此妄想不生。

「大慧啊！這也就是你剛纔所問我的，爲什麼說習近世論的種種辯說，祇能攝受貪欲，卻不能接受正法的道理。」大慧又問：「所謂攝受貪欲，以及正法，是有哪些不同的道理呢？」佛回答說：「所謂貪者，例如取和捨，感觸和嗜味，凡是繫著外塵境象，墮在或有或無的二邊見解裡，因此產生苦陰，乃至生老病死，憂愁苦惱等。所有這些過患，都是從愛的一念而起，這都是由於習近世論和創造世論者，所以我及諸佛稱之爲貪。這也就是所謂攝受貪欲，而不接受正法。大慧啊！什麼是接受正法呢？就是說，善於覺知一切都是自心現量，證見人無我及法無我相，妄想不生，善知菩薩種種上上地相，離心、意、識，得一切諸佛智慧灌頂，具足攝受十無盡句，對於一切法，無須待他力啓蒙而能自在自得，這就名爲法。也就是所謂不墮在一切見、一切虛妄、一切妄想、一切性、一切二邊之中。大慧啊！有許多的外道癡人，墮於二邊之中，例如斷見、常見等的黠慧者，因爲接受一切無因論，就産生常見；又因爲見到緣盡則滅，就起斷見。我法是見本來就没有生、住、滅的，所以名爲佛法。這也就是説明貪欲和佛法的不同，你和其餘的大菩薩們，應當修學。」這時，佛就歸納這些道理，作了一篇偈語説：

一切世間論。外道虚妄説。妄見作所作。彼則無自宗。

惟我一自宗。離於作所作。爲諸弟子説。遠離諸世論。

（這是説：一切世間的世論學説，都是虚僞妄想所生的理論而已。他們妄見有一能作的和所作的，根本就没有自宗。佛説祇有佛法一自宗，是離於所作和能作的妄想，所以佛教弟子們，必須遠離一切世論之學。）

心量不可見。不觀察二心。攝所攝非性。斷常二俱離。

乃至心流轉。是則爲世論。

（這是説：世論之學，是不能究竟了知自心現量的，而且也觀察不到妄心對待的二邊，更不能了知能攝和所攝的都是非性，也不能遠離斷見和常見。總之，一切在妄想心中流轉不止，這就名爲世論。）

妄想不轉者。是人見自心，來者謂事生。去者事不現。明瞭知去來。妄想不復生。有常及無常。所作無所作。此世他世等。斯皆世論通。

（這是說：如果不起妄心，不隨妄想流轉，便可以見到自心現量了。所謂來的現象，是指自心現量境生起事相而說。去的現象，是對自心現量境事相消散而說。如果明瞭自心，而知無所從去，也無所從來，那妄想分別就不再生起了。至於推求事物的有常性或無常性，有主宰，或無主宰，乃至此世他世等等，這些都是世論之學，與自覺內證的宗通，都是了不相關的。）

爾時大慧菩薩復白佛言，世尊。所言涅槃者。說何等法，名爲涅槃。而諸外道各起妄想。佛告大慧。諦聽諦聽。善思念之。當爲汝說。如諸外道妄想涅槃。非彼妄想隨順涅槃。大慧白佛言，唯然受教。佛告大慧。或有外道，陰界入滅。境界離欲，見法無常，心心法品不生。不念去來現在境界，諸受陰盡。如燈火滅，如種子壞，妄想不生。斯等於此，作涅槃想。大慧。非以見壞，名爲涅槃大慧。或以從方至方，名爲解脫。境界想滅，猶如風止。或復以覺所覺見壞，名爲解脫。

或見常無常，作解脱想。或見種種相想，招致苦生因。思維是已，不善覺知自心現量，怖畏於相。而見無相，深生愛樂，作涅槃想。或有覺知內外諸法，自相共相，去來現在，有性不壞，作涅槃想。或謂我人，衆生，壽命，一切法壞，作涅槃想。或以外道，惡燒智慧見自性及士夫，彼二有間。士夫所出，名爲自性，如冥初比。求那轉變，求那是作者，作涅槃想。或謂福非福盡。或謂諸煩惱盡。或謂智慧。或見自在，是眞實作生死者，作涅槃想。或謂展轉相生，生死更無餘因。如是卽是計著因。而彼愚癡，不能覺知。以不知故，作涅槃想。或有外道言，得眞諦道，作涅槃想。或見功德，功德所起，和合一異，俱不俱，作涅槃想。或見自性所起，孔雀文彩，種種雜寶，及利刺等性，見已作涅槃想。大慧。或有覺二十五眞實。或王守護國，受六德論，作涅槃想。或見時是作者，時節世間，如是覺者，作涅槃想。或謂性。或謂非性。或謂知性非性。或見有覺，與涅槃差別，作涅槃想。有如是比，種種妄想，外道所説不成所成，智者所棄。大慧。如是一切，悉墮二邊，作涅槃想。如是等，外道涅槃妄想，彼中都無，若生若滅。大慧。彼一一外道涅槃，彼等自論。智慧觀察，都無所立。如彼妄想，心意來去，漂馳流動，一切無有得涅槃者。

大慧。如我所說涅槃者。謂善覺知自心現量，不著外性。離於四句，見如實處。不墮自心現，妄想二邊，攝所攝不可得。一切度量，不見所成。愚於眞實，不應攝受。棄捨彼己。得自覺聖法。知二無我。離二煩惱。淨除二障。永離二死。上上地，如來地。如影幻等，諸深三昧。離心意意識。說名涅槃。大慧。汝等及餘菩薩摩訶薩，應當修學。當疾遠離一切外道，諸涅槃見。爾時世尊欲重宣此義，而說偈言。

外道涅槃見　各各起妄想　斯從心想生　無解脫方便
愚於縛縛者　遠離善方便　外道解脫想　解脫終不生
衆智各異趣　外道所見通　彼悉無解脫　愚癡妄想故
一切癡外道　妄見作所作　有無有品論　彼悉無解脫
凡愚樂妄想　不聞眞實慧　言語三苦本　眞實滅苦因
譬如鏡中像　雖現而非有　於妄想心鏡　愚夫見有二
不識心及緣　則起二妄想　了心及境界　妄想則不生
心者卽種種　遠離相所相　事現而無現　如彼愚妄想
三有惟妄想　外義悉無有　妄想種種現　凡愚不能了

經經說妄想　終不出於名　若離於言說　亦無有所說

如何是究竟涅槃和各種外道不同的見解

這時，大慧大士又問：「所謂涅槃，究竟是怎樣的境界？可是一般外道們，也都有他們的涅槃妄想啊！」佛說：「一般外道所說的涅槃，都是妄想，他們並非由於妄想不生，而證得涅槃。大慧啊！有些外道們，說五陰——色、受、想、行、識。十八界。十二入等身心作用完全入於滅盡，於一切外境界上，完全離欲，見一切法是無常的，各種的心境善法不生，也不念過去未來現在等境界。一切感覺的陰影已盡，猶如火盡燈滅，也猶如種子的毀壞，說一切妄想不起，他們就把這種情形認爲是涅槃境界。他們並不是見到一切法本自寂滅，而名爲涅槃的。大慧啊！有的或者認爲由這一方到達那一方，便名爲解脫，那時，一切境界妄想都滅了，就如風平浪靜。有的或者認爲看不見能覺和所覺的境界生滅，便名爲解脫。有的或者認爲對於常和無常不起分別，便名爲解脫。有的或者認爲世間的種種現象，都是妄想所招來，作爲生命的苦因，都祇是思維意識而已，由於不善於覺知自心現量，而畏怖一切現象以求無相之境，執此深愛不捨，而以爲是涅槃的境界。有的或者認爲祇要覺知內外諸法自他的共相，以及過去未來現在三世中，確有一不壞滅的自性，便以爲這是涅槃的境界。有的認爲捨棄我、人、衆生、壽命等一切法，便是涅槃的境界。還有的被邪見所燒灼，認爲確有一自性和人物而並存，人與萬物，互相變化，祇是時間空間上的間隔，但都出於自性的作用。不過他認爲在最初，自性祇是許多物質原素，這些原素纔是創造萬物的主體，他們就以此爲涅槃的境界。有的或者認爲罪惡或福報都銷盡了，或說一切煩惱都盡了，或說祇有智慧，或自在天主，纔是眞實創造衆生的主宰，便以此爲涅槃的境界。有的說，萬物是輾轉相生的，生死更無其他的原因，但不知這樣便是執著有因了！可是他們愚癡無智，不能自己覺知，因爲不自覺知，便以此作爲涅槃的境界。有的外道，說自己得到眞諦之道，便以爲是涅槃的境界。有的以爲見到能作，和所作及所生起的和合同異，俱全和不俱全，便以爲是涅槃的境界。有的見到自然界的自然力量，會生出孔雀等文彩，以及種種世間雜寶，和荊棘利刺等物性，便以自然是涅槃的境界。有的說覺到二十五眞實（註四十），或國王守護衆生，受六德論（註四十一），便以爲是涅槃的境界。有的見到時間爲創造世間的主因，便以此爲涅槃的境界。或有説性，或有説非性，有的以有爲爲涅槃，有的以無爲爲涅槃，有的以有無爲涅槃，甚至有的以爲事事物物，或説有涅槃有知覺，或見涅槃無知覺，就是涅槃的境界。大慧啊！舉例來説，有這種種的外道妄想，以不成理由的理由作爲理論的根據，實在被智者所不齒了。這一切，無非都是墮在互相對待的二邊見解裡，自以爲是涅槃的境界。像這些外道們的涅槃妄想，終不能和如實的正法相應了。大慧啊！這些外道涅槃，衹是他們的自圓其説，如果以眞正智慧來觀察，就都是無稽之談。就如他們自己的妄心一樣，來去漂馳流動，而不能把捉，他們所説的涅槃，也是如此。

「大慧啊！而我所説的涅槃，就是説善於覺知自心現量，不執著於心外之性，離於四句（註見前卅八），見到本來如實之處。不墮於自心所現的相對的二邊見解裡，捨棄能攝和所攝，及一切妄心的推度，把愚癡和眞實一起拋卻，能這樣捨棄，就得到自覺的聖法。同時還要了知二無我（人無我、法無我），離二煩惱（貪嗔癡等根本煩惱和忿恨覆等隨煩惱），淨除二障（煩惱障、所知障），永離二死（分段生死、變易生死），證入菩提次第的上上地，乃至於如來地，證得一切如夢似幻般的各種甚深三昧，離心、意、識，便是涅槃的境界。大慧啊！你和其餘的大乘菩薩們，應當趕快遠離一切外道等各種涅槃的見解。」這時，佛就歸納這些道理，作了一篇偈語說：

外道涅槃見。各各起妄想。斯從心想生。無解脫方便。
愚於縛縛者。遠離善方便。外道解脫想。解脫終不生。

（這是說：各種外道的涅槃見解，都是妄心妄想所生，沒有眞正解脫的方便法門。愚癡無知，愈縛愈深，不能善於運用解脫法門，雖然也是爲了求得解脫，但始終得不到解脫。）

衆智各異趣。外道所見通。彼悉無解脫。愚癡妄想故。
一切癡外道。妄見作所作。有無有品論。彼悉無解脫。

（這是說：各種外道們的旨趣，雖然各自不同，但都是心外求道的見解，在這點上卻是彼此相同的。所有的外道，都不能證得究竟解脫之道，無非是由於愚癡妄想的作用。他們執迷不悟，妄認有能造作的主宰和所造作的物體，而且在有無之間，落於相對的偏見，而不能究竟解脫。）

凡愚樂妄想。不聞眞實慧。言語三苦本。眞實滅苦因。
譬如鏡中像。雖現而非有。於妄想心鏡。愚夫見有二。

（這是說：愚癡無智的凡夫們，祇樂於執著妄心妄想，不聞眞實的智慧。貪著言語理論，便是墮於三界的苦本。如果內證眞實的自覺，纔能滅除一切苦因。譬如鏡中現像，雖然人物來照時就顯現出來，但去後卻不留形迹，一切妄心妄想，對境依他而起，自心現量，也猶如鏡子一樣，本無來去生滅的踪迹可得，祇因愚夫妄見，而產生有無等二邊的妄想而已。）

不識心及緣。則起二妄想。了心及境界。妄想則不生。

心者卽種種。遠離相所相。事現而無現。如彼愚妄想。

（這是說：凡夫們因爲不識自心現量和緣起生法，所以就產生有無的二邊妄想。如果了見自心和外境，就不會生起妄想分別之心了。心雖然是種種的根本，但它卻是沒有自相和所現的相可得。卽使心中現出各種事相，也祇是一現卽空，而實無所現的。猶如愚迷凡夫們的妄想，也是無從把捉的。）

三有惟妄想。外義悉無有。妄想種種現。凡愚不能了。

經經說妄想。終不出於名。若離於言說。亦無有所說。

（這是說：三界所有的欲、無明和業等，都無非是唯心妄想所產生的。除此以外，實在沒有另外一個東西的存在。妄想分別，便現出種種事相，祇是凡夫愚癡，不能自知罷了。卽如佛所說的各種經典，處處都指破這個妄想。所有佛經的各種不同說法，也祇是名辭論辯的不同而已。如果不去執著名辭而實證涅槃，本來就没有什麼可說的了。）

（註四十）廿五眞實：二十五諦眞實也。二十五諦爲數論外道所立，說明宇宙萬有開展狀況順序之根本原理也。卽自性（物質的本體）受神我（精神的本體）之作用而生大，由大生我慢，由我慢生五唯（色、聲、香、味、觸），五知根（眼、耳、鼻、舌、身），五作業根（口、手、足、男女、大遺），心根，又由五唯生五大（空、風、火、水、地）。而神我與自性之關係，恰如跛者與瞽者。神我雖有智的作用，然不能動，自性雖有活動作用，然不能生爲其活動之源之動機，蓋神我爲使自性有活動者，自性爲使活動動機實現者，由此二相生中間之二十三諦也。

（註四十一）六德論：六德，梵語薄伽梵之六義也，有時亦通用於王者之六德。一自在、二熾盛、三端嚴、四名稱、五吉祥、六尊貴。

楞伽大義今釋卷第四

一切佛語心品之四

爾時大慧菩薩白佛言。世尊。惟願爲說三藐三佛陀。我及餘菩薩摩訶薩，善於如來自性。自覺覺他。佛告大慧。恣所欲問，我當爲汝隨所問說。大慧白佛言。世尊。如來應供等正覺。爲作耶。爲不作耶。爲事耶。爲因耶。爲相耶。爲所相耶。爲說耶。爲所說耶。爲覺耶。爲所覺耶。如是等辭句。爲異爲不異。佛告大慧。如來應供等正覺，於如是等辭句，非事非因。所以者何。俱有過故。大慧。若如來是事者。或作，或無常。無常故，一切事應是如來。我及諸佛，皆所不欲。若非所作者。無所得故，方便則空。同於兔角，槃大之子。以無所有故。大慧。若無事無因者，則非有非無。若非有非無，則出於四句。四句者。是世間言說。若出四句者，則不墮四句。不墮四句故，智者所取。一切如來句義亦如是。慧者當知。如我所說一切法無我。當知此義，無我性，是無我。一切法有自性，無他性。如牛馬。大慧。譬如非牛馬性。非馬牛性。其實非有非無。彼非無自性。如是大慧。一切諸法，非無自相，有自相。但非無我愚夫之所能知。以妄想故。如是一切法空，無生，無自性，當如是知。如是如來與陰，非異非不異。若不異陰者，應是無常。若異者，方便則空。若二者，應有異。如牛角，相似故不異。長短差別故有異。一切法亦如是。大慧。如牛右角異左角。左角異右角。如是長短種種色，各各異。大慧。如來於陰界入，非異非不異。

如是如來解脫，非異非不異。如是如來，以解脫名說。若如來異解脫者，應色相成。色相成故，應無常。若不異者，修行者得相，應無分別。而修行者見分別。是故非異非不異。

如是智及爾燄，非異非不異。大慧。智及爾燄非異非不異者，非常非無常。非作非所作。非有爲非無爲。非覺非所覺。非相非所相。非陰非異陰。非說非所說。非一非異。非俱非不俱。非一非異，非俱非不俱故，悉離一切量。離一切量，則無言說。無言說，則無生。無生，則無滅。無滅，則寂滅。寂滅，則自性涅槃。自性涅槃，則無事無因。無事無因，則無攀緣。無攀緣，則出過一切虛僞。出過一切虛僞，則是如來。如來則是三藐三佛陀。大慧。是名三藐三佛陀佛陀。大慧。三藐三佛陀佛陀者，離一切根量。爾時世尊欲重宣此義，而説偈言。

悉離諸根量　無事亦無因　已離覺所覺　亦離相所相
陰緣等正覺　一異莫能見　若無有見者　云何而分別
非作非不作　非事亦非因　非陰非在陰　亦非有餘雜
亦非有諸性　如彼妄想見　當知亦非無　此法法亦爾
以有故有無　以無故有有　若無不應受　若有不應想
或於我非我　言説量留連　沈溺於二邊　自壞壞世間
解脱一切過　正觀察我通　是名爲正觀　不毁大導師

證得如來和身心内外的關係

這時，大慧大士又請佛爲他解説正等正覺之法，使他和其餘的大乘菩薩們，善於瞭解如來自性，自覺覺他。於是他問：「如來證得正覺，是有所爲？或無爲呢？是果？或是因呢？有自相？或是所見之相呢？是説？或所説呢？是覺？或是所覺呢？而且這些問題，是異？或是同呢？」佛回答説：「如來應供等正覺，和你所説的這些問題，迥不相涉，既非事相的果，也不是因，爲什麼呢？因爲你這些問題，都是有語病的。假使如來是事相的果，這個果，設使是被創造的，那麼有作就有壞，也是無常的。設使無常就是如來的事相之果，那麼，一切的事，也應該就是如來。倘使如此，我與諸佛如來，就不必去追求這個了。假使不是被創造的，就根本無所得，祇是一個方便假説而已，祇是一個絶對的空，正和兔子有角，石女生兒的假設相同，根本就不可能有此事的。假使是無事相之果，而且也無因，那就是非有或非無了。倘是如此，則出於相對的四句，所謂四句便是世間的言論。如果是超於四句以外的，那就不墮於四句之中，不墮在四句中，纔是智者所追求的，你先須瞭解，一切如來的涵義，便是如此，智慧通達的人，便應當知之。大慧啊！如我所説的，一切法無我。無我的涵義，便是打破我執。一切法都是各有自己的性質，例如牛便是牛，馬便是馬，牛没有馬性，馬没有牛性，但並不是説牠們没有自己的性質，牛和馬祇是在這兩個動物上，加以命名，牛和馬的名辭本身，決不是牛和馬自身的物性。其實呢！名辭的表示和事實，既不是絶對的有，也不是絶對的無，它又並不是没有肯定的自性的。大慧啊！由此可知，諸法不是没有自相，也不是有自相，但這郤不是尚未達到無我境界的愚癡凡夫們所能知的，因爲他們有妄想。同樣的，所謂一切法本空、無生、無自性的道理，也應當用這個觀點來瞭解。至於所説的如來呢？也是如此，如來與身心的五陰界是相異的，也是相同的。如果如來是和五陰相同，那便是無常了。因身心五陰，是念念無常的。如果如來是和五陰相異，那也祇是方便假設而空説罷了。那麼，究竟如來和五陰是異是同呢？應該説是有異又不異，猶如牛的兩隻角一樣，因同是一隻牛頭上的角，總是相似的，所以是不異的。但是儘管是同一牛，兩隻角卻有長短等不同的差別，所以又是有異的。一切法也是和牛角一樣，有長短色相的不同。大慧啊！如來證得正覺，它和身心的五陰、十八界、十二入的關係，也是如此，是非異非不異的。

「同樣的，如來和解脱，也是非異、非不異的，因此，如來又別名爲解脱者。如果如來不是解脱者，那就有色相所形成，而色相的形成，卻是無常的。如果如來是解脱者，那修行所得之相，就應無能證和所證的分別了。可是修行者的見地，確於其間見到差別之相，所以説：如來和解脱，是非異非不異的。

「同理可以了知，智慧和妄想，也是非異非不異的，何以如此呢？因爲智慧和妄想，都是非常、非無常。非作、非所作。非有爲、非無爲。非覺，非所覺。

非相，非所相。非陰、非異陰。非說，非所說。非一、非異。非俱、非不俱的。因為是非一、非異、非俱、非不俱，所以是離一切量的，但離一切量，就無言說。無言說，就無生。無生，就無滅。無滅，就寂滅。寂滅，就自性涅槃。自性涅槃，就無事無因。無事無因，就無攀緣。無攀緣，就超過一切虛妄。超過一切虛妄，就是如來。如來就是正等正覺，所以便名為佛陀。大慧啊！證得無上正等正覺的佛陀者，是永離一切根和量的境界的。」這時，佛就歸納這些道理，作了一篇偈語說：

悉離諸根量。無事亦無因。已離覺所覺。亦離相所相。
陰緣等正覺。一異莫能見。

（這是說：如來正覺，是遠離一切根塵境界，此中既無事亦無因，遠離能覺和所覺，遠離能見和所見，以及一切緣起和五陰等作用，在如來正覺中，既不是一，也不是多。）

若無有見者。云何而分別。非作非不作。非事亦非因。
非陰非在陰。亦非有餘雜。亦非有諸性。如彼妄想見。
當知亦非無。此法法亦爾。

（這是說：但是，也不能認爲如來正覺，是沒有能見和所見的。如果是沒有能見和所見，那如何又能善於分別一切法呢？總之：一切空、無相、無作，並非如凡夫妄想所推測的，有一眞性可見，可是卻也不是什麼都沒有的無，祇是本來法爾如此，元是不增不減的。）

以有故有無。以無故有有。若無不應受。若有不應想。

（這是說：法爾本來如此，而生起萬有的相和用。可是因爲有，有復還無。因爲無，無又生起萬有的相和作用。如果是絕對的無，無就不可能領受一切的相和用。如果是眞實的有，有就本來有在，不應該憑藉妄想纔能知道相和用。）

或於我非我。言說量留連。沈溺於二邊。自壞壞世間。

（這是說：凡夫們不能親證我和無我的道理，祇是聽聞言說，便妄加推測。須知執著無我，卻又落於一邊。凡夫們不執著於我，便執著無我，總在二邊相對之中，不僅使自己沈迷淪溺，而且也破壞了世間和出世間的正法。）

解脫一切過。正觀察我通。是名爲正觀。不毀大導師。

（這是說：遠離這些知見的過錯，觀察我法，自能得到通達，這樣纔名爲正觀，否則就是毀謗世間大導師的佛法了。）

爾時大慧菩薩復白佛言。世尊。如世尊說修多羅攝受不生不滅。又世尊說，不生不滅是如來異名。云何世尊爲無性故，說不生不滅。爲是如來異名。佛告大慧。我說一切法不生不滅，有無品不現。大慧白佛言。世尊。若一切法不生者，則攝受法不可得。一切法不生故。若名字中有法者，惟願爲說。佛告大慧。善哉善哉，諦聽諦聽。善思念之。吾當爲汝分別解說。大慧白佛言。唯然受教。佛告大慧。我說如來非無性。亦非不生不滅攝一切法。亦不待緣故不生不滅。亦非無義。大慧。我說意生，法身，如來名號。彼不生者。一切外道，聲聞緣覺，七住菩薩，非其境界。大慧。彼不生，卽如來異名。大慧。譬如因陀羅釋迦，不蘭陀羅。如是等諸物，一一各有多名。亦非多名而有多性。亦非無自性。如是大慧。我於此娑呵世界，有三阿僧祇，百千名號。愚夫悉聞，各說我名，而不解我如來異名。大慧。或有衆生，知我如來者。有知一切智者。有知佛者。有知救世者。有知自覺者。有知導師者。有知廣導者。有知一切導者。有知僊人者。有知梵者。有知毗紐者。有知自在者。有知勝者。有知迦毗羅者。有知眞實邊者。有知月者。有知日者。有知主者。有知無生者。有知無滅者。有知空者。有知如如者。有知諦者。有知實際者。有知法性者。有知涅槃者。有知常者，有知平等者。有知不二者。有知無相者。有知解脱者。有知道者。有知意生者。大慧。如是等三阿僧祇百千名號，不增不減。此及餘世界，皆悉知我。如水中月，不出不入。彼諸愚夫，不能知我。墮二邊故。然悉恭敬供養於我，而不善解知辭句義趣。不分別名，不解自通。計著種種言説章句。於不生不滅，作無性想，不知如來名號差別。如因陀羅釋迦，不蘭陀羅。不解自通，會歸終極。於一切法，隨説計著。

大慧。彼諸癡人，作如是言。義如言説，義説無異。所以者何。謂義無身故。言説之外，更無餘義。惟止言説。大慧。彼惡燒智，不知言説自性。不知言説生滅，義不生滅。大慧。一切言説，墮於文字，義則不墮。離性非性故，無受生，亦無身。大慧。如來不説墮文字法。文字有無，不可得故。除不墮文字。大慧。若有説言。如來説墮文字法者。此則妄説。法離文字故。是故大慧。我等諸佛及諸菩薩，不説一字，不答一字。所以者何。法離文字故。非不饒益義説。言説者，衆生妄想故。大慧。若不説一切法者，教法則壞。教法壞者，則無諸佛菩薩緣覺聲聞。若無者，誰説爲誰。是故大慧。菩薩摩訶薩，莫著言説。隨宜方便，廣說經法。以衆生希望煩惱不一故，我及諸佛，爲彼種種異解衆生，而說諸法。令離心意意識故。不爲得自覺聖智處。

大慧。於一切法，無所有，覺自心現量，離二妄想。諸菩薩摩訶薩依於義，不依文字。若善男子善女人，依文字者，自壞第一義。亦不能覺他。墮惡見相續，而爲衆說。不善了知，一切法，一切地，一切相，亦不知章句。若善一切法，一切地，一切相，通達章句，具足性義。彼則能以正無相樂，而自娛樂。平等大乘，建立衆生。大慧。攝受大乘者，則攝受諸佛菩薩緣覺聲聞。攝受諸佛菩薩緣覺聲聞者，則攝受一切衆生。攝受一切衆生者，則攝受正法。攝受正法者，則佛種不斷。佛種不斷者，則能了知得殊勝入處。知得殊勝入處，菩薩摩訶薩常得化生，建立大乘十自在力。現衆色像。通達衆生形類希望，煩惱諸相，如實說法。如實者，不異。如實者，不來不去相，一切虛僞息。是名如實。大慧。善男子善女人，不應攝受，隨說計著。眞實者，離文字故。大慧。如爲愚夫，以指指物愚夫觀指，不得實義。如是愚夫隨言說指，攝受計著，至竟不捨。終不能得，離言說指第一實義。大慧。譬如嬰兒，應食熟食，不應食生。若食生者，則令發狂。不知次第方便熟故。大慧。如是不生不滅，不方便修，則爲不善。是故應當，善修方便。莫隨言說，如視指端。是故大慧。於眞實義，當方便修。眞實義者，微妙寂靜，是涅槃因。言說者，妄想合。妄想者，集生死。大慧。眞實義者，從多聞者得。大慧。多聞者，謂善於義，非善言說。善義者，不隨一切外道經論。身自不隨。亦不令他隨。是則名曰大德多聞。是故欲求義者，當親近多聞。所謂善義。與此相違計著言說，應當遠離。

爾時大慧菩薩，復承佛威神而白佛言。世尊。世尊顯示不生不滅，無有奇特。所以者何。一切外道因，亦不生不滅。世尊亦說虛空，非數緣滅，及涅槃界不生不滅。世尊。外道說因，生諸世間。世尊亦說無明愛業妄想爲緣，生諸世間。彼因此緣，名差別耳。外物因緣，亦如是。世尊與外道論，無有差別。微塵，勝妙，自在，衆生主等，如是九物，不生不滅。世尊亦說一切性不生不滅，有無不可得。外道亦說四大不壞自性，不生不滅，四大常。是四大，乃至周流諸趣，不捨自性。世尊所說，亦復如是。是故我言無有奇特。惟願世尊，爲說差別所以奇特，勝諸外道。若無差別者，一切外道皆亦是佛。以不生不滅故。而世尊說，一世界中多佛出世者，無有是處。如向所說，一世界中應有多佛，無差別故。

佛告大慧。我說不生不滅，不同外道不生不滅。所以者何。彼諸外道有性自性，得不生不變相。我不如是墮有無品。大慧。我者離有無品，離生滅。非性，非無性。如種種幻夢現故，非無性。云何無性，謂色無自性相攝受，現不現故。攝不攝故。以是故，一切性，無性非無性。但覺自心現量，妄想不生。安隱快樂。世事永息。愚癡凡夫妄想作事。非諸聖賢不實妄想。如揵闥婆城，及幻化人。大慧。如揵闥婆城及幻化人，種種衆生，商賈出入。愚夫妄想。謂眞出入。而實無有出者入者。但彼妄想故。如是大慧。愚癡凡夫，起不生不滅惑。彼亦無有有爲無爲。如幻人生。其實無有若生若滅。性無性，無所有故。一切法亦如是，離於生滅。愚癡凡夫墮不如實，起生滅妄想。非諸聖賢。不如實者，不爾。如性自性妄想，亦不異。若異妄想者，計著一切性自性，不見寂靜。不見寂靜者，終不離妄想。是故大慧。無相見勝，非相見。相見者，受生因，故不勝。大慧。無相者。妄想不生，不起不滅，我說涅槃。大慧。涅槃者。如眞實義見，離先妄想心心數法。逮得如來自覺聖智，我說是涅槃。爾時世尊欲重宣此義，而說偈言。

滅除彼生論　建立不生義　我說如是法　愚夫不能知
一切法不生　無性無所有　揵闥婆幻夢　有性者無因
不生無自性　何因空當說　以離於和合　覺知性不現

是故空不生　我說無自性　謂一一和合　性現而非有
分析無和合　非如外道見　夢幻及垂髮　野馬揵闥婆
世間種種事　無因而相現　折伏有因論　申暢無生義
申暢無生者　法流永不斷　熾然無因論　恐怖諸外道

爾時大慧以偈問曰。

云何何所因　彼以何故生　於何處和合　而作無因論

爾時世尊復以偈答。

觀察有爲法　非無因有因　彼生滅論者　所見從是滅

爾時大慧說偈問曰。

云何爲無生　爲是無性耶　爲顧視諸緣　有法名無生
名不應無義　惟爲分別說

爾時世尊復以偈答。

非無性無生　亦非顧諸緣　非有性而名　名亦非無義
一切諸外道　聲聞及緣覺　七住非境界　是名無生相
遠離諸因緣　亦離一切事　唯有微心住　想所想俱離

其身隨轉變　我說是無生　無外性無性　亦無心攝受
斷除一切見　我說是無生　如是無自性　空等應分別
非空故說空　無生故說空　因緣數和合　則有生有滅
離諸因緣數　無別有生滅　捨離因緣數　更無有異性
若言一異者　是外道妄想　有無性不生　非有亦非無
除其數轉變　是悉不可得　但有諸俗數　展轉爲鉤鏁
離彼因緣鏁　生義不可得　生無性不起　離諸外道過
但說緣鉤鏁　凡愚不能了　若離緣鉤鏁　別有生性者
是則無因論　破壞鉤鏁義　如燈顯衆像　鉤鏁現若然
是則離鉤鏁　別更有諸性　無性無有生　如虛空自性
若離於鉤鏁　慧無所分別　復有餘無生　賢聖所得法
彼生無生者　是則無生忍　若使諸世間　觀察鉤鏁者
一切離鉤鏁　從是得三昧　癡愛諸業等　是則內鉤鏁
鑽燧泥團輪　種子等名外　若使有他性　而從因緣生
彼非鉤鏁義　是則不成就　若生無自性　彼爲誰鉤鏁

展轉相生故　當知因緣義　堅濕煖動法　凡愚生妄想
離數無異法　是則說無性　如醫療衆病　無有若干論
以病差別故　爲設種種治　我爲彼衆生　破壞諸煩惱
知其根優劣　爲彼說度門　非煩惱根異　而有種種法
唯說一乘法　是則爲大乘

眞理的究竟歸屬是什麼

這時，大慧大士又問：「在您平常所說的經典中，指示不生不滅，便是如來的別名，這個意思是說：本來就沒有法性，叫作不生不滅，這樣便是如來的別名嗎？」佛回答說：「我所說的一切法不生不滅，是說有和無的情形都不存在。如果說是沒有，已落在無的誤解裡了。」大慧又問：「如果一切法是不生的話，就根本不能包括一切，如果在這個不生的字義中，是有法存在的話，那麼，就請您爲我們說明吧。」佛回答說：「我說如來的境界，不是無性，也不是以不生不滅來包括一切法，也不待因緣的作用，纔有不生不滅，更不是隨便定名，而沒有任何義理的。大慧啊！我是用這意生法身的如來名號。我所說的不生，卻不是一切外道、聲聞、緣覺，以及七地菩薩們所能夠了知的。這種不生，便是如來的別名。譬如天王帝釋等等，以及世間各種物象，每一件事物，都有許多不同的名字。可是，卻不是因爲有許多不同的名字，便有許多不同的自性存在。不過，也不能說，每一不同的名號中，就沒有特殊的意義。大慧啊！同樣的，我在這個世界上，有三阿僧祇（不盡知、無量數）的名號，在一般凡愚的見聞中，都可隨意地想像它，各自說出我的名字，但他們卻不瞭解那就是我的別名。例如：有些人知我名爲如來，有的知我名爲一切智，有的知我名爲佛，有的知爲救世者，有的知爲自覺者，有的知爲導師者，有的知爲廣導者，有的知爲一切導者，有的知爲仙人者，有的知爲梵者，有的知爲毘紐者（註四十二），有的知爲自在者，有的知爲勝者，有的知爲迦毘羅者（註四十三），有的知爲眞實邊者，有的知爲月者，有的知爲日者，有的知爲主者，有的知爲無生者，有的知爲無滅者，有的知爲空者，有的知爲如如者，有的知爲諦者，有的知爲實際者，有的知爲法性者，有的知爲涅槃者，有的知爲常者，有的知爲平等者，有的知爲不二者，有的知爲無相者，有的知爲解脫者，有的知爲道者，有的知爲意生者。大慧啊！如來有這種種無量的名號，都是不增不減，遍於無際的空間和所有的世界上，大家都知道我，猶如水中明月，不出不入，無去無來。可是他們這些凡夫，都因爲墮在對待的二邊見解裡，都不能實在了知我。可是，卻都恭敬供養我，祇是不善於瞭解辭句和義理的眞趣，不去分別這許多不同的名號，都是基於相通的至理而來，反而執著種種言説章句理論，於不生不滅中，而作無性之想。卻不知如來名號的不同，猶如綱之於網，不解自通，最後的眞際，都是歸於無上的終極。無奈他們，偏要執著一切名字聲音，被言語文字所迷惑。

言語文字和眞理

「大慧啊！他們這些愚癡的人，卻説：眞義就在言語中，眞義和言論是沒有兩樣的。爲什麼呢？他們認爲眞義本身是空無所有，除了言論以外，更沒有別的眞義存在。所以説：眞理便在言論之中。這些都是被惡智所燒灼的見解，根本就不知道言語自性，也不知道言語是生滅的，眞義是不生不滅的。總之：一切言語，都囿於文字，而眞義卻不然，因爲眞義是離於有無，在無可感受之處，也無有本身可得。所以如來說法，不會囿於文字的範圍裡，因爲文字的若有若無，是根本不可得的。因此唯有不囿於文字言語中，纔知如來的本來面目。如果有人說：如來也仍然在文字中，那便是妄說了。因爲眞正的佛法，是離文字相的。大慧啊！所以我等諸佛菩薩，是不說一字，不答一字。什麼道理呢？因爲眞正的佛法，是離文字相的。並非不願作利益衆生的眞義的說法，祇是惟恐言說反而增加了衆生的妄想。但是如果不說一切法呢？那教法就要被破壞了。教法一壞，也就無諸佛菩薩、緣覺、聲聞等等了。如果連這些都沒有，又有誰在說法，又爲了誰說法呢？所以大乘菩薩們，切莫執著於言語相，祇是方便隨宜，廣說一切經法，因爲衆生的煩惱和希望不一，所以我和諸佛，爲種種見解不同的衆生而說一切法，無非是爲了使他們遠離妄心意識，而不是爲了要使他們內證聖智纔成立諸法的。

「大慧啊！如果能够了知一切法本無所有，證得唯有自心現量，而離於空有等的二邊妄想，纔是大乘菩薩道的依於眞義，而不依於文字的道理。如果一般人，但依文字相，祇執著於文字言語，那便是自壞了第一義，也就不能覺他了。這樣，便將墮在惡見相續之中，便以此爲衆生說法，他當然就不善於了知一切法、一切地、一切相，以及不知文字章句的眞義所指了。如果是善於了知一切法、一切地、一切相，乃至通達文字章句的徹底的理性和眞義，他就能够以眞正的無相樂而自娯，就可以在平等性的大乘之中，成就一切衆生了。大慧啊！能够攝受大乘之道，他便能够攝受諸佛菩薩和聲聞緣覺，如此，就能够攝受一切衆生和攝受正法。唯有攝受正法，纔能使佛種不斷，然後纔能知道殊勝的入處。因此大乘菩薩，常化生不息，繼續建立大乘的十自在力，現衆色像，通達衆生一切形狀種類的各種希望和煩惱情形，而作如實的説法。所謂如實，便是不異，沒有過去未來來去動靜之相，一切虛妄就此永息，纔名爲如實。所以人們不要隨著言語文字，便鑽進在文字語言的執著裡去。因爲如來的眞實境界，是離文字相的。大慧啊！猶如愚夫們，別人以指指物給他們看，他們卻不去觀物，卻瞪視指頭以爲就是所指之物，這樣便永遠也不能得到眞義了。同樣的，一般人們，也都是執著言語文字相，猶以指爲物，執著不捨，所以終不能得到離言説所指的第一實義了。又譬如嬰兒，應該要吃滋養的熟食，不應該亂吃生冷，否則，消化不良，就會生病。須知作成熟食，是有其程序和方法的，同理，不生不滅之法，如果沒有方便法門去修證它，就會執著不生不滅的文字相。所以應當好好修習方便法門，切莫祇隨著文字言語而流轉，猶如愚人但視指端，不知所指之物了。大慧啊！所以你們對於如來眞實之義，應當以方便法門去修證。眞實義是微妙寂靜的，是涅槃之因。言語文字，祇是妄想的組合。而妄想，祇是累積生死的根本。至於眞實義，又是從多聞博知纔能得到的。所謂多聞博知，便是說：善於通達眞義，而不是善於言語文字。所謂善於通達眞義，便是說：不隨一切外道的經論在轉，不但自身不隨，同時也不教他人隨轉，這纔配稱爲是多聞的大德。所以要求眞義者，就應當親近多聞的大德。相反的，那些與此理相違背，祇執著言語文字相的，卻應當遠離。」

佛法和外道的基本異同

這時，大慧大士又問：「您所顯示的不生不滅，並無奇特之處，爲什麼呢？一切外道所說的因，是不生不滅的。您也說虛空並非是隨著數量和因緣等而滅的，您乃至說涅槃境界是不生不滅的。外道們說：依著許多因緣而生世間，您也說：由無明、愛、業、妄想等因緣，而生世間。外道們說：依外物和因緣，而生諸法，您也是如此說的，所以您和外道的理論是沒有什麼差別的。外道們說：因爲微塵，或勝妙的自在天主，和大梵天主等，纔是衆生的主宰。共有九種事物（即爲一、時。二、方。三、虛空。四、微塵。五、四大種。六、大梵天。七、勝妙天。八、大自在天。九、衆生主的神我），都是不生不滅的。您也說一切諸法，是不生不滅的，有無都不可得。外道們說：四大——地、水、火、風是不壞的，它的自性也是不生不滅，四大便是永恆的，甚至周流於六道之中，仍然不會捨離自性。您所說的，也是如此。因此我說您所講的並無特別之處。惟願您爲我們說明佛法和外道差別之處，和優於外道的地方，究竟在哪裡？假使並無差別，那麼，一切外道，也都是佛，因爲他們也說不生不滅啊！可是您又說：一個世界之中，同時有很多的佛存在，那是錯誤的。假定一切外道，也和佛所說相同，那也就是在這一個世界中，有很多的佛並存，於是內外之道，也就根本沒有差別了。」

一切法無自性但覺自心現量

佛說「大慧啊！我所說的不生不滅，不同於外道的不生不滅。爲什麼呢？他們是說另有一性能，它是人們的自性，祇有它纔得到不生不變相的。我卻並不如此的墮在有或無的範圍。我說的，是超有無，離生滅，非有性，也非無性。譬如種種幻夢的境界一樣，所以不是無性。所謂無性便是說：像一切色相，並無眞正的自性形狀可得，祇是有可見和不可見，有可把捉和不可把捉而已。因此我說：一切法是無自性的，但也不是絕對的沒有，祇是自心現量所生。那麼妄想分別不生，就安隱快樂，世累永息了。可是一般愚癡的凡夫們，祇是用妄想作事，並非是聖賢境界。大慧啊！迷心逐物，沉湎於不實的妄想之中，猶如海市蜃樓和幻夢中的人物，看來也有種種衆生，和商賈的出入，但那也祇是在迷惑中的人，纔認爲其中確有眞實世界的存在。愚癡凡夫們，自認爲妄想分別，是眞有出入的。但在根本上，卻非眞實，祇是自心妄想所生而已。所以他們惑於自性，會產生不生不滅的謬解，實際上，就根本沒有無爲或有爲的存在，也猶如幻夢中的人物，根本就沒有若生若滅的，因爲自性本來就非性，本來就了無所有。一切法也同樣如此，離於生滅，衹因愚癡凡夫，執著妄想，所以不知眞如實際，便生起生滅的妄想，並非是聖賢境界。所謂不知眞如實際，就是他們認爲有一自性，這個自性，也就是由於妄想分別，推測而得的。所以他們所說的自性，也等於妄想無異了。如果認爲這個自性，是異於妄想的，那便是執著一切萬法，的確是另有一自性，而不見自心的畢竟寂靜了。如果不能證見自心畢竟寂靜，就始終擺脫不了妄想分別。大慧啊！所以見到無相寂靜的，纔名爲眞正見到殊勝之境。所以勝義的境界，不是有相可見的，如果是有相，就是有生滅之因，那就不是勝義了。所謂無相，便是妄想不生、不起、不滅，也就是我說的涅槃。所謂涅槃，便如眞實勝義之見，是捨離妄想心，和心所生的無量數現象，由此再進而至於如來的自覺聖智，這纔是我說的涅槃。」這時，佛就歸納這些道理，作了一篇偈語說：

滅除彼生論。建立不生義。我說如是法。愚夫不能知。

一切法不生。無性無所有。揵闥婆幻夢。有性者無因。

不生無自性。何因空當說。

（這是說：爲了滅除外道們的生滅理論，纔建立佛法的不生不滅的眞義，這可不是一般愚癡無智的凡夫們所能瞭解的。萬有一切諸法本自不生，也沒有自性，也都是了無所有的。猶如海市蜃樓和夢境，幻化成萬有的一切。如果認爲它是另有一個自性的，這自性從何因而來？如果本自無因，那這自性也便是無因可得，豈非成爲無因論了。就因爲一切諸法，本自不生，所以我纔說無自性，這也就是因爲自性本空的緣故啊！）

以離於和合。覺知性不現。是故空不生。我說無自性。
謂一一和合。性現而非有。分析無和合。非如外道見。

（這是說：一切諸法，都從因緣和合而生，當因緣離散的時候，可以被知覺的自性，就無從得見了。所以說性是本來空而無生的，我纔說無自性。因爲一切諸法，一一都待因緣和合而生，當它和合生時，雖然好像有自性，可是實際上卻了不可得，畢竟是沒有的。因此再去分析和合的諸緣性，也根本無有自性。這就是佛所說的法，是不同於一般外道們的見解。）

夢幻及垂髮。野馬揵闥婆。世間種種事。無因而相現。
折伏有因論。申暢無生義。申暢無生者。法流永不斷。

熾然無因論。恐怖諸外道。

（這是說：一切諸法，都如夢幻似地存在。世間種種事物，並無一個最初的因可得。所以若要折伏有因論的觀點，必須要申述本自不生的眞義。如果能够申述無生的道理，便可使法流永不斷滅。說一切諸法並無最初因的理論，是可以使外道們起驚怖的。我們在此處須特别注意者，這所說的無因，是專指無最初因的說法，切勿作無因而生諸法去理解，龍樹菩薩在《中論》裡講得很明白，如：諸法不自生。亦不從他生。不共不無因。是故知無生。）

這時，大慧又以偈問佛說：「云何何所因？彼以何故生？於何處和合？而作無因論？」

（這是問：什麼是因？它是怎樣生起的？在哪裡和合呢？）

佛回答說：「觀察有爲法。非無因有因。彼生滅論者。所見從是滅。」

（這是說：你祇要觀察一切有爲諸法，既不是無因而來，也不是有一個最初的因而生，說有說無，都無非是從生滅法立論的。如果眞能見到生滅本空，那麼有無之見，便無從産生了。）

大慧又問：「云何爲無生？爲是無性耶？爲顧視諸緣，有法名無生？名不應無義，惟爲分別說。」

（這是說：什麼叫做無生？那是指根本沒有自性嗎？或是看到一切諸法，從因緣而生，所以就假名叫做無生嗎？既然有了這個名辭，不應該說是沒有意義的啊，希望爲我們詳細說明一下。）

佛回答說：「非無性無生。亦非顧諸緣。非有性而名。名亦非無義。一切諸外道。聲聞及緣覺。七住非境界。是名無生相。」

（這是說：並非是說根本就沒有自性而能生一切諸法的。也不是說：由於因緣生法，纔假立一無生的名辭。而且這個名辭，也不是沒有意義的。這個道理，卻不是一切外道、聲聞、緣覺，乃至七地菩薩們所能瞭解，因爲這不是他們的境界，所以纔名爲無生無相的。）

遠離諸因緣。亦離一切事。唯有微心住。想所想俱離。其身隨轉變。我說是無生。

（這是說：要遠離一切因緣所生法，而且也遠離一切的事物，唯心而住，這時，能想和所想都要遠離，漸使其身也跟著轉變，我說這便是得到無生的境界。）

無外性無性。亦無心攝受。斷除一切見。我說是無生。

如是無自性。空等應分別。非空故説空。無生故説空。

（這是説：一切外物，有性無性，都無心去領會，祇要斷除内外一切妄見，我説這便是得到無生。因此，對於無自性和空等諸法，都應分別了知。爲什麽呢？不是説有一個空的境界，或者是你去空掉它，纔名爲空。因爲本自無生，自性本空，所以我説是空。）

因緣數和合。則有生有滅。離諸因緣數。無別有生滅。

捨離因緣數。更無有異性。若言一異者。是外道妄想。

有無性不生。非有亦非無。除其數轉變。是悉不可得。

（這是説：因緣和數的和合，纔生起一切諸法，有生便有滅，所以一切諸法，都在生滅之中。如果離了因緣和數，就别無生滅之相。而且離了因緣和數的和合，再也没有自性同異之相，如於此中還要推尋同異的理論，那都是外道們的妄想而已。何况有與無，根本就是自相對立的矛盾觀念，有生於無，無生於有，那都是名言思辨的妄想。本來就没有無與有的實際可得，故説非有也非無。一切諸法，除了因緣與數的和合轉變而顯現外，也本來都是了不可得的。）

但有諸俗數。展轉爲鉤鏁。離彼因緣鏁。生義不可得。

生無性不起。離諸外道過。但說緣鉤鏁。凡愚不能了。

若離緣鉤鏁。別有生性者。是則無因論。破壞鉤鏁義。

如燈現衆像。鉤鏁現若然。是則離鉤鏁。別更有諸性。

（這是說：世俗所見所知形而下的一切諸法，都衹是因緣和數的和合所形成，互相輾轉變化，猶如鉤鎖連環，除此以外，所謂能生諸法的主宰或自性，根本都了不可得。所以緣起無生，此中別無另一個自性的存在。這是和外道不同的地方，不是愚癡無智的凡夫所能了解的。如果說離了因緣互變以外，別有一個能生的自性，那便是無因論，破壞因緣生法的定理。譬如因燈而顯現色像一樣，燈照色顯，是互爲因果的，猶如鉤鎖連環，缺一便不能起作用，所以離了因緣互變以外，再沒有另一個自性的存在了。）

無性無有生。如虛空自性。若離於鉤鏁。慧無所分別。

復有餘無生。賢聖所得法。彼生無生者。是則無生忍。

（這是說：一切諸法，都無自性，也本自無生，體如虛空，了不可得。如果離了因緣互變，如鉤鎖連環似的生生不已外，竭盡智慧去觀察，也無從分別其極致了。此外，所謂無生的境界，便是得道賢聖所證得之法，那是他自心所生的無生境界，便是所謂無生忍了。）

若使諸世間。觀察鉤鏁者。一切離鉤鏁。從是得三昧。

癡愛諸業等。是則内鉤鏁。鑽燧泥團輪。種子等名外。

（這是說：能够觀察到世間一切事物的法則，都是因緣緣起所生，猶如鈎鎖連環，生生不已。如果在因緣生滅之中，不造因，不著緣，捨離鈎鎖連環的作用，便可在其中安身立命，自入寂滅的三昧之樂了。貪嗔癡愛等諸法，也如鈎鎖連環，彼此互相輾轉而生，這便是内在因緣的連鎖現象。鑽木取火，凸鏡照日引火，以及泥團輪機等物，互相輾轉爲用，便成陶器。稻麥種子等，從因緣而得生生不已，這些統統名爲外緣的鈎鎖現象。）

若使有他性。而從因緣生。彼非鉤鏁義。是則不成就。

若生無自性。彼爲誰鉤鏁。展轉相生故。當知因緣義。

（這是說：假使另有一個自性，可是它確靠因緣而生，那個自性與因緣，有什麼連帶的關係呢？這個道理，顯然是不成立的。如果能生諸法的，便無自性，那它又是誰來和因緣發生連鎖性的作用呢？故知一切諸法，衹是因緣彼此互相輾轉，互爲因果而相生的，這便是因緣生法的道理。）

堅濕煖動法。凡愚生妄想。離數無異法。是則說無性。

（這是說：物理世界中的堅（地）濕（水）煖（火）動（風）等物質的法則，也都是因緣互變所生。凡夫愚癡，卻在其中發生妄想。不認爲有一造物者所主宰，便認爲是自然界所自來。其實，離了因緣輾轉互變以外，更無其他的原因，這便是諸法無自性的道理。）

如醫療衆病。無有若干論。以病差別故。爲設種種治。

我爲彼衆生。破壞諸煩惱。知其根優劣。爲彼說度門。

非煩惱根異。而有種種法。唯說一乘法。是則爲大乘。

（這是說：佛爲大醫王，能醫衆生的心病。故佛說一切法，爲度一切心。種種不同的說法，無非如醫者因病施藥，爲了破除衆生妄心煩惱的心病而已。但是煩惱的根本，並非眞有種種不同的差異，萬別千差的煩惱，都是根元於一心，證知萬法唯心，一切唯識，了知一心之法，便是唯一的大乘佛法了。）

（註四十二）毗紐：卽自在天也。又爲那羅延天之別名。

（註四十三）迦毘羅：數論派之祖，立二十五諦之義。

爾時大慧菩薩摩訶薩復白佛言。世尊。一切外道，皆起無常妄想。世尊亦說一切行無常，是生滅法。此義云何。爲邪爲正。爲有幾種無常。佛告大慧。一切外道，有七種無常，非我法也。何等爲七。彼有說言，作已而捨，是名無常。有說形處壞，是名無常。有說卽色是無常。有說色轉變中間，是名無常。無間自之散壞，如乳酪等轉變，中間不可見。無常毀壞，一切性轉。有說性無常。有說性無性無常。有說一切法不生無常，入一切法。大慧。性無性無常者，謂四大，及所造，自相壞。四大自性，不可得，不生。彼不生無常者，非常無常，一切法有無不生。分析乃至微塵，不可見，是不生義非生。是名不生無常相。若不覺此者，墮一切外道，生無常義。大慧。性無常者，是自心妄想，非常無常性。所以者何。謂無常自性不壞。大慧。此是一切性無性，無常事。除無常，無有能令一切法，性無性者。如杖瓦石，破壞諸物現見各各不異，是性無常事，非作所作有差別。此是無常，此是事。作所作無異者，一切性常。無因性。大慧。一切性，無性有因，非凡愚所知。非因不相似事生。若生者，一切性，悉皆無常。是不相似事，作所作，無有別異，而悉見有異。若性無常者，墮作因性相。若墮者，一切性不究竟。一切性，作因相墮者，自無常應無常無常無常故，一切性不無常，應是常。

若無常入一切性者，應墮三世。彼過去色與壞俱。未來不生。色不生故。現在色與壞相俱。色者，四大積集差別。四大及造色，自性不壞，離異不異故。一切外道，一切四大不壞一切三有，四大及造色，在所知，有生滅。離四大造色，一切外道，於何所思維性無常，四大不生，自性相不壞故。離始造無常者，非四大，復有異四大。各各異相自相故，非差別可得。彼無差別。斯等不更造，二方便不作。當知是無常。

彼形處壞無常者，謂四大及造色不壞，至竟不壞。大慧。竟者，分析乃至微塵。觀察 壞四大及造色，形處異見，長短不可得非四大。四大不壞，形處壞現。墮在數論。色即無常者，謂色即是無常。彼則形處無常。非四大。若四大無常者，非俗數言說。世俗言說非性者，則墮世論。見一切性但有言說，不見自相生。轉變無常者，謂色異性現，非四大。如金作莊嚴具，轉變現，非金性壞。但莊嚴具處所壞。如是餘性轉變等，亦如是。如是等，種種外道，無常見妄想。火燒四大時，自相不燒。各各自相相壞者，四大造色應斷。

大慧。我法起非常非無常。所以者何。謂外性不決定故。唯說三有微心，不說種種相，有生有滅。四大合會差別，四大及造色故。妄想二種事攝所攝。知二種妄想，離外性無性，二種見。覺自心現量妄想者，思想作行生，非不作行。離心性無性妄想。世間，出世間，出世間上上一切法，非常非無常。不覺自心現量，墮二邊惡見相續。一切外道，不覺自妄想。此凡夫無有根本。謂世間，出世間，出世間上上，從說妄想生。非凡愚所覺。爾時世尊欲重宣此義，而說偈言。

遠離於始造　及與形處異　性與色無常　外道愚妄想
諸性無有壞　大大自性住　外道無常想　沒在種種見
彼諸外道等　無若生若滅　大大性自常　何謂無常想
一切唯心量　二種心流轉　攝受及所攝　無有我我所
梵天爲樹根　枝條普周徧　如是我所說　唯是彼心量

關於諸法無常的分辨

這時，大慧大士又問：「一切外道，皆起無常妄想，你也說一切有爲法都是無常的，都是生滅滅生的，這是什麼道理？佛和他們所說的，究竟哪一種是邪？哪一種是正？或是有幾種妄想呢？」佛回答說：「一切外道，有七種無常，都非我所說的法。哪七種呢？㈠他們認爲，作了便捨，就是無常。㈡有的說：有形相的，就有壞滅，這便是無常。㈢有的說：色相等法，便是無常。㈣有的說：色法等轉變了，在這轉變中間，便名無常。因爲一切相續之間，自然會不斷地壞滅，例如乳變爲酪等等，在這轉變的中間，根本就不可能見到它不變的本體，所以便名爲無常。㈤有的說：性是無常的。㈥有的說：所謂性，本來就是無性，所以名爲無常。㈦有的說：一切法的自性不生所以是無常。這些無常之見是遍在一切法之中。大慧啊！所謂㈥性無性是無常，就是說四大物理性能，以及它所造成的物質現象，必然會毀壞的，但是四大自身物理的性能，卻不可得，而且還是本來不生不滅的。所謂㈦不生無常，就是說一切法本來是不恆常存在的，這樣纔叫作無常。因爲一切法的有和無，根本就是不生，如此加以分析直到不可見的微塵，便見雖生而不生的道理，這便名爲不生無常。如果他們不知此理，便墮在一切外道的見解中，認爲雖生諸法卻是無常的了。所謂㈤性無常，就是由於一切都是自心妄想所推測，認爲一切諸法不是常存的，都因爲別有一個無常之性的關係。爲什麼呢？也就是說有一無常之性是不壞的。換言之：就是說一切諸法之性，除了無常的自性外，都不是恆常存的在。殊不知根本就沒有一法，能夠使一切法性至於無性的。如果有一無常之性，能使諸法無性的，那也衹是像用杖棒等物擊破瓦石，使人們能夠見到它的作用啊！人們所看見的現前各種事物，都有它的同處，那所說的無常之性，就沒有能作和所作的差別，卻指不出來這是無常之因，那是事實之果的作用了。如果能作和所作是相同的，那一切諸法，性本是常，就沒有另外一個無因而生的無常之性了。大慧啊！一切諸法的自性，何以是無自性的？那是有它的原因的，但卻不是愚癡凡夫們所能了知。如果不是相同的因，卻能夠生成同類事實之果，那麼，一切諸法之性，便都是無常，那因果就不成立，能作和所作也就沒有差異。事實上，一切諸法，都可以見到它的異處。如果有一無常之性，那就墮在有一能作之因的性相之中。而且一切諸法之性，根本上都不是究竟的，那無常之性，它自身也便是無常的。既然無常之性，它本身也是無常，那就應該另有一恆常之體，能生無常之性了。

「如果無常也入於一切法性當中，那便墮在時間的三世律裡了。那麼，過去時的色相，已經隨著壞滅而去，未來的還沒有生，現在的，卻和壞滅同時。而且色相是因爲四大（地、水、火、風）累積的差別所形成，四大和所造成的色相，現象雖有不同，而能造作色相的自性，卻並不變滅，它是超然於色相的異同。一切外道們，認爲四大是不滅的，三界（欲界、色界、無色界）之間，都是依於四大而造作一切色相，因此纔知道色相都會有生、住、滅的作用。那麼，離了四大造作色相以外，外道們所說的無常之性，究竟要怎樣去思維呢？如果四大本來不生不滅，那麼，能生四大的自性，就根本沒有壞滅啊！如果最初造作無常的不是四大，是另有不同於四大的作用，那就各有它的不同情形。假使是各有它的自相，那就不是從差別法中所可求得的。倘使無差別，四大就不會造作色相了。有差別與無差別，都不能造作，當知四大原來是無常。

「所謂㈡形狀變滅，叫作無常。就是說四大種和所造成的色相，是不會滅的，而且是畢竟不壞的。大慧啊！你觀察物質形狀的究竟，分析至於微塵，畢竟還是會毀壞的。四大和所造成的色相形狀變異了，長短大小便有不同，所以他說四大種不壞，祇是形狀的變滅，這是墮在數論中的見解。所謂㈢色相便是無常。殊不知色相祇有形狀和位置的變異，說名叫作無常，並非是四大種性是無常的。如果四大種性是無常的，那在普通世俗的理論裡，也是說不通的。因爲世俗理論所說的性和非性，祇是一種空言。他們對於所說的性，但有名言理論，並不能親自見到它的境界。所謂㈣轉變便是無常。殊不知轉變祇是色相形狀的事，種性還是現前的，並非是四大種性也跟著轉變了。例如金子做成各種東西，祇是形狀色相的轉變，祇是裝飾的器具和位置壞了變了。卻不是金性有了壞滅。同樣的，其餘四大種性的轉變，也是這個道理。大慧啊！諸如此類的外道們，對於無常的見解，各有他們分別妄見的理論。他們妄認劫火洞燃，燒及四大之時，四大的自相還是不爲所燒。他們認爲，四大的各種自相如有毀壞，四大創造色相的作用便會斷滅。

三界唯心心外無法

「大慧啊！我所說的法，認爲外物，既不是絕對的常，也不是絕對的無常。爲什麼呢？因爲外物的性能，是沒有絕對性的。我祇說三界唯心，唯心精微，能造三有，卻不說一切相是有生有滅的。四大緣合，就造成色相的差別，四大和所造的色相，它的能造和所造，都是唯心妄想能取和所取的功能。如果了知能所二種都是妄想，就會捨離物性有無的二種妄見了。祇要覺知自心現量，便知所有妄想，都是由自心所造成的行爲所生，離了唯心自性，卻本無妄想的自性。世間和出世間的一切諸法，同樣的，既非是常，也不是無常。如果不能覺知一切諸法，都是自心現量，就會墮在有無二邊的惡見裡，相續不休。一切外道，不能覺知自心妄想，所以便說他們是凡夫，不知根本的了義，所以對於我所說的，世間的、出世間和出世間的上上法，都是妄想所生的話，他們就茫然無所適從，根本無法覺知眞諦。」這時，佛就歸納這些意思，作了一篇偈語說：

遠離於始造。及與形處異。性與色無常。外道愚妄想。
諸性無有壞。大大自性住。外道無常想。沒在種種見。

（這是說：外道們愚妄分別，不瞭解四大種的性能，看到形而下萬物所生的色相，形狀和位置的變滅，都受另一無常之性的支配。這種見解，都是凡夫的妄想。豈不知物理四大種的性能，並無壞滅，祇是色相形狀的變易而已。外道們，對此而作無常之想，祇是看見外物種種情形，自心就被外物現象所沉沒了。）

彼諸外道等。無若生若滅。大大性自常。何謂無常想。

（這是說：又有些外道們，也說一切諸法，都是不生不滅的，既然四大的性能，本來是常在的，那麼所謂無常的，又是什麼啊！）

一切唯心量。二種心流轉。攝受及所攝。無有我我所。

梵天爲樹根。枝條普周徧。如是我所說。唯是彼心量。

（這是說：須知一切諸法，祗是自心現量所生，能取和所取的兩種境界，都無非是此心的流轉現象。此中既沒有我，更沒有我所作的依存。三界之中，上至梵天，乃至萬有一切諸法，正如我所說，皆是心外無法，都是自心之所顯現。）

爾時大慧菩薩復白佛言。世尊。惟願爲說，一切菩薩聲聞緣覺，滅正受次第相續。若善於滅正受次第相續相者。我及餘菩薩，終不妄捨滅正受樂門。不墮一切聲聞緣覺外道愚癡。佛告大慧。諦聽諦聽。善思念之。當爲汝說。大慧白佛言。世尊。惟願爲說。佛告大慧。六地菩薩摩訶薩，及聲聞緣覺入滅正受。第七地菩薩摩訶薩，念念正受，離一切性自性相正受，非聲聞緣覺。諸聲聞緣覺，墮有行覺，攝所攝相，滅正受。是故七地，非念正受。得一切法，無差別相。非分得種種相性。覺一切法，善不善性相正受。是故七地，無善念正受。大慧。八地菩薩，及聲聞緣覺，心意意識，妄想相滅。初地乃至七地菩薩摩訶薩，觀三界心意意識量。離我我所，自妄想修。墮外性種種相。愚夫二種自心，攝所攝，向無知。不覺無始過惡，虛僞習氣所熏。大慧。八地菩薩摩訶薩，聲聞緣覺涅槃。菩薩者，三昧覺所持，是故三昧門樂，不般涅槃。若不持者。如來地不滿足，棄捨一切有爲衆生事故，佛種則應斷。諸佛世尊，爲示如來不可思議無量功德。聲聞緣覺，三昧門，得樂所牽故，作涅槃想。大慧。我分部七地，善修心意意識相。善修我我所，攝受人法無我，生滅自共相。善四無礙，決定力三昧門地。次第相續，入道品法。不令菩薩摩訶薩，不覺自共相，不善七地，墮外道邪徑，故立地次第。大慧。彼實無有若生若滅。除自心現量。所謂地次第相續，及三界種種行，愚夫所不覺。愚夫所不覺者，謂我及諸佛，說地次第相續，及說三界種種行。

復次大慧。聲聞緣覺，第八菩薩地，滅三昧門樂醉所醉。不善自心現量，自共相。習氣所障，墮人法無我。法攝受見，妄想涅槃想，非寂滅智慧覺。大慧。菩薩者，見滅三昧門樂。本願哀愍大悲成就，知分別十無盡句，不妄想涅槃想。彼已涅槃妄想不生故，離攝所攝妄想。覺了自心現量，一切諸法，妄想不生。不墮心意意識。外性自性相計著妄想。非佛法因不生。隨智慧生，得如來自覺地。如人夢中，方便度水。未度而覺。覺已思維，爲正爲邪，非正非邪。餘無始見聞覺識，因想，種種習氣，種種形處，墮有無想。心意意識夢現。大慧。如是菩薩摩訶薩，於第八菩薩地，見妄想生，從初地，轉進至第七地，見一切法，如幻等方便，度攝所攝心，妄想行已。作佛法方便，未得者令得。大慧。此是菩薩，涅槃方便不壞。離心意意識，得無生法忍。大慧。於第一義，無次第相續，說無所有妄想寂滅法。爾時世尊欲重宣此義，而說偈言。

心量無所有　此住及佛地　去來及現在　三世諸佛說
心量地第七　無所有第八　二地名爲住　佛地名最勝
自覺智及淨　此則是我地　自在最勝處　清淨妙莊嚴
照曜如盛火　光明悉偏至　熾燄不壞目　周輪化三有
化現在三有　或有先時化　於彼演說乘　皆是如來地
十地則爲初　初則爲八地　第九則爲七　七亦復爲八
第二爲第三　第四爲第五　第三爲第六　無所有何次

大小乘入滅盡定的差別境界

這時，大慧大士又問：「希望佛再說明菩薩和聲聞、緣覺們，他們所入滅盡定的情形。」佛回答說：「大乘的六地菩薩（現前地），與聲聞、緣覺們（辟支佛），他們是入滅盡定的。七地菩薩（遠行地），念念之間，不離三昧正受，他們是住於遠離一切有性無性的自性三昧正受之中，卻不是如聲聞、緣覺們的境界。因爲聲聞、緣覺們的境界，是墮於覺有滅盡，和有所取著滅盡的三昧正受。七地菩薩的三昧正受，是得到一切諸法，都無差別之相，住於無分別之中，而且善巧了知種種諸法的性相，覺知一切法的善和不善，性相如如的三昧正受。所以說：七地菩薩，並非以一善念作爲三昧正受的境界。至於八地菩薩（不動地）的境界，更非是聲聞、緣覺們的心意識等妄想所能了知的，因爲他已經轉了心、意、識的作用，滅盡妄想了。大乘的初地菩薩（歡喜地），乃至七地菩薩，他們已觀察到三界唯心。三界一切諸法，無非是心、意、識的現量，從本以來，就是離我和我所的。如果不瞭解自心，而依妄想起修，便執著心外的種種相。愚夫無智，大都不執於有，卽著於空的兩種妄見，卻從來不知這些謬見，都是無始以來的過患，被虛妄習氣所熏習蒙蔽。大慧啊！八地菩薩，同於聲聞、緣覺們的涅槃（寂滅無爲）境界，但大乘菩薩道的三昧境界，心持正覺，所以雖得三昧之樂，而不入於涅槃。如果菩薩們不心持正覺，如來地的功德，便不能滿足，那就會捨棄一切衆生，不肯努力去做覺他利他的種種事業了。假使如此，佛種就會斷滅。故知諸佛世尊，都爲了顯示如來不可思議的無量功德，所以不住涅槃。聲聞、緣覺們爲三昧的法樂所醉，沉湎於禪定法樂，所以他們便以此爲涅槃的境界。大慧啊！大乘菩薩的七地境界，都是善於修持心、意、識，遠離我與我所取的法執，了然於人法無我，覺知自他的生滅情狀，且善於通達四無礙（義無礙、法無礙、辭無礙、樂說無礙），於三昧正受而得自在，以證得地地的相續次第法門，具足菩提道品。惟恐修大乘菩薩道的人們，不覺自他的境界，不善了知七地的次第，容易墮入外道邪徑，所以建立菩薩地的行相次第。大慧啊！其實，各地的境界，並不是由此另生一新境界，進而滅除前一境界。所謂地地的相續次第，以及三界種種法行，都衹是自心現量罷了。無奈衹爲了愚夫不能了知，所以我和諸佛，纔說菩薩地的相續次第，及說三界內外的種種法行。

大乘菩薩道十地境界的眞義

「再次，聲聞、緣覺們，進入八地菩薩境界，但被三昧正受的法樂所醉，不善於了知自心現量，卻被自他習氣所障，墮於人無我與法無我的見取之中，住於微細妄想境界自以爲涅槃境界，這不是眞正的寂滅智慧正覺。大慧啊！修大乘的菩薩們，雖然自己已經得到寂滅的三昧法樂，但因爲初心本願，爲了哀愍衆生的願力，所以起無盡大悲利他之心，自知分別於十無盡句，因此纔不妄想涅槃的境界。換言之：他已經不生涅槃妄想之念，已經遠離能取和所取的妄想，覺知自心現量的境界。所以對於一切諸法，再也不生妄想，不墮在心、意、識之中，不執著於外性自性等相的妄想。但不是使佛法的正因也不生，爲了證得如來的自覺之地，衹是依隨智慧輾轉修行。譬如一個人，在夢中設法渡河，他在將渡未渡之間便醒了，醒了以後，他纔能思考夢中所作的事和境界，究竟是正是邪？或非正非邪？因此纔覺得往昔這些情形，無非都是無始以來，由見聞覺知的妄想所生，種種習氣，種種形狀和位置的熏習，至使身在大夢之中，墮在有無的妄想境界，纔有心、意、識等等的如夢似幻的現象存在。大慧啊！同樣的，大乘菩薩們，在第八地境界中，得見妄想生心的現象，從初地輾轉進至第七地，見到一切法皆如夢幻，在自度於能取和所取的妄心法行以後，便乘願而起方便教化，以普度未得者。這就是菩薩在涅槃之中，既不壞於方便利他，而自己又能遠離心、意、識，證得無生法忍。大慧啊！應當了知第一義諦，本無次第相續可言，無一法可得，便是妄想寂滅，法爾性空。」這時，佛又歸納這些道理，作了一篇偈語說：

心量無所有。此住及佛地。去來及現在。三世諸佛說。

（這是說：一切諸法，無非是自心現量之所生，所謂住涅槃的境界，和如來的果地，也是唯心而已。這便是過去現在和未來的三世諸佛的說法。）

心量地第七。無所有第八。二地名爲住。佛地名最勝。

（這是說：自心現量，是包藏了菩薩七地（遠行地）的境界。了無所得，是菩薩第八不動地。此二地便是修行者的住地。佛地便是修行者最高而最殊勝的成就。）

自覺智及淨。此則是我地。自在最勝處。清淨妙莊嚴。

照曜如盛火。光明悉偏至。熾燄不壞目。周輪化三有。

化現在三有。或有先時化。於彼演説乘。皆是如來地。

（這是説：內證自覺智慧圓淨，這便是如來的果地，便是自在莊嚴，最爲殊勝的佛地。在這裡般若智光，照耀猶如大火，光明偏在，慧燄昇騰，化度三界一切衆生，使其不壞天人眼目。至於化度衆生的方法，有時或先或後，方便卻有多門，演説大小諸乘，無非都是如來地的變化。）

十地則爲初。初則爲八地。第九則爲七。七亦復爲八。

第二爲第三。第四爲第五。第三爲第六。無所有何次。

（這是説：修大乘菩薩道的十地次第境界，都是唯心現量的建立。十地（法雲地）等於初地（歡喜地）。初地又等於八地（不動地）。九地（善慧地）等於七地（遠行地）。七地又等於八地。二地（離垢地）等於三地（發光地）。四地（燄慧地）又等於五地（難勝地）。三地（發光地）等於六地（現前地）。因此證得無生法忍時，了無所得，於第一義諦中，畢竟一無所有，猶如覺時説夢，哪有次第的相續可言呢？）

爾時大慧菩薩復白佛言。世尊。如來應供等正覺，爲常爲無常。佛告大慧。如來應供等正覺，非常非無常。謂二俱有過。若常者，有作主過。常者一切外道說。作者無所作。是故如來常，非常。非作常，有過故。若如來無常者，有作無常過，陰所相。相無性陰壞，則應斷。而如來不斷。大慧。一切所作皆無常，如缾衣等，一切皆無常過。一切智，衆具方便，應無義，以所作故。一切所作，皆應是如來，無差別因性故。是故大慧。如來非常非無常。復次大慧。如來非如虛空常。如虛空常者，自覺聖智衆具，無義過。大慧。譬如虛空，非常非無常。離常無常，一異俱不俱，常無常過，故不可說。是故如來非常。復次大慧。若如來無生常者，如兔馬等角，以無生常故，方便無義。以無生常過故，如來非常。復次大慧。更有餘事，知如來常。所以者何。謂無間所得智常故如來常。大慧。若如來出世。若不出世，法畢定住。聲聞緣覺，諸佛如來，無間住。不住虛空。亦非愚夫之所覺知。大慧。如來所得智，是般若所熏。非心意意識，彼諸陰界入處所熏。大慧。一切三有，皆是不實妄想所生。如來不從不實虛妄想生。大慧。以二法故，有常無常，非不二。不二者寂靜，一切法無二生相故。是故如來應供等正覺，非常非無常。大慧。乃至言說分別生，則有常無常過。分別覺滅者，則離愚夫常無常見。不寂靜慧者，永離常無常，非常無常熏。爾時世尊欲重宣此義，而說偈言。

衆具無義者　生常無常過　若無分別覺　永離常無常
從其所立宗　則有衆雜義　等觀自心量　言說不可得

如來是否常住

這時，大慧大士又問：「如來應世，證得正覺之後的法身，是歷劫常住？或是無常的呢？」佛回答說：「如來證得正覺的法身，不是常住，也不是無常的。倘使說它是常或無常，便落在二邊的錯誤之中。法身若是常住的，便有所主宰了。這是所有外道們的說法，他們說另有作爲萬象之主者，它是無所作的。但如來法身，並非有爲有作，所以乃是常而非常。如果如來法身是無常的，等同有爲有作之物，例如身心五陰的能所作用，都無自性，陰境界壞滅了，作用和現象也就斷滅了。但是如來法身，卻非斷滅的。大慧啊！一切有所作成的，都是無常，例如瓶子和衣服等物，有所作成，便有壞滅，所以無常。如果一切都是無常，那麼一切智，以及一切功德方便等法，也應該都屬於無常了。因爲這些也都是出於有作的啊！可是一切所作，又都是如來的相和用，因爲有和無，本來都無自性，也無差別之因可得。所以我說如來法身，既不是常，也不是無常。其次，如來法身，也並非如虛空一樣地常住，如果像虛空一樣地常住，那麼，所謂聖智和功德具足，便都是沒有意義的事了。譬如虛空，非常非無常，正因爲它離常和無常，非同異，離俱和不俱，所以無言語可說，有說卽落於邊見，便成爲錯誤。如果如來法身，是無生常住的，那麼，例如兔馬等角，也是無生常住的，它就不能具足方便，能生萬法了。也正因爲它不是無生常住的，所以如來法身是非常的。但是還有餘事，可證如來法身是常住的，是什麼呢？因爲諸佛如來，內證自覺所得智，是無間常恆，清淨不變的，所以說是常住。

佛法是否常存

「大慧啊！無論如來出世或不出世，法性是畢竟常住的。聲聞、緣覺們，他們不知諸佛如來都是無間常住的，而一般愚癡凡夫們更不能覺知這道理。大慧啊！如來所得智，是般若的成就，不是心、意、識和身心五陰、根塵、界處等妄想熏習所成。三界一切諸法，都是不實妄想所生，如來卻不從妄想所生。所謂常和無常，是二邊對待之法，既落相對，就不是一，唯有了然於不二寂靜者，方知一切諸法的不二無生之旨。所以如來應世，證得正覺，既不是常，也不是無常。乃至有言語可說，妄生分別，就落在常或無常的謬誤裡。如果滅了分別妄覺，就遠離愚癡凡夫們的常和無常的妄見，心自寂靜。須知寂靜之慧，是遠離了常和無常，非常非無常等妄想熏習之所生。」這時，佛就歸納這些道理，作了一首偈語說：

衆具無義者。生常無常過。若無分別覺。永離常無常。
從其所立宗。則有衆雜義。等觀自心量。言說不可得。

（這是說：一般不知眞義的人，就會產生常或無常的對待妄見，如果妄心不生分別覺知，就永離這些邊見和執著了。無論落於何種境界和理論，既有所立，便有對待的理論紛然雜陳，這些無非都是妄心分別之所生。如果觀一切諸法，無非都是自心現量的境界，本來便了不可得，也就無言語可說了。）

爾時大慧菩薩復白佛言。世尊。惟願世尊，更爲我説陰界入生滅。彼無有我，誰生誰滅。愚夫者依於生滅，不覺苦盡，不識涅槃。佛言。善哉，諦聽。當爲汝説。大慧白佛言。唯然受教。佛告大慧。如來之藏，是善不善因。能偏興造一切趣生。譬如伎兒。變現諸趣，離我我所。不覺彼故，三緣和合，方便而生。外道不覺，計著作者。爲無始虛僞惡習所熏，名爲識藏。生無明住地，與七識俱。如海浪身，常生不斷。離無常過，離於我論。自性無垢，畢竟清淨。其餘諸識，有生有滅。意意識等，念念有七。因不實妄想，取諸境界，種種形處，計著名相。不覺自心，所現色相。不覺苦樂。不至解脱。名相諸纏，貪生生貪，若因若攀緣。彼諸受根滅，次第不生。餘自心妄想，不知苦樂，入滅受想正受。第四禪。善眞諦解脱，修行者作解脱想。不離不轉，名如來藏識藏。七識流轉不滅。所以者何。彼因攀緣諸識生故。非聲聞緣覺修行境界。不覺無我，自共相攝受，生陰界入。見如來藏，五法自性，人法無我則滅。地次第相續轉進，餘外道見，不能傾動，是名住菩薩不動地。得十三昧道門樂。三昧覺所持。觀察不思議佛法自願。不受三昧門樂，及實際。向自覺聖趣。不共一切聲聞緣覺，及諸外道，所修行道。得十賢聖種性道及身智意生，離三昧行。是故大慧。菩薩摩訶薩欲求勝進者，當淨如來藏，及識藏名。大慧。若無識藏名，如來藏者，則無生滅。大慧。然諸凡聖，悉有生滅。修行者自覺聖趣，現法樂住，不捨方便。大慧。此如來藏識藏，一切聲聞緣覺，心想所見。雖自性清淨。客塵所覆故。猶見不淨。非諸如來。大慧。如來者，現前境界，猶如掌中視阿摩勒果。大慧。我於此義，以神力建立。令勝鬘夫人，及利智滿足諸菩薩等，宣揚演說如來藏，及識藏名，七識俱生。聲聞計著，見人法無我。故勝鬘夫人承佛威神，說如來境界。非聲聞緣覺，及外道境界。如來藏識藏，唯佛及餘利智依義菩薩，智慧境界。是故汝及餘菩薩摩訶薩，於如來藏識藏，當勤修學。莫但聞覺，作知足想。爾時世尊欲重宣此義，而說偈言。

甚深如來藏　而與七識俱　二種攝受生　智者則遠離
如鏡像現心　無始習所熏　如實觀察者　諸事悉無事
如愚見指月　觀指不觀月　計著名字者　不見我眞實
心爲工伎兒　意如和伎者　五識爲伴侶　妄想觀伎衆

唯識的精義

這時，大慧大士又問：「請佛爲我們解説身心五陰（色、受、想、行、識）十二入（眼耳鼻舌身意——色聲香味觸法）十八界（六根：眼耳鼻舌身意——識——界——六塵：色聲香味觸法）的生滅作用，既然都是無我，那又是誰在生滅呢？一切愚夫們，衹依於生滅的流轉，卻不知盡滅苦因，所以不識涅槃，流浪於生死。」佛説：「如來藏（阿賴耶識）是善和不善的因，它能創造六道衆生生死的因緣，譬如能變幻術的伎師，變化各種人物，他所變現的各種東西，卻沒有我和我所作的作用，一切愚夫們，因爲不自覺內證其中事理，所以遇根、塵、識三緣和合，就隨業力而入各種種類的生趣了。外道們不知此理，便執著另有一造物主的存在，這都是因爲無始以來，被虛妄惡習所熏，纔有這些妄見。其所以名爲如來藏，或藏識，是由於和無明等七識同時俱生（第七識名爲末那，卽是俱生我執意根和異熟等作用，合眼、耳、鼻、舌、身、意六識，共爲七個識）。猶如大海中的波浪，重重連續，長生不斷，如果遠離了生滅無常，覺知無我，便內證自性無垢，畢竟清淨了。其餘的諸識，是有生有滅的，意識等等的念念起滅，便形成了七個識，它們都是因爲不實的妄想所生，執著各種境界，執著各種形狀和名相，不能覺知諸法色相都是自心所現。

四禪的滅盡定

「愚夫們不知此中苦樂之因，所以不得解脫，祇是被各種名相所縛，由貪戀浮生塵境而生貪著。如果不起妄想攀緣的因，那些根塵覺受都滅，識相次第不生，自心妄想不起，便不生苦樂等覺受，於是就進入受想都滅了的滅盡定中，便得四禪了。如果是善於修行眞諦解脫者，他不生解脫的妄想，殊不知不離不轉，纔名爲如來藏。識所藏者，纔名爲藏識。藏識含藏七識，流轉不滅，其所以生起流轉者，都是因爲妄想的攀緣作用，纔引起諸識的生滅。這就不是聲聞、緣覺們所修行的境界。因爲不知人無我和法無我，及自他的共相攝受，便有了身心的五陰，十二根塵，十八界的生滅。如果證見如來藏，所謂五法、三自性、人無我和法無我（此處諸名相，詳見前三卷），便寂滅清淨了。由此從菩薩地依次相續轉進，就不會被其餘的外道謬見所動搖，便能進入菩薩的第八不動地，可以得到十種三昧的道門樂，純粹在三昧正覺所持的境界中，觀察不可思議的佛法，祇緣願力自發不願享受三昧之樂，不住寂滅的眞際，所以不趨向自覺聖趣的如來地。這種境界，是不同於一切聲聞、緣覺以及外道們所修行的途徑。這是得到菩薩境界的十賢聖的種性道，及如來的意生身之智，離三昧行的無爲之樂，得無功用道。所以說：修大乘菩薩道的人，要求上上勝進者，應當自覺内證清淨的如來藏，轉了識和藏的作用，不被名相所縛。大慧啊！如果没有藏識的現象和作用，所謂如來藏的體性，就本來了無生滅的。可是一切凡夫和聖者，都是有生滅的作用，一般大乘的修行者，因爲了知識藏的關係，雖然自覺内證聖智，現前便能住於法樂境界，但他們仍然不捨功德方便，勇猛精進而不休息。一切聲聞、緣覺們，雖然也知道了如來藏和識藏的道理，但他們卻祇是一心要入涅槃。可是本來自性清淨的如來藏，受無始以來客塵煩惱的污染，雖一再用心求證，但所見的仍是不淨的識藏而已，卻非如來現證的境界。大慧啊！所謂如來，祇是親證的現前境界，猶如掌中看阿摩勒果一樣，歷歷分明。我對於這個道理，曾以神力宣揚令勝鬘夫人（註四十四），及利智滿足菩薩等，宣揚演說如來藏，闡揚藏識等名相，和前七識是同時俱生的，爲解脱聲聞等的執著，使他們切實證得人無我和法無我，所以勝鬘夫人秉承佛的威神，演説如來的境界，卻不是聲聞、緣覺，及外道們的境界。如來藏和藏識的微妙差別，唯有佛及其他的利智依義菩薩們的智慧境界，纔能分明了知。所以要你和其他修大乘的菩薩們，當勤加修學，切莫但憑多聞知覺，便作知足之想。這時，佛就歸納這些道理，作了一首偈語説：

甚深如來藏。而與七識俱。二種攝受生。智者則遠離。

（這是説：所謂如來藏的意義和境界，是很深奥微妙的，它是和末那（俱生我執）、眼、耳、鼻、舌、身、意識等同時俱生的。它具有産生能取和所取的兩種功能，顯現空無和幻有的作用。唯有大智大慧者，纔能遠離現象而證得如來藏。）

如鏡像現心。無始習所熏。如實觀察者。諸事悉無事。

（這是説：如來藏正像一大圓鏡，依他而起，便會顯現物象，我們也名它爲心。其實，這個心的作用，都是無始以來，受習氣染污熏習而生，如果依實相來觀察，這一切都本來無事的。）

如愚見指月。觀指不觀月。計著名字者。不見我眞實。

（這是說：佛所說的法，也無非都是直指本來無事的法門，猶如以手指月，祇希望人們因指見月而已。無奈一般愚夫，便誤認指頭爲月亮，祇知執著名相，卻不能見到名相所指的眞如實際。）

心爲工伎兒。意如和伎者。五識爲伴侶。妄想觀伎衆。

（這是說：萬法唯心，一切唯識，八個識便是妄心的分層作用，而妄心也就是八識的總名。所以依心論識，妄心猶如工於演戲的伎師，意識猶如戲中的配角，而前五識的作用，猶如一羣善於變演戲法的戲劇班子，由這些人物的組合以演出身心的種種現象。於是自己的妄想，又來欣賞自己，或悲歎自己，所以說妄想是演員又是觀衆。其實，演員和觀衆，幕前和幕後，堂上和堂下，都是一羣劇中人，曲終人散，依舊是一片虛無。）

（註四十四）勝鬘夫人：舍衛國波斯匿王之女，嫁阿踰闍國爲王妃。佛在給孤獨園，波斯匿王夫人共致書於其女阿踰國王妃勝鬘夫人稱揚佛德。勝鬘得書歡喜說偈，遙請佛來現，佛卽現身。勝鬘說偈讚歎其德，佛爲授記。勝鬘復發十弘誓願，感天花天音，乃至說大乘了義，廣明二乘不了義。佛讚印是放光昇空而還獨園，告阿難及天帝釋結名付屬。

爾時大慧菩薩白佛言。世尊。惟願爲說，五法自性識，二種無我，究竟分別相。我及餘菩薩摩訶薩，於一切地次第相續，分別此法，入一切佛法。入一切佛法者，乃至如來自覺地。佛告大慧。諦聽諦聽。善思念之。大慧白佛言。唯然受教。佛告大慧。五法自性識，二種無我，分別趣相者。謂名，相，妄想，正智，如如。若修行者修行，入如來自覺聖趣。離於斷常有無等見。現法樂正受住，現在前。大慧。不覺彼五法自性識，二無我，自心現外性。凡夫妄想，非諸聖賢。大慧白佛言。世尊。云何愚夫妄想生，非諸聖賢。佛告大慧。愚夫計著俗數名相，隨心流散。流散已，種種相像貌，墮我我所見，希望計著妙色計著已，無知覆障，故生染著。染著已貪恚癡所生業積集。積集已，妄想自纏，如蠶作繭。墮生死海，諸趣曠野，如汲井輪。以愚癡故，不能知。如幻，野馬，水月，自性離我我所。起於一切不實妄想。離相所相，及生住滅。從自心妄想生。非自在，時節，微塵，勝妙生。愚癡凡夫，隨名相流。大慧。彼相者。眼識所照，名爲色。耳鼻舌身意意識所照，名爲聲香味觸法。是名爲相。大慧。彼妄想者。施設衆名，顯示諸相。如此不異，象馬車步男女等名。是名妄想。大慧。正智者。彼名相不可得。猶如過客。諸識不生，不斷不常。不墮一切外道聲聞緣覺之地。復次大慧。菩薩摩訶薩，以此正智，不立名相。非不立名相。捨離二見，建立及誹謗，知名相不生。是名如如。大慧。菩薩摩訶薩，住如如者，得無所有境界故，得菩薩歡喜地。得菩薩歡喜地已，永離一切外道惡趣。正住出世間趣。法相成熟，分別幻等一切法。自覺法趣相。離諸妄想。見性異相。次第乃至法雲地。於其中間，三昧力自在，神通開敷。得如來地已。種種變化，圓照示現，成熟衆生，如水中月。善究竟滿足十無盡句。爲種種意解衆生，分別説法。法身離意所作。是名菩薩入如如所得。

爾時大慧菩薩白佛言。世尊。云何世尊。爲三種自性入於五法，爲各有自相宗。佛告大慧。三種自性，及八識，二種無我，悉入五法。大慧。彼名及相，是妄想自性。大慧。若依彼妄想。生心心法，名俱時生。如日光俱。種種相各別，分別持。是名緣起自性。大慧。正智如如者，不可壞故，名成自性。復次大慧。自心現妄想，八種分別。謂識藏，意，意識，及五識身相者。不實相妄想故。我我所，二攝受滅，二無我生。是故大慧。此五法者。聲聞緣覺，菩薩如來，自覺聖智，諸地相續次第，一切佛法，悉入其中。復次大慧。五法者。相，名，妄想，如如，正智。大慧。相者，若處所，形相，色像等現。是名爲相。若彼有如是相，名爲缾等，卽此非餘。是說爲名。施設衆名，顯示諸相，瓶等，心心法。是名妄想。彼名彼相，畢竟不可得。始終無覺。於諸法無展轉。離不實妄想。是名如如。眞實決定，究竟自性不可得，彼是如相。我及諸佛，隨順入處。普爲衆生，如實演說，施設顯示於彼，隨入正覺，不斷不常，妄想不起隨順自覺聖趣。一切外道聲聞緣覺，所不得相。是名正智。大慧。是名五法，三種自性，八識，二種無我，一切佛法，悉入其中，是故大慧。當自方便學，亦教他人，勿隨於他。爾時世尊欲重宣此義，而說偈言。

五法三自性　及與八種識　二種無有我　悉攝摩訶衍

名相虛妄想　自性二種相　正智及如如　是則爲成相

詳說名相等法的內義

這時，大慧大士又問：「五法、三自性、八識、二無我的究竟道理，是怎樣分別的？」佛回答說：「五法，便是名、相、分別（妄想）、正智、如如。如果修行的人，證入如來的自覺聖趣，遠離有和無等常見和斷見，現前證得法樂的三昧正受之時，便可見到這些法相，始終不外一心。如果不自覺五法，三自性、二無我等法，祇是一心所現，卻在心外追求法性，那都是凡夫的妄想，不是聖賢的境界。」大慧又問：「什麼是愚夫的妄想所生，不是聖賢的境界呢？」佛回答說：「愚癡凡夫們，執著世俗的種種數字，以及名辭和現象，便隨妄心流浪，而不知所歸。如此流散不已，便產生種種現象，墮在我和我所有的欲求裡，而執著於微妙的色相。如此執著不休，就被無知無明所蓋覆障礙，於是產生染著。如此染著不已，貪、嗔、癡等所生的業力，便一直累積聚集。如此積聚不已，妄想自纏，如蠶作繭，便墮在生死海裡，流浪於無邊無涯的曠野中，猶如汲井轆轤，輪迴旋轉不休。因為愚癡無智，所以不能自知這些現象，正如浮光掠影，水中明月，都無自性。其實這些現象，本來都是離我和我所的，但凡夫們妄想執著，卻於其中以虛為實。殊不知離了現象和現象的變化，所謂生、住、滅等等，也無非是自心的妄想所生，並非是自在天主，或時間，或物質，或是無比大神所產生的。無奈愚癡凡夫，祇是隨名著相，流轉不休。大慧啊！所謂相者，當眼識所照的，便名為色，當耳、鼻、舌、身、意所照的便名為聲、香、味、觸、法，這些統稱為相。於是自心妄想，便對境依他而起，設立各種名辭，用它來表示這些現象。正如象馬舟車男女等等名稱，都是妄想分別所生。所謂正智呢？它不是名和相的境界，它是了知所表的名相本身，根本了不可得。名相和妄想分別等等，猶如往來過客，生滅不休，並無眞實可得。如果一切識和妄想不生，本來不斷不常，就不會墮入一切外道和聲聞、緣覺之見了。因此，大乘菩薩們，祇依此正智，而不執著於名相。可是也並非不立名相，祇是要捨離有和無的二邊見解，既不主觀地執著，也不武斷地否定，因爲他們了知名相本自不生，這就名如如。大慧啊！住在如如之境的大乘菩薩們，因爲已達無所有的境界，所以得到菩薩初地的歡喜地。由此永離一切外道們的惡趣，安住在出世間的善趣，使種種法相逐漸成熟，善於分別一切法，得到內證自覺法樂的境界，遠離一切妄想，而見到諸法性相的差別，次第昇進，乃至到達菩薩十地的法雲地。在這中間，得三昧之力，開發自在神通，最後進入如來之地。從此種種變化，圓明朗照，示現世間，成熟一切衆生，降伏夢裡魔軍，大作空花佛事，善於究竟滿足十無盡句，乃爲種種尚躭誤在意解中的衆生，分別説法。但如如法身，畢竟是遠離心、意、識所起的作用，這便名爲菩薩進入如如所得的境界了。」

大慧又問：「是不是三種自性，歸入於五法之中呢？或是各自有它的法相宗趣呢？」佛說：「三種自性，以及八個識，和二種無我，都歸入於五法之中。因爲所說的那些名和相，都是妄想的自性。因爲依他而起妄想的心心諸法，是和心法同時生起的。猶如日光一出，便同時照見一切萬物。種種現象，雖然各別存在，但心卻能同時分別它們的差別，這就名爲緣起自性。大慧啊！祇有正智是如如不動，不可壞滅的，所以便名爲圓成自性。復次，自心所現的各種妄想，有八種分別作用，就是藏識（阿賴耶）、末那識（俱生我執）、意識和前五識。所謂身相，祇是一種不實在的現象，也是堅固妄想所形成的，祇要使我和我所的二種執著和感受滅了，二無我的境界，便自然顯現。大慧啊！這所謂的五法，就是聲聞、緣覺，以及菩薩和如來內證自覺聖智的實際理地之相續次第，一切佛法，也都歸入其中。其次，再說所謂五法的名、相、妄想（分別）、正智、如如：所謂相，便是處所和形狀等等，例如色相等現象，都名爲相。如果有了這個相，人們就依相立名。例如有了瓶的形狀色相，所以便取名爲瓶，這個瓶的名，就是指瓶而言，並非其他等物所可通用。由此類推，設立種種的名辭，就是爲了表示種種的現象。能够表示一切相猶如瓶等的作用，那便是心數的心法，也就是妄想。但是要追究名和相的根本，畢竟是不可得的。如果在名相的生滅界中，始終遠離妄覺，便不受一切諸法的輪轉纏繞。既然離了不實的妄想，那便名爲如如。如如之中，眞實不虛，絕對無待，而諸法自性，了不可得，那便是如如的境界。是我和諸佛隨順正理的入處，也就是我爲一切衆生，如實演說所顯示的法門。但於如如之境，隨著進入正覺，不斷不常，妄想不起，便是隨順自覺聖趣，乃一切外道、聲聞、緣覺所不能得的境界，所以便名爲正智。因此我說，五法、三自性、八識、二無我以及一切佛法，都入於五法之中。這便是我勸你們應當尋覓方便而學習的法門，並且也以此教導他人，使他們不爲外道的教義而轉。」

這時，佛就歸納這些道理，作了一首偈語說：

五法三自性。及與八種識。二種無有我。悉攝摩訶衍。

名相虛妄想。自性二種相。正智及如如。是則爲成相。

（這是說：所謂五法、三自性、八識、二無我的道理，包括了大乘的法門。名和相，都是虛妄不實，由妄想分別所生都是無自性的。唯有正智和如如，纔是圓成實相。）

爾時大慧菩薩復白佛言。世尊。如世尊所說句。過去諸佛，如恆河沙。未來現

在，亦復如是。云何世尊。爲如說而受，爲更有餘義。惟願如來，哀愍解說。佛告大慧。莫如說受。三世諸佛量，非如恆河沙。所以者何。過世間望，非譬所譬。以凡愚計常，外道妄想，長養惡見，生死無窮。欲令厭離生死趣輪，精勤勝進故。爲彼說言，諸佛易見。非如優曇鉢華，難得見故，息方便求。有時復觀諸受化者，作是說言，佛難值遇，如優曇鉢華。優曇鉢華，無已見今見當見。如來者，世間悉見。不以建立自通故，說言如來出世，如優曇鉢華。大慧。自建立自通者，過世間望。彼諸凡愚，所不能信。自覺聖智境界，無以爲譬。眞實如來，過心意意識所見之相，不可爲譬。大慧。然我說譬佛如恆河沙，無有過咎。大慧。譬如恆沙一切魚鼈，輸收魔羅，師子象馬，人獸踐踏。沙不念言，彼惱亂我，而生妄想。自性清淨，無諸垢污。如來應供等正覺，自覺聖智恆河，大力神通自在等沙。一切外道，諸人獸等，一切惱亂。如來不念，而生妄想。如來寂然，無有念想。如來本願，以三昧樂，安衆生故，無有惱亂。猶如恆沙，等無有異。又斷貪恚故。譬如恆沙，是地自性。劫盡燒時，燒一切地。而彼地大，不捨自性，與火大俱生故。其餘愚夫，作地燒想，而地不燒，以火因故。如是大慧。如來法身，如恆沙不壞。大慧。譬如恆沙，無有限量。如來光明。亦復如是無有限量。爲成熟衆生故，普照一切諸佛大衆。大慧。譬如恆沙，別求異沙，永不可得。如是大慧。如來應供等正覺，無生死生滅。有因緣斷故。大慧。譬如恆沙，增減不可得知。如是大慧。如來智慧，成熟衆生，不增不減，非身法故。身法者，有壞。如來法身，非是身法。如壓恆沙，油不可得。如是一切極苦衆生，逼迫如來。乃至衆生，未得涅槃，不捨法界，自三昧願樂。以大悲故。大慧。譬如恆沙，隨水而流，非無水也。如是大慧。如來所説一切諸法，隨涅槃流。是故説言如恆河沙。如來不隨諸去流轉。去是壞義故。大慧。生死本際，不可知。不知故。云何説去。大慧。去者斷義，而愚夫不知。大慧白佛言。世尊。若衆生生死本際，不可知者，云何解脱可知。佛告大慧。無始虛僞過惡妄想習氣因滅。自心現，知外義，妄想身轉解脱不滅。是故無邊，非都無所有。爲彼妄想，作無邊等異名。觀察内外，離於妄想。無異衆生，智及爾燄。一切諸法，悉皆寂靜。不識自心現妄想，故妄想生。若識則滅。爾時世尊欲重宣此義，而説偈言。

觀察諸導師　猶如恆河沙　不壞亦不去　亦復不究竟
是則爲平等　觀察諸如來　猶如恆沙等　悉離一切過
隨流而性常　是則佛正覺

三世諸佛的有無

這時，大慧大士又問：「您說過去、未來、現在諸佛，猶如恆河裡的沙子，多至無量無數，這個道理，是否可信，或者另有涵義呢？」佛回答說：「關於這個問題，你不要祇聽我說，不求語意的眞諦。所謂三世諸佛的數量，並不止如恆河裡的沙數那樣多。爲什麼呢？凡是一件事情，超過了世間的見聞，便不是譬喩之所能比了。因爲凡夫們，執著希望於生命的長存，外道們又以邪見，增加他們的妄想，所以便流浪生死，輪轉無窮。現在爲了使他們厭離生死而得解脫，努力精進而證眞諦，便向他們說，諸佛是很容易見的。並不像優曇鉢華（註四十五）一樣難得看見。有時爲了止息他們太過隨便的心理，又說佛是很難見到的，猶如優曇鉢華一樣。其實，世間偶爾亦現顯優曇鉢華，可是世人幾曾親見此花，或者失之交臂而不能見。所以有的便認爲此花在過去現在未來三世中都沒有見到的可能。但如來出世，世間都能見到，祇因人們不能內證自覺，所以便不能建立如來的自通境界，因此又說如來出世，猶如優曇鉢華一樣，千載難逢。

佛與恆河沙的譬喻

「大慧啊！所謂建立自通的境界，那是超過世間所能想像的，也不是一般凡夫們所能够相信的。須知內證自覺的聖智境界，實在是無以爲譬的。眞如實際的如來境界，不是心、意、識所能見的，所以也無以爲譬了。可是我所說的三世諸佛，譬如恆河沙數一樣，是並無語病的啊！例如恆河裡的沙吧！一切魚鼈龍蛇，象馬人獸，都可以加以踐踏，而沙總不會抱怨說；他們惱亂了我，因此而生妄想。須知自性清淨，本來沒有一切污垢，如來應世，已內證自性自覺聖智之量，譬如恆河，具有大力自在的神通，又如恆河中的沙，雖然被一切外道人獸等踐踏，也不會因此而生起惱亂的妄想。如來已證自性如如，本來便自清淨寂然，無有念想。但是如來的本願，卻要以三昧法樂，使一切衆生安樂，所以對於無知衆生的踐踏，毫無惱亂，他的厚德載物，猶如恆河裡的沙粒一樣，這也就是說明如來是已經斷了貪欲和嗔恚的原因。又譬如恆河裡的沙粒，它們便是地大的自性，當劫火燃燒之時，燒盡了一切大地，可是地大並不捨離了自性，因爲地大是和火大互存的，祇是一般愚癡凡夫，以爲地大被燒，可是地大並不被燒，祇是因火而起燃燒的作用罷了。大慧啊！如來的法身，也猶如恆河沙粒一樣，是永不壞滅的啊！又譬如恆河，寬廣無際，如來光明，也是無有限量的，爲了成熟一切衆生的善根，就普照一切諸佛大衆。又譬如恆河的沙粒，更無別的沙粒。如來應世證得正覺，已了生死，也更無別的塵垢，因爲他已經斷了生滅的因緣了。又譬如恆河沙粒，或增或減，人卻不可得而知之。如來智慧成熟衆生，不增不減，卻不能以世俗有爲的色身之法可以推知他的究竟。因爲世俗的有爲色身之法是有成有壞的，如來的法身，並非有爲色身之法，法身無相，所以無始終，不滅壞。又譬如恆河的沙粒，無論如何壓榨，也始終壓榨不出油來。一切衆生，用種種極其苦惱的事來逼迫如來，但如來還是不會染污少許苦惱的，他仍然一味慈悲，濟度衆生。如果有一個衆生未能證得涅槃，他是不會捨離法界的。因爲他已經成就大悲之心，以三昧中的願力爲法樂。又譬如恆河沙粒，隨水而流，並非無水。如來所說一切諸法，都從自性涅槃的法性中天眞流露，所以譬喻說他如恆河之沙。但是如來隨順衆生，並非是去同流合污，而是說他隨宜開示，隨順衆生的法性之流。而且法無來去，如果隨順而去，便是有所壞滅了。生死來去的本際，也本不可測，因爲始終的邊際，是畢竟不可得的。所以此中没有去來可說，如果有去，便是斷見，無奈愚癡凡夫，不知其中眞諦。」

生死的邊際何在

大慧又問：「如果衆生的生死本際，是本來不可知的，何以卻說有解脱呢？」佛回答說：「如果能够將無始以來的虛僞妄想的習氣之因滅了，了知自心現量，當下便知一切根塵外物的緣起眞諦了。若能轉識成智，就是轉妄成眞，變煩惱爲菩提，方知解脱的境界，是並無什麼可滅的。由此應知所謂無邊無際，並非是絕對的無所有，這裡所謂的無邊無際，是和凡夫們妄想分別的無邊不同啊！如能善於觀察内外，離於妄想分別的作用，便知内外妄想分別，纔是衆生情智的成因。雖然外表仍然無異於一切衆生，但内證智慧和妄想的光影，了知一切諸法，都本自寂靜無爲，了不可得。如果不識自心，便現妄想，所以妄想就生滅不停。如果識得自心，妄想便滅了。」這時，佛就歸納這些道理，作了一首偈語說：

觀察諸導師。猶如恆河沙。不壞亦不去。亦復不究竟。是則爲平等。觀察諸如來，猶如恆沙等。悉離一切過。隨流而性常。是則佛正覺。

（這是說：觀察一切諸佛如來，猶如恆河沙數，過去和現在，不壞也不去，未來也無窮盡時，這纔是眞正的平等法。如來便是自性法身，他是遠離一切過患的，雖然恆隨衆生法性之流隨緣示現，應機說法，但自性卻常住不變，這便是佛的正覺法門。）

（註四十五）優曇鉢華：譯曰瑞應。按此花爲無花果類，世稱三千年開花一度，值佛出世始開。故今稱不世出之物曰曇花一現。

爾時大慧菩薩復白佛言。世尊。惟願爲說一切諸法。刹那壞相。世尊。云何一切法刹那。佛告大慧。諦聽諦聽。善思念之。當爲汝說。佛告大慧。一切法者。謂善，不善，無記。有爲。無爲。世間，出世間。有罪，無罪。有漏，無漏。受，不受。大慧。略說心意意識，及習氣，是五受陰因。是心意意識習氣，長養凡愚，善不善妄想。大慧。修三昧樂。三昧正受，現法樂住。名爲賢聖，善無漏。

大慧。善不善者，謂八識。何等爲八。謂如來藏，名識藏。心意，意識，及五識身，非外道所說。大慧。五識身者，心意，意識俱，善不善相。展轉變壞，相續流注。不壞身生，亦生亦滅。不覺自心現，次第滅，餘識生。形相差別，攝受意識，五識俱，相應生剎那時不住，名爲剎那。大慧。剎那者，名識藏。如來藏意俱生。識習氣剎那。無漏習氣非剎那，非凡愚所覺。計著剎那論。故不覺一切法剎那，非剎那。以斷見，壞無爲法。大慧。七識不流轉，不受苦樂。非涅槃因。大慧。如來藏者，受苦樂。與因俱，若生若滅。四住地，無明住地，所醉。凡愚不覺，剎那見，妄想熏心。復次大慧。如金金剛，佛舍利，得奇特性，終不損壞。大慧。若得無間，有剎那者，聖應非聖。而聖未曾不聖。如金金剛，雖經劫數，稱量不減。云何凡愚，不善於我隱覆之說，於內外一切法，作剎那想。

大慧菩薩復白佛言。世尊。如世尊說，六波羅蜜滿足，得成正覺。何等爲六。佛告大慧。波羅密有三種分別。謂世間，出世間，出世間上上。大慧。世間波羅蜜者。我我所攝受計著。攝受二邊。爲種種受生處。樂色聲香味觸故，滿足檀波羅蜜。戒忍精進，禪定智慧，亦如是。凡夫神通，及生梵天。大慧。出世間波羅蜜者聲聞緣覺，墮攝受涅槃故，行六波羅密，樂自己涅槃樂。出世間上上波羅蜜者覺自心現妄想量攝受，及自心二故，不生妄想。於諸趣攝受非分。自心色相不計著。爲安樂一切衆生故，生檀波羅蜜，起上上方便。卽於彼緣，妄想不生戒，是尸波羅蜜。卽彼妄想不生忍，知攝所攝，是羼提波羅蜜。初中後夜，精勤方便，隨順修行方便，妄想不生，是毗梨耶波羅蜜。妄想悉滅，不墮聲聞涅槃攝受，是禪波羅蜜。自心妄想非性智慧觀察，不墮二邊，先身轉勝而不可壞，得自覺聖趣，是般若波羅蜜。爾時世尊欲重宣此義，而說偈言。

空無常刹那　愚夫妄想作　如河燈種子　而作刹那想
刹那息煩亂　寂靜離所作　一切法不生　我說刹那義
物生則有滅　不爲愚者說　無間相續性　妄想之所熏
無明爲其因　心則從彼生　乃至色未生　中間有何分
相續次第滅　餘心隨彼生　不住於色時　何所緣而生
以從彼生故　不如實因生　云何無所成　而知刹那壞
修行者正受　金剛佛舍利　光音天宮殿　世間不壞事
住於正法得　如來智具足　比丘得平等　云何見刹那
揵闥婆幻等　色無有刹那　於不實色等　視之若眞實

剎那空和八識的現象

這時，大慧大士又問：「什麼是一切諸法剎那空的情形？什麼是一切諸法的剎那？」佛回答說：「所謂一切諸法，是包括善、不善（惡）、無記。有爲、無爲。世間、出世間。有罪、無罪。有漏、無漏。受、不受等等。大慧啊！簡略地說：心、意、識與習氣，便是形成五陰（色、受、想、行、識）覺受的原因。這心、意、識的習氣熏染了愚癡的凡夫，使他們產生分別善和不善的妄想。如果修行三昧法樂，得到三昧正受，現前便能住於法樂，這就是賢聖境界的無漏善業。所謂善和不善，都是根據於八識的作用。哪八個識呢？便是指第八的如來藏識（阿賴耶）、第七的末那識（俱生我執）、第六的意識，以及眼、耳、鼻、舌、身的前五識身，這都不是外道們所瞭解的。所謂前五識的五識身，它和意識同時俱生，它有善和不善的現象，一方面輾轉變滅，一方面又流注不絕，而又不壞五識自身的生生不已。但卻是亦生亦滅的，而凡夫們卻不知這都是自心所現，都是次第生滅的，此識滅時，別的識便接著生起。當它執取各種差別形相的時候，意識也和前五識同時對境依他而起，產生相應的作用。但在念念之間，剎那不停，所以便名爲剎那空。大慧啊！所謂剎那，是指藏識（阿賴耶）和意識俱生的前五識等，它因習氣緣起而俱生，剎那壞滅。至於無漏善果的習氣，卻非屬於剎那空的境界，但也不是愚癡凡夫之所能覺知的。如果祇執著一切法都是剎那空的理論，就根本不能瞭解一切法是剎那壞滅、與無漏之法並不是剎那空的眞義了。如一律以念念無常，剎那壞滅概括一切法，那便墮於斷見的空，以爲無爲法也是會壞滅的。大慧啊！第七末那識（我執）和前五識身，如果不產生流轉作用，便不會有苦樂的，但這也不能當作涅槃的因。第八藏識（阿賴耶），它是能受苦樂的，而且也是苦樂之因，它有生滅，爲四住地無明住地（註四十六）所迷醉，祇因愚癡凡夫不能覺知，被妄想熏心，執著偶現的剎那空相。再次：大慧啊！如來藏猶如金剛鑽石，和佛的舍利子一樣，具有奇特的性能，始終不會破損壞滅的。如果它是斷續和間隔的剎那生滅的話，那麼，已經證聖的人，也有時候會進入非聖，但這也不足以妨礙他之所以爲聖啊！譬如金剛鑽石，雖然歷經塵劫，可是仍然不減損它原來的成分。爲什麼愚癡凡夫，不善於瞭解我的密義，卻把內外有漏無漏一切法，誤作剎那壞滅呢？」

六度的差別目的

大慧大士又問：「您說如果證得六波羅蜜（度到彼岸）的圓滿具足，便能成正覺。請問，是哪六種呢？」佛回答說：「波羅蜜有三種分別，就是世間、出世間、出世間上上。所謂世間波羅密，便是執著我和我所的作用，仍然落於有無二邊，爲生前身後種種受生處所著想，追求色、聲、香、味、觸的欲樂，所以他修布施功德的滿足。同樣的，他修持戒、忍辱、精進、禪定、智慧，也是爲了同一目的。或者是以此求得凡夫的五種神通，或者是爲了祈求往生梵天。所謂出世間波羅蜜，是說聲聞、緣覺們執著涅槃寂滅的境界，爲了自己證得涅槃寂滅之樂，而修行六波羅蜜。所謂出世間上上波羅蜜。便是說自覺内證一切法都是自心現量的妄想所生，自證此心的不二法門，便不再生分別妄想，也不在各類中執取非分之法，也不執著自心和内外色相的差別，爲了使一切衆生得到安樂，所以便生起布施波羅蜜。以上上的方便，而在一切外緣中不生妄想分別，這便是持戒波羅蜜。就此不生妄想分別，知道能忍和所忍皆無自性，自然隨順而能於忍，這便是忍辱波羅蜜。晝夜十二時中。精勤不懈，隨順修行於方便道，得使妄想分別不生，這便是精進波羅蜜。妄想分別都滅，而不墮在聲聞、緣覺的涅槃寂滅境界，這便是禪定波羅蜜。了知自心妄想，都無自性，以智慧觀察，不墮在空有二邊，净化身心，輾轉增勝而不至壞滅，得到内證自覺的聖趣，這便是般若波羅蜜。」

這時，佛就歸納這些道理，作了一篇偈語說：

空無常刹那。愚夫妄想作。如河燈種子。而作刹那想。

刹那息煩亂。寂靜離所作。一切法不生。我説刹那義。

（這是說：念念皆空，一切無常，這便是刹那不住的道理，愚癡凡夫，卻在這裡產生空的妄想。譬如河流和燈光，都由前相後相，前念後念，刹那刹那之間，相續不斷而形成，粗看便有整個河流和燈光的存在，愚夫無知，卻在這裡產生現有的妄想。如果能在刹那之間，自息煩惱，得到寂靜的境界，遠離於一切能作和所作，一切内外諸法，寂然不生，這便是我説的刹那的道理。）

物生則有滅。不爲愚者說。無間相續性。妄想之所熏。

無明爲其因。心則從彼生。乃至色未生。中間有何分。

（這是說：萬物有生便會有滅，這卻不是愚夫們所能知了。人們所看見的萬物，生生不已，好像沒有間歇性似的相續不斷，其實這都是由念力妄想熏習而成，人們卻習慣地以爲萬物是恆常存在的。人們之所以如此，都因爲自心無明爲它的基本初因，於是分別妄想就由此連續生起。如果世間萬物色相，尚未產生之前，試問妄想又在哪兒停留，誰是我？我又在哪裡呢？）

相續次第滅。餘心隨彼生。不住於色時。何所緣而生。以從彼生故。不如實因生。云何無所成。而知刹那壞。

（這是說：妄想分別是念念相續，次第而生的。前念滅了，後念便接著生起。當色相不存在的時候，妄想又何所緣而生呢？因爲妄想分別，是依他而起的，是虛妄不實的，並無另外的生因使它生起。它也本來就沒有形成眞實的東西，而衹知它在刹那之間，必然會壞滅的。）

修行者正受。金剛佛舍利。光音天宮殿。世間不壞事。住於正法得。如來智具足。比丘得平等。云何見刹那。揵闥婆幻等。色無有刹那。於不實色等。視之若眞實。

（這是說：修行人所證得的三昧正受境界，像金剛鑽和佛的舍利子，及光音天上的宮殿等等，這些在世人的眼光看來，好像都是永久不壞的。但是住於如來正法，具足如來智慧，已得平等性智的佛看來，也祇是隨時偕進，程度的差別，實際上仍是剎那間會壞滅的。因爲萬物存在的久暫問題，祇是時間上的比較觀念，千秋和一瞬，也都是剎那間的事而已。例如海市蜃樓，剎那之間，偶然形成色相，但本來沒有實在的色相可得，祇是人們肉眼看來似乎有眞實存在似的。）

（註四十六）四住地無明住地：三界見思之煩惱也。一、見一切住地，三界之一切見惑也。二、欲愛住地，欲界之一切思惑也。三、色愛住地，色界之一切思惑也。四、有愛住地，無色界之一切思惑也。於此加入無明住地稱爲五住地。皆言住地者，以此五法爲生一切之過，恒沙煩惱之根本依處故也。

爾時大慧菩薩復白佛言。世尊。世尊記阿羅漢，得成阿耨多羅三藐三菩提，與諸菩薩等無差別。一切衆生法不涅槃，誰至佛道。從初得佛至般涅槃，於其中間不說一字，亦無所答。如來常定故，亦無慮，亦無察。化佛，化作佛事，何故說識，剎那展轉壞相。金剛力士，常隨侍衛。何不施設本際。現魔魔業。惡業果報。旃遮摩納。孫陀利女。空鉢而出。惡業障現。云何如來得一切種智，而不離諸過。佛告大慧。諦聽諦聽。善思念之。當爲汝說。大慧白佛言。善哉世尊。唯

然受教。佛告大慧。爲無餘涅槃故說，誘進行菩薩行者故。此及餘世界，修菩薩行者，樂聲聞乘涅槃，爲令離聲聞乘，進向大乘。化佛授聲聞記，非是法佛。大慧。因是故，記諸聲聞，與菩薩不異。大慧。不異者。聲聞緣覺，諸佛如來，煩惱障斷，解脫一味。非智障斷。大慧。智障者。見法無我，殊勝清淨。煩惱障者。先習見人無我斷，七識滅。法障解脫，識藏習滅，究竟清淨。因本住法故，前後非性無盡本願故，如來無慮無察，而演說法。正智所化故，念不妄故，無慮無察。四住地，無明住地，習氣斷故，二煩惱斷，離二種死，覺人法無我，及二障斷。大慧。心意意識，眼識等七。剎那習氣因。善無漏品離，不復輪轉。大慧。如來藏者。輪轉涅槃苦樂因。空亂意慧，愚癡凡夫所不能覺。大慧。金剛力士所隨護者，是化佛耳。非眞如來。大慧。眞如來者，離一切根量。一切凡夫，聲聞緣覺，及外道根量悉滅。得現法樂住，無間法智忍故，非金剛力士所護。一切化佛，不從業生。化佛者，非佛，不離佛。因陶家輪等，衆生所作相，而說法。非自通處，說自覺境界。復次大慧。愚夫依七識身滅，起斷見。不覺識藏故，起常見。自妄想故，不知本際。自妄想慧滅故，解脫。四住地，無明住地，習氣斷故，一切過斷。爾時世尊欲重宣此義，而說偈言。

三乘亦非乘　如來不磨滅　一切佛所記　說離諸過惡
爲諸無間智　及無餘涅槃　誘進諸下劣　是故隱覆說
諸佛所起智　即分別說道　諸乘非爲乘　彼則非涅槃
欲色有及見　說是四住地　意識之所起　識宅意所住
意及眼識等　斷滅說無常　或作涅槃見　而爲說常住

關於佛的存在和佛法與唯識的幾個懷疑問題

這時，大慧大士又問：「您曾提示阿羅漢們（註四十七），說他們將來也會得到無上正等正覺，和一切諸大菩薩們平等，並無差別。而且一切衆生和諸佛，本來就法爾涅槃，並不是另有一涅槃境界可以出入。然則又有誰能成佛呢？您又說：從開始成佛，到最後進入涅槃，在這中間，並沒有說過一字，也沒答過一句。因爲諸佛如來，本來常定，無思無慮。可是，您爲什麼說：有化身佛的妙用，化做種種佛事？爲什麼又說識的作用，是剎那輾轉壞滅之相呢？您又說：如來的法身，本際難知。而且又有密迹金剛力士，經常維護如來。爲什麼您不現出本際的妙用，消除苦惱，自己卻也遭遇魔難，還受惡業果報的困擾，例如被旃遮婆羅門女，孫陀利外道女，冤誣毀謗您玷污了她。以及您到婆羅門村中，竟乞食不到，結果空鉢而出。在這個時候，爲什麼金剛密迹不來維護？既然如來已得一切種智，卻也逃不了業障，離不了這些禍患呢？」佛回答說：「因爲世間諸人，有些專志於小法，以得到聲聞、緣覺二乘的有餘依涅槃，便自以爲滿足。諸佛如來爲了化度他們進入大乘的菩薩道，所以用種種誘導，使其進入佛道。至於爲聲聞、緣覺等人授記，那祇是說化身佛的化法之事，都不是法身佛究竟本際的事。因爲這樣，便告訴他們聲聞和菩薩一樣，所謂一樣，是聲聞、緣覺，和諸佛如來，都是斷了煩惱障，在煩惱中得到一味解脫，但還沒有斷除所知障。所謂所知障，就是見到一切諸法的本體，原來無我，轉了第六意識，便得殊勝清淨之果。所謂斷了煩惱障（包括我執），是指無始以來的人我習氣已斷，證得人無我的境界。轉了第七末那識（俱生我執），滅除煩惱，再進而使人法二障都得解脫，藏識（阿賴耶）的習氣根本轉滅，便得究竟清淨。而且一切衆生和諸佛如來，都本來住在自性清淨之中，不增不減，不生不滅，不垢不淨，法爾常住。所以這前後所說的，無非都是教化的方便，並非自性有了差別。諸佛如來，都以自發的無盡本願之力，所以在無思無慮之中而演説一切法門，雖然在演説各種差別的法門，但仍然是正智的開示，並非妄念所生，依然住在無思無慮之中。因爲諸佛如來已經斷了四住地和微細頑固的無明住地的習氣，根本煩惱和隨煩惱的兩種煩惱也已經斷了，而且已經遠離分段生死和變易生死，證覺人無我和法無我，這二障之業都完全斷除。大慧啊！末那（俱生我執）、意和眼、耳、鼻、舌、身等七個識，都由習氣所生，念念之間，刹那不住，除了證得無漏善果，纔能遠離虛妄習氣，再也不受輪轉所苦了。至於如來藏的藏識，便是生死涅槃（寂滅），和苦樂等所依的因，祇因一切凡夫們不覺不知，而且執著它是空的，誰知執空仍然是墮於虛妄顛倒之中而不自覺。大慧啊！密迹金剛力士所追隨護衛的，是化身佛的事，並非指眞如境中的如來法身的事。如來在眞如境中的法身，遠離一切根、塵、量，不是一切凡夫、聲聞、緣覺以及外道們所能測度的。因爲根塵識量都滅了，眞實如來纔得現法樂，住在無間法智法忍之中，鬼神亦難窺其境界，也非密迹金剛力士之所能維護的。並且一切化身佛，並不從業力而生，化佛並非眞佛，但也不離於法身報身之所化生的。譬如陶工製器皿，祇是用模型製物。同理，化身佛乃幻生衆生的形相，來示現説法。大慧啊！愚癡凡夫們，依於七個識身的作用，認爲七種識是有滅的，便生起空無所有的斷見。或者因爲不自覺知藏識的作用，便生起永恆存在的常見。這都是由於妄想的緣故，所以不能了知心識的本際。如果自身慧力滅了妄想，便得解脫，如此乃至四住地，頑固的微細無明住地等的習氣也根本斷滅，那纔能斷除一切過患。」這時，佛就歸納這些道理，作了一篇偈語說：

三乘亦非乘。如來不磨滅。一切佛所記。說離諸過惡。
爲諸無間智。及無餘涅槃。誘進諸下劣。是故隱覆說。

（這是說：佛法所說的大小三乘：聲聞、緣覺、菩薩等，並非眞實有乘的存在，無非都是法界自性的差別，佛就加以方便說法。自性如來，本來便是不生不滅，無物可以磨滅的。一切諸佛所說的三乘以及成佛的授記，也無非都是方便說法，爲了使衆生脫離一切禍患，使他們證得無間法智，以及住於無餘依涅槃，由於大慈大悲，而用種種方便法門，誘進一切下劣的衆生，使他們進入佛道。所以有許多說法，便是不了義的隱覆之說。）

諸佛所起智。卽分別說道。諸乘非爲乘。彼則非涅槃。

（這是說：一切諸佛，都以緣起所生的分別智來說各種佛法。所謂三乘等等，根本就無所謂有乘的存在。即如所謂涅槃，就是本來清淨，並非另有一涅槃的境界，如有境界，便是心識現象，不能算是眞正的涅槃。）

欲色有及見。說是四住地。意識之所起。識宅意所住。

意及眼識等。斷滅說無常。或作涅槃見。而為說常住。

（這是說：欲、色、有、見，這四種作用，便是四住地，所謂住地，就是存在的意義。這四種住地，都是意識所生的，也就是識的窟宅，意的住所。可是一切凡夫們，有的覺得意和眼識等等，是有斷滅的作用，便在這裡生起無常的感覺，執著而為斷見。或者有的覺得意識清淨，便認為這是涅槃的境界，就認為這是常住的，因此生起常住的常見了。）

附論（十七）

（本經到此，大慧大士又引出世間凡夫們的想法，提出對佛法的幾個懷疑問題，大要已經見於上文的問答中了。唯對於釋迦牟尼佛親身的經歷，仍然遭遇九難的苦惱一事，在原經解說的答案外，也許仍有申述的必要。所謂九難，如大智度論所說：一是梵志女孫陀利的謗佛，及五百羅漢也同時遭謗。二是旃遮婆羅門女，繫木盂作腹謗佛玷污。三是提婆達多，推山壓佛，傷及佛的大趾。四是逆木刺脚。五是毘琉璃王興兵殺諸釋迦種族。六是受阿耆達多婆羅門邀請而食馬麥。七是冷風發背病痛。八是雪山六年苦行。九是入婆羅門村乞食，不能得食，空鉢而還。還有冬至前後，入夜寒風破竹，索三衣以禦寒。又發高熱，阿難在身後搧佛等等。爲什麽成佛者仍然遭遇世間俗事的苦惱，而不能自用神通，或遣護法金剛力士來維護？和凡夫俗子一樣，遭遇種種困苦呢？佛便告訴大慧，所謂神力護法，乃屬於化身神通之事，至於佛所顯示世間的報身，和內證自覺眞際的法身自性，既不須要護法，也根本是無法可護。既然進入如來境界，所謂逆行順行，決不是凡人和天人們的心眼智力所能推測。卽此入世之身，便足以完成出世之法，於極平常中具有極奇特的大威德，於奇特中卻不抹煞平凡的本色，所以毫無標奇立異之處。何況內證自覺者的如來，心具無比法智法忍的悲願，縱然遭逢拂逆，正好爲大智忍度的功德而利他。其中意義，已完全在上段的佛如恆河沙的譬喻之中，到此何須天神維護，裝妖作怪。明知其不可爲而爲之，明知其不可度而度之，此乃是佛心佛行。外緣魔惱，固然難忍卻必須能忍，卽如佛弟子中，不明正法，慍然退席，也衹好默然任化。須知人間有此身時，盡爲舊時報果，報身仍受善惡業力支配而必然有所缺憾。祇有圓滿法身的眞如自性的眞際，纔是具足萬法的全能，畢竟了然清淨。至於化佛神通，被百萬龍天、金剛密迹所護衛的，都爲化身佛事。若直取無上菩提，內證自覺，體會第一義者，就不隨便起用了。極高明而道中庸，佛法原是人生心性的極平常事，切不要僅向神祕處去鑽取。南泉禪師說：王老師修行無力，被鬼神覷見。正好作此註脚。）

（註四十七）阿羅漢：此云無生，乃諸欲淨盡，煩惱不生，爲小乘之極果也。

爾時大慧菩薩，以偈問曰。

彼諸菩薩等　志求佛道者　酒肉及與葱　飲食爲云何
惟願無上尊　哀愍爲演說　愚夫所貪著　臭穢無名稱
虎狼所甘嗜　云何而可食　食者生諸過　不食爲福善
惟願爲我說　食不食罪福

大慧菩薩說偈問已，復白佛言。惟願世尊，爲我等說食不食肉，功德過惡。我及諸菩薩，於現在未來，當爲種種希望食肉衆生，分別說法。令彼衆生，慈心相向。得慈心已，各於住地，清淨明了。疾得究竟無上菩提。聲聞緣覺，自地止息已，亦得速成無上菩提。惡邪論法，諸外道輩，邪見斷常，顛倒計著，尚有遮法，不聽食肉。況復如來，世間救護，正法成就，而食肉耶。佛告大慧。善哉善哉。諦聽諦聽。善思念之。當爲汝説。大慧白佛言。唯然受教。佛告大慧。有無量因緣。不應食肉。然我今當爲汝略説。謂一切衆生，從本已來，展轉因緣，嘗爲六親。以親想故，不應食肉。驢騾駱駝，狐狗牛馬，人獸等肉，屠者雜賣故，不應食肉。不淨氣分所生長故，不應食肉。衆生聞氣，悉生恐怖。如旃陀羅，及譚婆等，狗見憎惡，驚怖羣吠故，不應食肉。又令修行者，慈心不生故，不應食肉。凡愚所嗜，臭穢不淨。無善名稱故，不應食肉。令諸咒術不成就故，不應食肉。以殺生者，見形起識，深味著故，不應食肉。彼食肉者，諸天所棄故，不應食肉。令口氣臭故，不應食肉。多惡夢故，不應食肉。空閒林中，虎狼聞香故，不應食肉。令飲食無節故，不應食肉。令修行者，不生厭離故，不應食肉。我嘗説言，凡所飲食，作食子肉想，作服藥想故，不應食肉。聽食肉者，無有是處。復次大慧。過去有王，名師子蘇陀娑，食種種肉，遂至食人。臣民不堪，卽便謀反，斷其俸祿。以食肉者，有如是過故，不應食肉。復次大慧。凡諸殺者，爲財利故，殺生屠販。彼諸愚癡食肉衆生，以錢爲網，而捕諸肉。彼殺生者，若以財物。若以鉤網。取彼空行水陸衆生，種種殺害，屠販求利。大慧。亦無不教，不求不想，而有魚肉。以是義故，不應食肉。大慧。我有時說，遮五種肉，或制十種。今於此經，一切種，一切時，開除方便，一切悉斷。大慧。如來應供等正覺，尚無所食，況食魚肉。亦不教人。以大悲前行故，視一切衆生，猶如一子。是故不聽令食子肉。爾時世尊欲重宣此義，而說偈言。

曾悉爲親屬　鄙穢不淨雜　不淨所生長　聞氣悉恐怖
一切肉與葱　及諸韮蒜等　種種放逸酒　修行常遠離
亦常離麻油　及諸穿孔牀　以彼諸細蟲　於中極恐怖
飲食生放逸　放逸生諸覺　從覺生貪欲　是故不應食
由食生貪欲　貪令心迷醉　迷醉長愛欲　生死不解脫
爲利殺衆生　以財網諸肉　二俱是惡業　死墮叫呼獄
若無教想求　則無三淨肉　彼非無因有　是故不應食
彼諸修行者　由是悉遠離　十方佛世尊　一切咸呵責
展轉更相食　死墮虎狼類　臭穢可厭惡　所生常愚癡
多生旃陀羅　獵師譚婆種　或生陀夷尼　及諸食肉性

羅剎貓狸等　徧於是中生　縛象與大雲　央掘利魔羅
及此《楞伽經》　我悉制斷肉　諸佛及菩薩　聲聞所呵責
食已無慚愧　生生常癡冥　先說見聞疑　已斷一切肉
妄想不覺知　故生食肉處　如彼貪欲過　障礙聖解脫
酒肉葱韮蒜　悉爲聖道障　未來世衆生　於肉愚癡說
言此淨無罪　佛聽我等食　食如服藥想　亦如食子肉
知足生厭離　修行行乞食　安住慈心者　我說常厭離
虎狼諸惡獸　恆可同遊止　若食諸血肉　衆生悉恐怖
是故修行者　慈心不食肉　食肉無慈慧　永背正解脫
及違聖表相　是故不應食　得生梵志種　及諸修行處
智慧富貴家　斯由不食肉

素食的理由

這時，大慧大士又問佛說：「爲什麼學大乘菩薩道的人不吃酒肉和葱韭蒜等等？希望佛再告訴我們這些問題，及其中的罪福作用。」

佛回答說：「有很多因緣，不應該吃肉，我現在簡略地爲你説些。㈠因爲一切衆生，從本以來，自性同體，而且都曾輾轉互爲因緣，彼此做過六親（註四十八）眷屬。所以基於親親同體的觀念，就不應該吃肉。㈡驢、騾、駱駝、狐、狗、牛、馬、人、獸等肉，屠者互相雜賣，所以不應吃肉。㈢肉類都從吞食不潔淨的氣味而生長的，所以不應吃肉。㈣其餘衆生，聞到肉食者的氣味，都生恐怖心，例如屠户與獵者，狗見到了，都生出憎惡恐怖心，羣起而吠之，所以不應吃肉。㈤又肉食使修行的人，不能生起慈悲心，所以不應吃肉。㈥凡夫愚癡所嗜，以臭穢不淨，當做甘香，此中無善可言，所以不應吃肉。㈦使你學一切咒術，不能成功，所以不應吃肉。㈧因此而喜歡殺生，看見了動物形狀，便生起貪嗔意識，貪欲不捨，所以不應吃肉。㈨食肉的人，是被諸天人所捨棄的，所以不應吃肉。(一〇)食肉的人，口氣很臭，所以不應吃肉。(一一)食肉的人，會多做惡夢，所以不應食肉。(一二)食肉的人，如果在山林之中，虎狼都會聞到他的肉香，所以不應吃肉。(一三)肉食會使你對於飲食沒有節制，所以不應吃肉。(一四)使修行的人，沒有厭離之心，所以不應吃肉。(一五)我曾說過，我們對於所有飲食，都作爲是自食子女的肉著想，但是爲了療饑，所以便作爲服藥著想，所以不應吃肉。總之：聽信可以食肉的話，是絕無是處的。大慧啊！過去有一位國王，名叫師子奴，因爲貪吃種種肉類，漸漸地至於吃食人肉，弄得衆叛親離，臣民謀反，最後至於國亡祿絕。吃肉的人，有這許多過患，所以不應吃肉。再者，凡一切殺生的人，其目的還是爲了錢財，所以纔去做殺生屠販的事。那些愚癡的食肉者，自己雖然不親自去殺生，卻用錢來做網，使爲了錢財的人，肯去捕捉一切動物。那些殺生的人們，便用財物，乃至用種種手段，如以鉤網等東西，來捕取空中水陸等處種種衆生，用不同的殺害方法，來達到屠販求利的目的。但你要知道，世界上絕沒有不教以食肉，不貪求食肉，不希望食肉，生而便有食魚食肉的人。由於這些道理，所以不應食肉。我有時候，爲了地理環境與其他原因，制立遮戒（註四十九），允許比丘們可以食五淨肉（註五十），或說除了象、馬、龍、蛇、人、鬼、獼猴、猪、狗、牛等十種以外，其餘的肉是可以吃的。但那是爲了時間地區等等原因的不得已的說法。現在於此經中，卻絕對地斷除食肉，不論何種肉類，任何時間，都不可以吃它，除了療病等不得已的原因以外，方便開遮，其餘的便一切應斷。佛法修行的究竟處，甚至可斷一切飲食，何況食魚食肉呢！所以佛絕不叫人食肉，因爲佛是以大悲心爲前提的，應該視一切衆生，猶如獨子，所以不令人們自食子肉。」這時，佛就歸納這些道理，作了一篇偈語說：

曾悉爲親屬。鄙穢不淨雜。不淨所生長。聞氣悉恐怖。
一切肉與葱。及諸韮蒜等。種種放逸酒。修行常遠離。
亦常離麻油。及諸穿孔牀。以彼諸細蟲。於中極恐怖。
飲食生放逸。放逸生諸覺。從覺生貪欲。是故不應食。
由食生貪欲。貪令心迷醉。迷醉長愛欲。生死不解脫。
爲利殺衆生。以財網諸肉。二俱是惡業。死墮叫呼獄。
若無教想求。則無三淨肉。彼非無因有。是故不應食。
彼諸修行者。由是悉遠離。十方佛世尊。一切咸呵責。
展轉更相食。死墮虎狼類。臭穢可厭惡。所生常愚癡。

多生旃陀羅（以屠殺爲業者）。獵師譚婆種（食狗肉者）。
或生陀夷尼。及諸食肉性。羅刹貓狸等。徧於是中生。
縛象與大雲。央掘利魔羅。（註五十一）及此《楞伽經》。我悉制斷肉。
諸佛及菩薩。聲聞所呵責。食已無慚愧。生生常癡冥。
先說見聞疑。已斷一切肉。妄想不覺知。故生食肉處。
如彼貪欲過。障礙聖解脫。酒肉葱韮蒜。悉爲聖道障。
未來世衆生。於肉愚癡說。言此淨無罪。佛聽我等食。
食如服藥想。亦如食子肉。知足生厭離。修行乞食。
安住慈心者。我說常厭離。虎狼諸惡獸。恆可同遊止。
若食諸血肉。衆生悉恐怖。是故修行者。慈心不食肉。
食肉無慈慧。永背正解脫。及違聖表相。是故不應食。
得生梵志種。及諸修行處。智慧富貴家。斯由不食肉。

（這個偈語的道理，意義已由平易的文辭字句中，明白地說了，而且大要已如上文所講，所以不須再加譯述。）

（註四十八）六親：父母妻子兄弟也。

（註四十九）遮戒：佛所遮止之事也。

（註五十）五淨肉：一、我眼不見其殺者。二、不聞爲我殺者。三、無爲我而殺之疑者。四、諸鳥獸命盡自死者。五、鳥殘、鷹鷲等食他鳥獸所餘之肉也。

（註五十一）央掘利魔羅：佛陀在世時，住於舍衛城者。信奉殺人爲得涅槃，乃至欲殺其母。佛憐愍之，爲說正法，卽改過而入佛門，後得羅漢果。有《央掘魔羅經》，說佛濟度央掘魔羅事。

老古文化事業股份有限公司

圖書訂購單（信用卡專用）

北市100信義路一段5號1樓　　服務專線：(02) 2396-0337
24小時傳真：(02) 2396-0347　　訂購日期：____年____月____日

姓名：__________ 電話：(公司)__________(住宅)__________
地址：______________________________
發票種類：□二聯□三聯　發票抬頭：__________ 統一編號：__________

編號	書　名	數　量	定價	小　計

◎目錄上之定價已含5%加值營業稅。
◎台灣掛號郵資統一爲NT. 50。
◎其他地區郵資（航空方式寄書）：
（依所在地區計算，若未足基本費則以基本費計）
亞洲地區：書款 x 0.55（基本郵資 270 元）
美加地區：書款 x 0.7（基本郵資 450 元）
歐洲地區：書款 x 0.75（基本郵資 500 元）

書款合計	NT.
各地郵資計算方式 □台灣郵資（書款合計+NT. 50） □其他地區郵資（參照左側說明）	
總　計	NT.

信用卡基本資料：商店代號：__________ 授權碼：__________

信用卡別：□VISA　□MASTER　□JCB　□聯合信用卡　發卡銀行：__________

信用卡號：□□□□ □□□□ □□□□ □□□□

信用卡有效期限：西元______年____月____日止（請務必塡寫）

信用卡背面簽名處末三碼數字：__________

身分證字號：__________

持卡人簽名：__________

（持卡人同意依照信用卡使用約定，一經使用訂購商品，均應按所示之全部金額，付款予發卡銀行，並同意以傳真或影印方式訂購產品，所塡之影本及傳真內容具有法律效用。）

＊請放大影印塡寫

Q1908-3	五方佛圖 (15×22 公分)	10
Q1909	三界天人表	100
Q1912	白骨禪觀圖 (15×22 公分)	25
Q2003	雍正皇帝與密摺制度	200
Q2104	值得深思 (楊正民著)	220
Q2106	大地兒女 (楊正民著)	180
Q4101	讓生命活得寧靜又熱情 (廖志祥講述・唐思群整理)	180

三．兒童智慧開發

S 30101-36	兒童中國文化導讀 (注音誦讀本) 1 至 36 冊	
	1 - 3 冊、16 - 36 冊 (注音誦讀本，附誦讀 CD)	150
	4 – 15 冊 (注音誦讀本)	60
	（全套 36 冊已出版完畢，將陸續製作誦讀 CD 補齊冊次）	
S181201-06	兒童中國文化導讀 (羅馬拼音誦讀本) 1 至 6 冊	60
S1814	南老師的話	20
S18151	西方文化導讀 (一) (附誦讀 CD 及中文譯文)	250
S18152	西方文化導讀 (二) (附誦讀 CD 及中文譯文)	250
S18153	西方文化導讀 (三) (附誦讀 CD 及中文譯文)	250
S18154	西方文化導讀 (四) (附誦讀 CD 及中文譯文)	250
Q3101	幫孩子找到心靈寧靜的角落－幫助孩子靜定的活動設計	260
Q3102	兒童與經典導讀 (ICI 香港國際文教基金會編著)	160
Q3103	幫助孩子靜定的活動設計 (有聲書)	280
Q3104	你有「禮」嗎？－兒童 & 禮儀	260
W7807	歷史的五字經－鑑略 (含誦讀 CD)	280
W7809	給我一個角落悲傷－幫孩子找到心靈放鬆的出口	280

◆ 圖書一經售出，除缺頁、裝訂錯誤外，恕不接受退還

◆ 本目錄之書目及價格如有變動，概以最新資料爲準

◆ 大量訂購另有優惠，歡迎讀者來電洽詢

Q1404	金聖嘆才子尺牘 (金聖嘆著)	200
Q1405	八賢手扎 (曾國藩等著)	120

修養叢書

Q1502	菜根譚前後集 (明、洪自誠著)	120
Q1503-A	原本菜根譚 (明、洪應明著)	150
Q1505	醉古堂劍掃 (明、陸紹珩著)	200
Q1506	了凡四訓新解(周勳男)	250

天文星相

Q1602	古本麻衣相法 (附冰鑑) 清、丘宗孔編	260
Q1603-A	實用相術口訣真傳・達摩一掌金	220
Q1604	實用未來預知術 (諸葛亮著)	180
Q1605	揭開黃曆的秘密 (蔡策著)	170
Q1606	易經星命與占卜 (朱文光著)	200

醫學拳術

Q1701	增廣驗方新編 (清、鮑相璈撰)	240
Q1702	針灸技術圖經穴清明圖合編 (林介元編)	150
Q1706	氣覺與氣功 (姚貞香著)	200
Q1707	氣功防治心血管疾病 (王崇行編)	220
Q1708	本草備要	200
Q1709	紅燈邊緣話長生—血管病的最新認識 (董玉京著)	200
W4102	茶熏－減肥與養生新法 (金堯炫著)	350

其他

Q1803	唐圭峰定慧禪師碑	350
Q1804	石陣鐵書室丙辰日誌摘鈔	300
Q1806	準提鏡壇 (鍍金) 修持專用	3000
Q1807	觀音項鍊	100
Q1811	觀音聖籤(紫弇)	1000
Q1812	准提聖籤(紫弇)	1000
Q1901	藥師琉璃圖 (35x49 公分)	70
Q1904	四臂觀音圖 (56x78 公分)	120
Q1905	四臂觀音圖 (27x38 公分)	70
Q1906	準提觀音圖 (27x41 公分)	70
Q1907	準提觀音圖 (18x26 公分)	20
Q1908-1	藥師琉璃圖 (15x22 公分)	10
Q1908-2	準提觀音圖 (15x22 公分)	10

Q0907	周易圖經廣說 (上冊圖說)(下冊經說) 清、萬年淳著 (不分售)	520
Q0908	觀易外編 (清、紀大奎著)	280
Q0909	易問 (清、紀大奎著)	280
Q0911	皇極經世書今說－觀物內篇 (閆修篆著)	300
Q0912	皇極經世書今說－觀物外篇 (閆修篆著，上下冊不分售)	700

史學

Q1002	先秦文化史 (孟世傑著)	200
Q1003	鑑史提綱、稽古錄 (司馬光等著)	120
Q1005	清鑑輯覽 (上、下 2 本 1 套) 不分售 每套	700
Q1007	25 史彈詞 (楊升庵著)	120
Q1008	清代名吏判牘七種彙編 (襟霞閣主編)	300
Q1009	四書人物類典串珠 (臧志仁著)	280
Q1010	崇禎十七年 社會動盪與文化變奏 (余同元著)	380

國學入門

Q1101-A	國學初基入門	180
Q1102-A	增訂繪圖幼學瓊林 (清、程允升編著)	200
Q1103	四書白話句解 (王天恨述解)	250

古典小說

Q1202	精印三國演義 (上、中、下 3 本 1 套) 不分售 (羅貫中著、金聖嘆批鑑定) 每套	800
Q1203	西遊原旨 (上、下原西遊記) 悟元子評釋	500
Q1204	後西遊記 (天花才子評點)	240
Q1206	中國皇帝遊樂生活 (向斯著)	200

詩詞文集

Q1301	一日一禪詩 (焦金堂選輯)	180
Q1303	解人頤 (清、錢謙益編)	150
Q1304	諧鐸 (清、沈起鳳著)	100
Q1305	清詩評註 (王文濡)	140
Q1306	清文評註 (王文濡)	120
Q1307	漪痕館新詞譜	140
Q1308	日本戰後的史詩 (木下彪著)	150
Q1311	袖珍詩韻 (新安未老人輯著)	120
Q1312	袖珍檢韻 (清、姚文登輯)	150
Q1314	初潭集 (李贄著)	120

古人書信日記

	(雍正皇帝選錄、永明壽禪師著) 每套	400
Q0502	水月齋指月錄 (上、下 2 本 1 套) 不分售 (明、瞿汝稷編)	1,000
Q0503	指月錄禪詩偈頌 (編輯部)	180
Q0504	續指月錄禪詩偈頌 (編輯部)	180
Q0505	禪門日誦	200
Q0506	佛法要領、永嘉禪宗集 (唐、大珠禪師等著)	150
Q0507	高峰妙禪師語錄	120
Q0508	參學旨要	160
Q0509	東坡禪喜集 (明、徐長孺輯)	120
Q0510	六妙法門 (隋、智顗大師述著)	150
Q0511	雍正與禪宗	250
Q0512	佛說入胎經今釋 (南懷瑾指導、李淑君譯著)	270
Q0513	悅心集 (清、雍正選集)	200
Q0514	慈悲水懺法譯注 (白金銑著)	350

密宗典籍

Q0601	準提修法顯密圓通成佛心要	250
Q0602	密教圖印集 (第一集)	300
Q0603	密教圖印集 (第二集)	200
Q0605	藏密氣功 (中國藏密氣功研究會編)	220

人物傳記

Q0701	憨山大師傳、密勒日巴傳記 (福善記錄惹穹多傑札把著)	200
Q0704	我的努力與反省 (梁漱溟 著)	300
Q0705	我是怎樣學起佛來 (周夢蝶等著)	280
Q0706	周瑞金的迴腸盪氣集 (周瑞金著)	300
Q0707	舊時代新女性－袁曉園的故事 (劉雨虹著)	200

政治謀略

Q0803	三國演義的政治與謀略觀 (毛宗崗批)	200
Q0804	水滸傳的政治與謀略觀 (金聖嘆批註)	200
Q0805	宦鄉要則 (清、宦鄉老人撰)	150
Q0806	康濟錄 (清、陸曾禹著)	160
Q0807	從政典範集 (宋、李邦獻著)	160
Q0808	典林瑯環	200

經學論著

Q0901	道德經釋義 (林雄著)	150
Q0902-A	善本 (易經) 朱熹註	180

Q7001	全集收入南先生迄至 2001 年所著的三十種著作，以及相關附集，合併爲二十七冊，印刷精美，可謂書中極品；全集按出版時間順序編排，今後南先生的新作亦按出版時間編入此集。	26,100

二．其他各種圖書

人文文庫

Q0201	縵餘隨筆 (孫毓芹著)	150
Q0202	習禪散記 (編輯部著)	220
Q0203	禪、風水及其他 (劉雨虹著)	200
Q0205	西方神密學 (朱文光著)	180
Q0208	美國的民主與情報 (朱文光著)	120
Q0210	老人心理學 (周勳男著)	120
Q0213	心聲集 (王道著)	100
Q0214	人是上帝造的嗎 (張瑞夫著)	240
Q0215	人性是甚麼 (牛實爲著)	200
Q0218	蘇格拉底也是大禪師 (包卓立著)	220
Q0221	超心理學(艾畦著)	380
Q0222	人心與人生(梁漱溟著)	300
Q0223	朝話 (梁漱溟著)	250
Q0224	菩提一葉 (李家振著)	320
Q0225	心靈病房的十八堂課 (張明志醫師著)	250
Q0226	禪之旅－江西禪宗祖庭尋訪記 (古道著)	220

佛法經藏

Q0302	佛學大綱 (精裝本)	360
Q0303	呂澂佛學名著 (呂澂著)	350
Q0401	維摩詰經集註 (李翊灼校輯)	300
Q0402-P	金剛經五十三家集註 (明、永樂皇帝編)	180
Q0403	解深密經 (唐、玄奘法師譯)	100
Q0404	圓覺經直解 (明、憨山大師著)	180
Q0407	藏要(歐陽竟無主編) 16K 精裝本 20 本一套　(定價 12,000) 特價	6,600
Q0409	成唯識論 (唐、玄奘法師譯)	240
Q0410	大乘百法明門論 (明、釋廣益纂註)	240
Q0412	楞伽經會譯 (宋天竺三藏求那跋陀羅等著)	320
Q0416	佛律與國法 (勞政武著)	600

禪宗典籍

Q0501	雍正御錄宗鏡大綱 (上、下 2 本 1 套) 不分售	

Q7408	南懷瑾與彼得・聖吉	220
Q7501-P	維摩精舍叢書 (精裝本)	320
Q7502	如何修證佛法	360
Q7503	靜坐修道與長生不老	250
Q7505-A	一個學佛者的基本信念	220
Q7506-A	定慧初修	200
Q7508-P	習禪錄影 (平裝本)	320
Q7510	禪觀正脈研究	220
Q7516-A	現代學佛者修證對話（上）	350
Q7516-B	現代學佛者修證對話（下）	350
Q7517	人生的起點和終站	220

南懷瑾先生附記

Q0216	南懷瑾談歷史與人生 (練性乾編)	250
Q0217	南懷瑾與金溫鐵路 (侯承業編記)	280
Q0702	懷師—我們的南老師 (編輯部)	240
Q0703	禪門內外—南懷瑾先生側記 (劉雨虹著)	480
Q7406	佛法禪修參行、神仙道學旨要(合刊)南懷瑾選輯、王鳳嶠恭書	200
Q7507-A	觀音菩薩與觀音法門	240
Q7511-A	參禪日記初集 (金滿慈著、南懷瑾批)	260
Q7512-A	參禪日記續集 (金滿慈著、南懷瑾批)	260
Q0220	南懷瑾詩話	480
Q7601	筆記書 – 覺	180

不老古系列

Q7801	不老古系列—南懷瑾談生活與生存	200
W7802	不老古系列—南懷瑾談心兵難防	200
W7803	南懷瑾講述論語中的名言	300
W7805	南懷瑾答問集	200
W7808	南懷瑾講述莊子中的名言智慧	220
W7810	南懷瑾講述老子中的名言智慧	220
W7811	南懷瑾談領導的藝術	200
W7812	南懷瑾談性格與人生	200
W7813	格言聯璧摘錄 (清・金蘭生編)	200

南懷瑾全集(精裝珍藏版) 台灣限量 100 套

一．南懷瑾先生著作系列

書號	書　名	定價(NT$)
Q7101AP	論語別裁 (上冊、平裝本)	300
Q7101BP	論語別裁 (下冊、平裝本)	300
Q7102-A	論語別裁 (精裝合訂本) 內頁採用聖經紙	750
Q7103-P	孟子旁通 (平裝本)	280
Q7104-P	老子他說 (平裝本)	320
Q7105	易經雜說	260
Q7106	易經繫傳別講 (上傳)	300
Q7107	易經繫傳別講 (下傳)	200
Q7108C	原本大學微言 (上)	280
Q7108D	原本大學微言 (下)	250
Q7109	莊子諵譁 (上下冊不分售)	780
Q7110	南懷瑾講演錄 2004-06	350
Q7111	與國際跨領域領導人談話	250
Q7202-A	歷史的經驗 (一)	250
Q7204-A	中國佛教發展史略述	250
Q7205	中國道教發展史略述	220
Q7206	中國文化泛言 (序集)	220
Q7207	金粟軒詩詞楹聯詩話合編	160
Q7208	金粟軒紀年詩初集	200
Q7301AP	楞嚴大義今釋 (平裝本)	400
Q7302AP	楞伽大義今釋 (平裝本)	320
Q7303	金剛經說甚麼 (2000 年新訂版)	300
Q7304-A	圓覺經略說 (2000 年新訂版)	300
Q7305-A	藥師經的濟世觀 (2000 年新訂版)	280
Q7306	布施學毘耶娑問經—附錄南懷瑾先生選講	200
Q7307	花雨滿天 維摩說法 (上下冊不分售)	1200
Q7401-P	禪海蠡測 (平裝本)	270
Q7402-A	禪話	220
Q7403-P	禪與道概論 (平裝本)	280
Q7404	禪宗叢林制度與中國社會	100
Q7405	道家密宗與東方神秘學	270

池賢峯

2023.2.19

台北